A History of Chinese Buddhist Art

中國佛教美術史

李玉珉——著

東大圖書公司

增訂二版序

　　佛教自漢代傳入中國以來，迄今已有兩千餘年的歷史，不但充實了中國宗教、哲學和思想的內涵，佛教的圖像與隨之而來的域外風格，也在中國美術上留下了深刻的烙印。隨著中國佛教的發展，聚集信眾的寺院建築、讓人頂禮膜拜的佛教造像、便於講經說法和繫念觀想的佛教繪畫，一一應運而生，佛教的東傳無疑豐富了中國美術創作的內容與形式。如今中國寺塔林立，佛教石窟與摩崖遍布大江南北，宏偉壯觀的古寺建築、形貌各異的佛教雕塑、燦爛輝煌的窟寺壁畫隨處可見，它們都是中國珍貴的藝術瑰寶與遺產。由此可見，佛教美術實是中國美術史上不可忽視的一環，可是在研究上，尚未得到應有的重視。

　　佛教美術不同於一般世俗藝術，美術不是為了裝飾或賞玩，而是作為禮拜、供養、觀想的對象，宣揚佛教的媒介，或是做功德、法事的載體。雖然大多出於民間匠師之手，不過由於創作者的專注投入和精湛技法，不乏懾人心魄、魅力無窮的傑出作品。唐代段成式撰著的〈寺塔記〉，載錄豐富的唐代寺院建築、造像和壁畫資料；張彥遠所寫的〈兩京寺觀畫壁記〉，也詳盡地記述會昌法難以後，長安和洛陽二地所存寺觀壁畫的內容。佛教美術在唐代藝術中的重要性自不言而喻。北宋末編集的《宣和畫譜》特別將道釋畫列於繪畫的十門之首，推崇這些作品「稟五行之秀，為萬物之靈」。同時，該書第一卷即開宗明義地說：「畫道釋像與夫儒冠之風儀，使人瞻之仰之，其有造形而悟者，豈曰小補之哉。」可見，佛教繪畫在宋代藝壇上仍佔有一席之地。然而蘇軾品評王維與吳道子的佛釋畫時，即便對素有畫聖美名的吳道子讚譽有加，可是卻下了「摩詰得之以象外，有如仙翮謝籠樊。吾觀二子皆神俊，又於維也斂衽無間言」的結論，認為工詩善畫的王維仍技高一籌。自此以後，隨著文人畫的興起，文人雅士多認為佛教建築、造像、繪畫乃出自匠人之手，不登大雅之堂。以致直至今日，還有許多人認為佛教雕塑、寺院壁畫等作品匠氣太重，毫無可觀之處。然而當我們面對雲岡二十窟巨大挺健的坐佛時，無不被祂雄渾的氣勢所震撼；當我們拜訪敦煌莫高窟，看到那些色彩斑爛、宏偉壯麗的壁畫時，我們也不由自主地目眩神馳；當我們至大足石窟觀賞有如連環圖畫一般的經變雕刻時，更不禁對這些作品的鬼斧神工發出由衷的讚嘆。這些作品的匠師雖然名不見經傳，但是他們存留的藝術作品卻永垂不朽。

　　1990 年代，與中國佛教美術史有關的中文著作僅有一本金維諾與羅世平合著，於1995 年出版的《中國宗教美術史》。該書雖有許多篇幅涉及佛教美術，但內容還包括原始的巫教祭祀、道教、伊斯蘭教美術等，並不是一本介紹中國佛教美術發展的專書，故在楊惠南教授的引薦下，我大膽答應東大圖書公司，著手撰寫《中國佛教美術史》，該書於 2001 年出版。此書出版十餘年後，東大圖書公司的編輯人員便曾與我連絡，希

望我增補資料，進行修訂版的整理工作。由於當時工作繁忙，因此並未允諾。2019 年東大圖書公司的副總編輯再次與我連絡，重提《中國佛教美術史》修訂版一事。由於過去二十年間，中國佛教考古有許多重要的發現，出土了大量的佛教美術研究材料；學界對中國佛教美術的研究，無論在作品的斷代、圖像題材的辨析、石窟寺院內容的詮釋上，都屢有突破。此外，我個人田野調查所收集的資料也遠比當年撰寫《中國佛教美術史》時豐富。更重要的是，本人於 2015 年春自國立故宮博物院退休，有較充裕的時間進行此書的增補與修訂工作，便決定同意此事。

修訂版在書的結構上並未作任何調整，依舊採取通史的形式進行敘述，旨在闡明印度佛教美術傳入中國後，在中國如何被理解與接受；受到中國傳統美學、審美觀念等的影響，佛教美術如何被轉化，最後又如何與當地的社會、風土融合，脫胎換骨，形成具有中國民族特色的佛教藝術體系。本書共分八章，主要是從美術史的角度，以時代為經，介紹自漢迄清佛教美術發展的過程、內容題材、風格特徵等。在每章的結構上，大抵分為歷史背景和佛教美術兩部分。前者簡要地敘述每一朝代佛教發展的概況，作為瞭解這一時期佛教美術的背景資料。後者則以作品為中心，敘述其風格特色、圖像特徵、宗教意涵等。本書的重點雖然在敘述佛教美術這個外來傳統如何在中國生根、發芽、茁壯、成熟以及全面世俗化的發展歷程，但也希望藉由作品的解說，能讓讀者欣賞中國佛教美術的精品，並從這些作品中體認其所含蘊的佛教思想和精神。

在內容部分，八章均有一定程度的增修，其中，又以第三章〈南朝佛教美術〉和第八章〈元明清佛教美術〉的幅度最大。即使如此，元、明、清三代長達六百四十年，佛教美術遺存數量龐大，而學界的研究卻相對薄弱，所以這一章有許多未盡之處，內容仍顯粗疏簡略。中國佛教美術史涉及的層面甚廣，建築、石窟、雕塑、繪畫、法器無一不包，同時對中國佛教史、思想史、考古等都需有所涉獵，本人因學力不逮，並非對中國佛教美術的每一面向與每一朝代均有深入研究，所以本書的內容主要是依據前人的研究成果，加以闡述而已，討論深度多有不足。又由於篇幅的關係，掛一漏萬的地方也必定不少。凡此種種，皆懇請讀者見諒與指正。

本書的出版，首先要感謝東大圖書公司多年來的敦促。在撰寫與出版的過程中，責任編輯耐心的溝通協調、編排修正，臺灣大學藝術史研究所學生蕭妤庭和黃閔翎協助校對，在此均致以深切的謝意！

李玉珉／2022 年春於新店

目次
Contents

第一章

中國早期佛教美術：漢代與三國

❀ 歷史背景

佛教發源於印度，經歷數百年的發展，先傳至帕米爾高原以西的大月氏、安息、罽賓，次及絲路沿線的疏勒、龜茲、于闐、高昌，然後傳入中國。佛教傳入中國的年代，眾說紛紜，莫衷一是，其中以《魏略・西戎傳》的記載較為信實。該傳云：「昔漢哀帝元壽元年（西元前 2），博士弟子景盧受大月氏王使伊存口授《浮屠經》。」可見，西漢（西元前 202～西元 9）末年，佛教已傳入中國。只是當時佛教初傳，信奉的人多為自西域來華的僧侶或商人以及他們的後裔，佛教對中國文化還未產生影響。

東漢時期（25～220），佛教有顯著的發展。范曄《後漢書・西域傳》載：

> 世傳明帝（57～75 在位）夢見金人長大，頂有光明，以問群臣。或曰：「西方有神名佛，其形長丈六尺而黃金色。」帝於是遣使天竺問佛道法，遂於中國圖畫形象焉。楚王英始信其術，中國因此頗有奉其道者。

一般人認為，漢明帝夜夢金人，遣使天竺求法，後於中國圖畫佛陀形象，為中國禮敬佛像的肇端。雖然學者對這則記載的內容有所保留，可是一世紀中葉中國已有人開始信佛，卻是一個不爭的事實。

楚王英是東漢明帝同父異母的弟弟，明帝在太子時，二人相交甚篤。《後漢書・楚王英傳》記載，永平八年（65）明帝下詔：「令天下死罪皆入縑贖。」楚王英也依詔遣

使獻納絲絹三十匹，作為贖罪的獻品，可是明帝不但將楚王英的贖縑斥回，且云：「楚王誦黃老之微言，尚浮屠之仁祠，潔齋三月，與神為誓，何嫌何疑？當有悔吝，其還贖以助伊蒲塞、桑門之盛饌。」足證，漢明帝時，楚王英已信奉佛教，並齋戒禮佛。更值得注意的是，文中特別提到，漢明帝下令將楚王英獻納的縑絹供養優婆塞和沙門，顯示漢明帝對佛教這個外來的宗教採取包容的態度。《後漢書・桓帝紀》又言，延熹九年（166），桓帝「飾芳林而考濯龍之宮，設華蓋以祠浮圖、老子」，顯示當時宮中已有浮圖祠的存在。在皇帝的支持下，信眾日益增加，佛教在中國土地上逐漸萌芽。

桓、靈二帝時（146～189），安世高、支婁迦讖、竺佛朔、支曜、康孟詳、安玄等天竺、西域高僧來華，於京師洛陽翻譯佛教經典，當時還有少數的漢族知識分子，如嚴佛調、孟元士等參與譯經，其中嚴佛調甚至出家為僧，為中國最早的漢僧，漢人對佛教的認識漸漸深入。《三國志・吳書・劉繇傳》說道：

笮融者，丹陽人。初聚眾數百，往依徐州牧陶謙，謙使督廣陵（今江蘇淮安）、彭城（今江蘇徐州）運漕，遂放縱擅殺，坐斷三郡委輸以自入。乃大起浮圖祠，以銅為人，黃金塗身，衣以錦采，垂銅槃九重，下為重樓閣道，可容三千餘人，悉課讀佛經。令界內及旁郡人有好佛者聽受道，復其他役以招致之，由此遠近前後至者五千餘人戶。每浴佛，多設酒飯，布席於路，經數十里，民人來觀及就食且萬人，費以巨億計。

學者們推斷，笮融興建佛寺的時間當在中平六年（189）到初平四年（193）之間。由此可見，二世紀末，中國不但有可以容納三千餘人的大型寺院，同時在寺院中，除了禮佛之外，信眾還讀誦佛經。每次浴佛時，參加齋會活動的民眾更多達萬人，顯然在家信徒與日俱增。

東漢末年，宦官跋扈，群雄蜂起，中國分裂，形成了曹魏（220～265）、蜀漢（221～263）和吳（229～280）三國鼎立的局面，史稱三國時期。三國時期佛教的重鎮，北為洛陽，南為建業（今江蘇南京）。曹魏著名的譯經高僧有曇柯迦羅、曇諦、康僧鎧等，吳地則有支謙、康僧會等。其中曇柯迦羅傳譯多部有關佛教戒律的經典，素稱中國傳戒之始。甘露五年（260）中國僧侶朱士行為求《大品般若經》的原本，前往西域求法，為中國史上第一位西行求法的沙門。

東漢晚期，由於楚王英被放逐江南以及笮融在廣陵、彭城推行佛教事業，佛教已傳

至江南。又因為東漢末年的戰亂,大批洛陽、長安(今陝西西安)居民南遷,部分佛教僧侶、居士也將北方流傳的佛教傳統帶至江南。佛教南下的代表人物是支謙。支謙是一位在家居士,大月氏人,漢靈帝時(168～189)他的祖父率領數百人歸化中國。支謙通曉漢、胡六國語言,師事支婁迦讖的弟子支亮。東漢末,漢室爭亂,支謙逃往東吳。孫權聞其博學多聞,召之入宮,詢問佛法深義,支謙皆對答如流,故任其為博士,並命其擔任東宮的輔導,奠定了江南佛教發展的基礎。

繼支謙弘揚佛教,使佛教在江南紮根的則是康僧會。他的祖先是康居人,但世居天竺,因父經商,移居交趾(今越南河內)。出家之後,有鑑於「吳地初染大法,風化未全」,為了在江左弘揚大法,赤烏十年(247)抵達建業,設像行道。他應孫權的要求,虔心乞請,得佛舍利,這些舍利不但放五色光,同時重擊不破。孫權見此靈瑞,遂為舍利建塔,並營造建初寺,人稱此為江南建寺之始。

東漢、三國時期,雖有西域高僧、大德翻譯佛教經典,但大眾對佛教的瞭解仍然一知半解。楚王英這位東漢佛教的護持者,本好與方士往來,雖「尚浮屠之仁祠」,但常「誦黃老之微言」;桓帝也「設華蓋以祠浮圖、老子」,顯然在他們的觀念中,佛不過是一位外國來的神仙,是他們齋戒祭祀、祈求長生的一個對象。另外,佛教和黃老之學都主張清淨無為,省慾去奢,因此人們認為佛陀與黃老並無差別,並列而祀理所當然。這種視佛教為一種道術的看法在東漢十分普遍。實際上,東漢、三國來華的西域高僧,一方面致力於弘揚佛法和傳譯經典的工作;另一方面,也常利用道術來吸引信徒,例如,安世高就精於七曜五行、醫方異術,曇柯迦羅又善占星術,康僧會則多知圖讖。佛教初傳之際,便託附於當時流行的黃老神仙之說、祭祀圖讖之術,在中國尋求發展的生機。

❧ 東漢的佛教美術

漢獻帝時(189～220),丹陽笮融在徐州興建的「浮屠祠」,下為重樓,上有銅槃九重,閣道可容三千餘人。祠中安奉一尊金銅佛像,身著錦采。這條資料是中國建立佛寺,鑄造佛像最早的可靠記載,可惜笮融所建的這座宏偉佛寺並沒有保存下來。1986年四川省博物館在什邡縣徵集到一批畫像磚,其中一塊(圖1)中間是一座三層樓閣式的佛塔,頂有三重相輪(又稱銅槃)。塔的兩側各立一柱,高度與塔相近,柱頂有形體巨大的蓮花。這塊畫像磚上塔的形式與〈劉繇傳〉「垂銅槃九重,下為重樓閣道」的記述吻合,所謂「重樓」當指中國傳統的多層樓閣式建築形制,而「銅槃」則指印度窣堵

波（stupa，又稱佛塔）（圖 2）的塔剎形制，表示重樓建築的佛教性質。這座樓閣式塔與天竺佛塔的結構大相逕庭，顯示東漢末年，有些佛寺的建築已經脫離印度、西域原型的拘囿，建立民族風貌。

▲圖 1　佛塔畫像磚　東漢晚期　四川什邡徵集　四川省博物館藏

2008 年湖北襄樊市樊城區菜樾居委員會發現一座保存完好的東漢晚期或三國初的磚室墓，出土大量隨葬品，其中發現了一件釉陶佛塔模型，該塔由門樓、院牆和兩層樓閣組成。兩層樓閣主體建築與常見漢代陶樓頂部構件不同的是，該樓上層頂部中間立塔剎，其上有七層相輪，相輪直徑自下而上逐漸減小，形制與什邡徵集到的畫像磚類似，是迄今發現最早的中國佛塔模型。這件釉陶佛塔模型的佛塔位於佛寺中間，為寺院中最重要的建築，更反映了中國早期佛寺的建築布局特點。

▶圖 2　窣堵波　貴霜王朝　一至二世紀　犍陀羅　德國法蘭克福應用藝術美術館藏

　　東漢時期,來華的重要西域高僧不乏大月氏人,如支婁迦讖、支曜、支謙等。此外,安世高與安玄皆為安息人,康孟詳則是康居人。當時,安息和康居兩地的佛教又與大月氏息息相關,所以大月氏對中國早期的佛教影響最深。

　　大月氏原居於敦煌、祁連之間,西漢初,為匈奴所迫,向西遷徙,先征服大夏,後又滅罽賓,佔據印度北部,建立貴霜王朝(1～3 世紀)。貴霜王朝的初祖丘就卻就篤信佛教,四代主迦膩色迦一世(約 127～150 在位)更效法孔雀王朝的阿育王(約西元前 268～約西元前 232 在位),積極弘宣佛教,貴霜王朝佛教鼎盛一時。貴霜王朝的佛教造像中心有二:一為位居王國西北的犍陀羅(Gandhāra);另一則為雅姆那河畔的秣菟羅(Mathurā)。自漢武帝(西元前 141～西元前 88 在位)開通西域以來,中外交通,多由陸路,所以位在絲路西端的犍陀羅與中國早期佛教美術的關係十分密切,這點從中國早期的佛教造像中得到證實。

　　1980 年在江蘇省連雲港市附近的孔望山山體一側高 8 公尺,長 17 公尺的崖面上,發現了一百零五個形象,除了少數成組的作品外,大部分的人物都是隨意刻在岩石的表面,其中發現數尊東漢末年的剔地浮雕佛像。X2 為一尊立像(圖 3),頂有肉髻,深目圓眼,身著通肩大衣,下襬有一條圓弧線,連接左右兩手下的衣角。其右手施無畏印,左手作握衣角,兩腳呈外八字分立。這尊立像的圖像與早期文獻所言,佛「頂有肉髻」,「項有日光」這些特色相符,也和印度貴霜王朝犍陀羅的佛像一致,當為一尊佛像無疑。X50 的立佛和 X77 的結跏趺坐佛像,也都頂有肉髻,手勢都與上述立佛相同,也應是佛像。此外,X81 的立像頭戴平頂帽,雙手合袖置於胸前,身著圓領長衫,腰間繫帶,足蹬長筒靴,但卻刻具項光,顯然受到佛教影響。有些學者甚至提出,孔望山摩崖中還發現「涅槃圖」和「捨身飼虎」等佛傳圖和本生故事的題材,不過這樣的訂名目前仍有爭議。

▲ 圖 3　X2 佛立像　東漢晚期　江蘇連雲港　孔望山

　　除了上述這些作品外，孔望山摩崖中還發現許多身著交領長袍，雙手籠袖的漢式人物。有關孔望山造像的內容，有的學者主張以佛教和世俗內容為主，有的則認為是佛教和漢地神祇，如黃帝、老子，或西王母、東王公雜糅的狀況。姑且不論上述二說何者為是，由於這些造像或大或小，分布紊亂，至少我們可以肯定孔望山佛教造像的鑿刻並不是在弘宣佛教教義，很可能是被視為外國神仙來禮拜的。

　　據載，漢明帝在世時，預修壽陵，稱為顯節，並曾在陵上作佛像。可見，東漢時佛像與墓葬間有著微妙的關係，這種現象在東漢的考古文物中時有發現。內蒙古和林格爾新店子東漢墓的壁畫中，前室頂部東向繪東王公，西向繪西王母，南向是一人騎著一頭白象，此一畫面被認為是佛教故事中的「乘象入胎」，在朝北方向繪有一盛著一些珠狀物的盤子，榜題為「猞猁」（即舍利）。山東滕州也出土的畫像石裡，也發現常出現在佛經中的六牙白象。山東沂南的一座東漢畫像石墓的八角擎天柱上刻東王公、西王母，在與東王公和西王母對應的位置上則刻具兩尊帶有圓光的童子。這兩位童子均以帶束髮，頭後有項光，上穿窄袖上衣，下著長褲。在南面童子的下方還出現一位結跏坐的羽人，右手上舉，掌心向外，作施無畏印，這些圖像都是佛教影響下的產物。

　　四川樂山麻浩 1 號崖墓由一大型的前室與三間後室組合而成，在中間後室的門額上方，發現一尊結跏趺坐的東漢晚期佛像浮雕。這尊坐佛（圖 4）面部殘損，頭後有項光，右手作施無畏印，左手握衣端，結跏趺坐，身著厚重通肩式袈裟，衣紋流暢，風格明顯受到犍陀羅的影響（圖 5）。在四川樂山柿子灣 1 區 1 號崖墓的中後室和南後室的入口門楣上方也分別浮雕一尊坐佛，造型與麻浩 1 號崖墓雷同。漢代四川崖墓在此部位往往雕刻朱雀、青龍等神獸或西王母、東王公等神仙形象，大抵為引魂升天的題材為主，樂山和柿子灣崖墓門額

▲ 圖 4　佛坐像　東漢晚期　四川樂山　麻浩 1 號崖墓

上刻畫的結跏趺坐佛像,自然也不脫昇仙思想的範疇,具體反映了東漢時期佛教與中國固有神仙方術思想雜糅的現象。

東漢的墓葬還出土了表現神仙和佛像的搖錢樹,三峽出土、刻有「延光四年(125)五月十五日作」的搖錢樹佛像,是目前所知中國最早有紀年的此類造像。搖錢樹主要分布於中國西南地區,以四川最多,此外,雲南、貴州、陝西、甘肅、青海等地也有搖錢樹的發現。搖錢樹由青銅樹形鑄件和陶質、石質或銅質的樹座組成。搖錢樹的圖像內容包括西王母、佛像、玉兔、靈獸、仙人、車馬出行、五銖錢等,一方面表達時人祈求富貴吉祥的觀念,另一方面也反映成仙升天的思想,因此搖錢樹被視為死者靈魂進入仙界的橋梁。搖錢樹中,佛像多出現在搖錢樹的樹幹上,少數出現在樹頂,想借由佛陀的庇祐,一方面可以使墓主人的子孫福祿雙全,再方面又可以引導墓主人進入仙界,說明當時人認為佛像與漢地神仙無異,是東漢神佛不分的具體表徵。

▲ 圖5 佛坐像 迦膩色迦舍利盒(局部)貴霜王朝 二世紀 犍陀羅 英國倫敦大英博物館藏

以四川綿陽市何家山1號東漢晚期崖墓出土的一株銅鑄搖錢樹為例,樹幹上鑄有五尊坐佛,這些佛像(圖6)頂有肉髻,結跏趺坐,右手作無畏印,左手持衣角,身著通肩袈裟,胸前的衣褶作U字形,圖像特徵與麻浩崖墓雷同,只是這些搖錢樹上的佛像唇上有髭。由於面有鬍髭也是犍陀羅造像的重要特徵之一,由此可見四川造像與犍陀羅的關係密切。

四川彭山豆芽坊166號墓中,發現了一件陶座(圖7),現藏於南京博物院,也是一件重要的東漢晚期佛教文物。這件陶座的基部浮塑龍虎爭璧,與搖錢樹浮雕西王母的臺座相似,陶座中央取西王母像而代之的是一佛二脅侍的三尊像,二脅侍皆身著長褲。左脅侍剃髮,袒露右肩,右手揚起,似持一蓮花,當為一僧。右脅侍著右衽及膝長袍,乃一胡人。主尊坐佛身著通肩袈裟,仍見犍陀羅造像的餘緒,但這尊坐佛肉髻甚大,髮

絲向上梳理整齊，在頭頂盤成一大螺髻，這種螺髻的樣式與秣菟羅的佛像類似。值得注意的是，這尊坐佛面圓頰豐，五官娟秀，衣紋較麻浩墓的坐佛繁密，近乎平行，這些特色都與印度貴霜王朝的佛像有所區別。顯示早在東漢末年，中國的雕匠即嘗試結合外來的佛教圖像和漢民族的藝術傳統，試圖創製本土式樣的佛像。

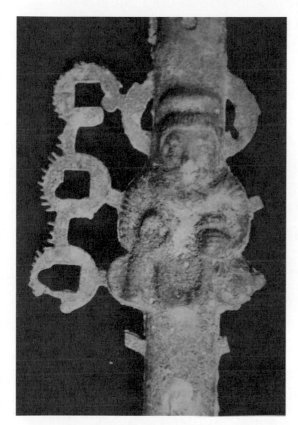

◀圖 6　搖錢樹佛像　東漢晚期　四川綿陽何家山 1 號墓出土　綿陽博物館藏

▶圖 7　陶座　東漢晚期　四川彭山荳芽坊 166 號墓出土　南京博物院藏

☸ 三國的佛教美術

　　三國美術的發展繼承東漢的傳統，神佛不分的作品仍時有發現，除了四川墓葬中依然有蜀漢時期以佛為飾的搖錢樹出土外，大部分三國時期與佛教相關的文物都發現於長江中下游的東吳地區。

　　湖北武昌蓮溪寺一座磚墓出土了一件鎏金金銅飾片，高 4.9 公分，寬 3.1 公分，該飾片狀若杏葉形，由兩塊銅片重疊而成。與這件銅飾片一起出土的文物中，有一件吳永安五年（262）的鉛地券，由此可知，這件銅片的製作年代，最晚不會遲於永安五年。這件銅片的正面為一立像，頂有高髻，項有圓光，裸露上身，肩披天衣，兩端向上捲曲，下著長裙，立於蓮臺之上，蓮臺兩側還各有蓮花一朵。從這尊立像的圖像特徵看來，當為一尊菩薩立像，是中國現存最早的菩薩像遺例。同墓還出土一批受佛教影響的陶俑，它們都跽坐，頭戴尖帽或圓形平頂帽，眉間有白毫，雙手交疊於腹前，類似禪定模樣。

　　東吳時期，銅鏡中出現了以佛像為紋飾的佛像夔鳳鏡，是當時的一種新鏡式，這種鏡子亦見於西晉的墓葬。湖北鄂州市五里墩出土一枚鏡子（圖 8），以四瓣柿蒂形圖案將鏡背分為四區，每區間有兩隻相對的鳳鳥。其中三瓣的中間，各有一尊端坐於帶龍形扶手蓮座之上的坐佛，頭後有項光，手結禪定印；另一瓣的中間則有一位項有圓光的半跏思惟菩薩，兩側各有一立和一跪的人物。類似的作品在湖南長沙和浙江武義等地的墓葬裡也有發現。除了佛像夔鳳鏡外，鄂州還出土了佛獸鏡，鏡中心為肩圓形大鈕，鏡面的裝飾紋樣分內外兩區，外區為一圈禽獸紋，內區的圖案分為四組，其中就出現頭有圓光，身著通肩袈裟，手結禪定印，坐於龍虎座的佛像。

　　銅鏡作為日用品，其裝飾圖樣往往直接反映當時的思想意識。西漢末年，西王母崇拜之風日益流行，大約在同一時期，西王母像便出現在銅鏡的裝飾上。東漢時，還出現西王母和東王公並列的銅鏡。東吳的佛像夔鳳鏡、佛獸鏡，不但出現了仙禽、瑞獸，並以佛像取代東王公、西王母，可以說，這類銅鏡上佛像所代表的含義和中國傳統銅鏡上的仙人意義並無二致，也具有得道昇仙的意涵。

　　東吳末期，在長江下游江蘇、浙江一帶的隨葬品裡，發現不少裝飾著佛像的青瓷

罐、壺、盂、穀倉罐等。江蘇南京雨花台區長崗村 5 號墓出土了一件青瓷釉下彩盤口壺
（圖 9），裝飾圖樣特別引人注意。此壺淺盤口，束頸，廣肩，圓鼓腹，平底。壺身肩部
貼塑四個鋪首、兩隻雙頭連體鳥和兩尊佛像。佛像頭有肉髻，著通肩大衣，結禪定印，坐
於雙獅蓮花座上。腹部繪兩排持節羽人，共二十一身，其間尚繪仙草和雲氣，代表引魂升
天。漢代時，墓室、祠堂、棺椁以及墓葬出土的明器中都可以發現羽人圖像。羽人為仙人
的一種，因「身生羽翼，變化飛行」，又「千歲不死」，故被視作引導亡魂升天的使者。此
件盤口壺將佛像和持節羽人並列，再度表明東吳人認為佛乃一種神仙的觀念。

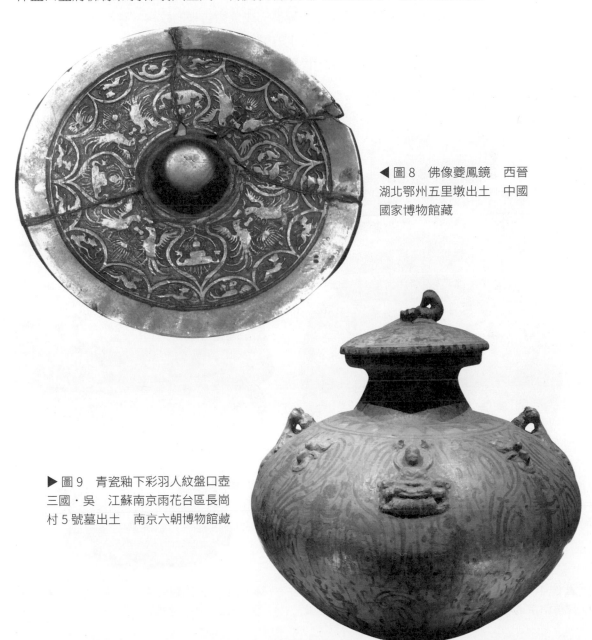

◀圖 8　佛像夔鳳鏡　西晉
湖北鄂州五里墩出土　中國
國家博物館藏

▶圖 9　青瓷釉下彩羽人紋盤口壺
三國‧吳　江蘇南京雨花台區長崗
村 5 號墓出土　南京六朝博物館藏

　　穀倉罐，又稱魂瓶，下半部是深腹罈，上半部則以堆塑的手法表現出樓閣、人物、飛禽、走獸等形象，是一種祈求生人富貴，多子多孫的明器，主要出土於江蘇、浙江兩省，此外，安徽、江西、福建、湖北等地也有少量出土。在穀倉罐上所出現的人物中也發現了佛像。這些佛像均模印成形，製作粗簡，沒有太大的變化，有肉髻和頭光，身著通肩袈裟，手結禪定印，坐於雙獅蓮花座上。衣紋作半弧狀，平行布排。祂們或貼飾於罈形器身的肩腹部（圖 10），或出現於器身上方樓閣的四周，靠近罈口的地方（圖 11）。特別值得注意的是，這些佛像和中國傳統圖像，如仙人騎獸、鳳凰、麒麟、鋪首等雜陳並列，當時人們顯然將佛像當作一種辟邪或象徵吉祥的紋樣。臺灣私人收藏的一件三世紀的穀倉罐，罐腹貼塑兩尊佛像，上方還銘刻「仙人」二字，顯示當時人們仍視佛陀為一位神仙。可見直到三國時期，民間神佛不分的觀念仍十分普遍，一般百姓對佛教的理解尚未超出東漢的範疇。

▲ 圖 10　青瓷穀倉罐　三國‧吳鳳凰元年 (272)
江蘇南京上坊吳鳳凰元年墓出土　南京市博物館藏

▲ 圖 11　紅陶穀倉罐　三國‧吳　江蘇南京
殷巷出土　南京市博物館藏

　　湖北鄂州市塘角頭的一座東吳墓出土了一尊高 20.6 公分的釉陶坐佛，這尊佛像結跏趺坐，身穿通肩大衣，衣領呈 V 字形，胸腹前的衣紋作 U 字形層疊垂落，雙手交疊於腹前，作禪定印，可能是墓主人生前供養的偶像。北京故宮博物院藏陳萬里先生捐贈的一件青瓷坐佛（圖 12）與此像十分近似，推測也應是東吳之作。這兩件單體釉佛的出現，表明當時也有一些民眾開始供奉佛像。

　　檢視東漢、三國時期的佛像，我們發現東漢的坐佛多右手作施無畏印，左手握衣角，且無座，而東吳的佛像則以禪定坐佛為主，多坐於蓮臺之上。有的學者認為這是時代不同所致，不過東漢的坐佛皆發現於四川，而東吳的坐佛則多出現在江南，兩地的圖像系統似乎涇渭分明，這種差異是否顯示了二地流行粉本有別？也值得思量。

▲ 圖 12　青瓷佛坐像　三國・吳　北京故宮博物院藏

第二章

佛教美術的開創：兩晉、十六國

❀ 歷史背景

咸熙二年（265），司馬昭死，子司馬炎繼為曹魏丞相，次年（266）篡位，自立為帝，仍都洛陽，國號為晉。太康元年（280），司馬炎派兵南下滅吳，統一天下。建興四年（316），北方匈奴出身的劉曜攻陷長安，晉愍帝被俘。翌年（317），司馬睿在建康（今江蘇南京）稱帝，光復司馬氏的王朝。史稱亡於華北胡族的晉室為西晉（266～316），定都建康的晉朝為東晉（317～420）。

西元 304 年李雄和劉淵分別建立成國（成漢）、漢趙（前趙），至 439 年北魏拓跋燾滅北涼，統一北方為止，在華北、川蜀、遼東、內蒙等地有二十餘個國家的興替。這些入主中原的眾多民族，主要為匈奴、羯、鮮卑、羌及氐五族，統稱「五胡」；在這二十餘國中，王朝短的二、三年，長的四、五十年，其中十六國的實力較為強勁，所以此一時期又稱為「五胡十六國」。

西晉時，學問淵博的高僧輩出，影響最大的應屬世居敦煌、通達西域三十六種語言的竺法護（3～4 世紀），他一生翻譯一百五十部，計三百卷的佛典，促使經法在華廣泛流傳，是西晉譯經大業的代表人物。據《釋迦方志》、《辯正論》、《法苑珠林》等書的統計，西晉時約有佛寺一百八十所，僧尼三千七百餘人，所譯佛教典籍已逾三、四百部，人們對佛教的認識日趨明晰，佛教逐漸從漢魏之際黃老神仙的系統中獨立出來。

東晉時，名震西域的鳩摩羅什（344～413）在長安譯出近三百卷的大乘經典，並與

三千門徒積極弘揚大乘之學，奠定了中國大乘佛教發展的基礎。曇無讖（385～433）所譯的《涅槃經》，刺激了法性學的研究，佛馱跋陀羅（359～429）翻譯的《華嚴經》，又啟迪了華嚴思想的萌發。這些西域高僧雖然是佛教在華流傳的重要功臣，但本土的傳教師，如道安（312～385）、慧遠（334～416）、僧肇（384～414）、道生（355～434）等，不但講經說法，注釋經典，闡明經義，更制定儀軌，嚴守戒律，身體力行，中國佛教的宗教體系日漸完備。

東晉諸帝皆崇好佛法，土木頻興，屢建佛寺，且對佛學義理興趣濃厚。當時崇尚玄學的江南貴族和名士，也與長於清談的義學名僧，如支遁（314～366）、竺道潛（286～374）等，時有往來，使得佛教在上層社會中很快地流傳開來。此外，東晉中期以襄陽為活動中心的道安教團，以及東晉後期以廬山為活動中心的慧遠教團，都勠力弘化佛法，東晉佛教發展蓬勃。

五胡亂華以後，建國北方的五胡諸國君主，多因自己並非漢族，抱著身為外族之人，理應禮敬外國之神的心理，崇信佛教。後趙的石勒（319～333 在位）、石虎（334～349 在位）推崇精通神異道術的佛圖澄（232～348），佛圖澄「道化既行，民多奉佛，皆營造寺廟，相競出家」，據說當時佛圖澄的門徒幾近萬人。前秦的苻堅（357～385 在位）禮敬道安。後秦姚興（394～416 在位）尊鳩摩羅什為國師。西秦的統治者乞伏國仁（385～388 在位）請東晉名僧聖堅到北地翻譯佛經。南燕王慕容德（398～405 在位）封僧朗為東齊王，並以奉高、山茌兩縣為他的封地。北涼的沮渠蒙遜（401～433 在位）推重曇無讖，郡國大事，悉以咨之。同時，五胡十六國時，北方動盪不安，人們時感人生無常，故紛紛從佛教中尋求精神慰藉，佛教的勢力在北方的皇室和民間迅速地擴展開來。

兩晉時期，無論南北，上行下效，佛教興盛，佛教藝術的活動十分昌隆。現在就讓我們從實物和文獻資料上，來認識這段期間佛教藝術的成就。

❀ 兩晉的佛教美術

早期佛教和神仙圖像混雜的造像風氣，隨著兩晉佛教的日益成熟，逐漸消弭。雖然在西晉中期的穀倉罐（圖 13）上，還偶見佛像和吉祥紋樣並置的遺風，但到了東晉，墓葬出土的陶瓷明器上很少再有佛像的發現。這一現象說明，在晉朝高僧大德積極弘宣

佛法的努力下，人們對佛教已有較深刻的瞭解，佛教的發展漸漸與神仙信仰分道揚鑣，佛像已成為獨立的宗教題材，是信徒禮拜的主體對象。

　　美國哈佛大學賽克勒美術館所藏的一件三世紀末坐佛（圖14），相傳在河北省石家莊出土，是西晉佛教造像的重要遺品。這尊坐佛肩膀有火焰紋，身著通肩袈裟，雙手重疊，平放腹前，作禪定印，在一方臺上結跏趺坐。頭上的髮絲刻畫仔細，作小波浪狀，肉髻頂部有一方孔，功能為何？尚待查考。這尊坐佛間有白毫，顴骨較高，五官輪廓較深，唇上有髭，衣紋自雙肩垂落，衣襬回折疊壓，布排自然，衣褶襞面立體而寫實。袈裟質地雖厚，衣下的身體結構依稀可見。這些風格特徵與印度犍陀羅式的雕刻完全吻合，乍看之下，還以為是西域的作品，不過臺座左側的供養人身著寬袍大袖的漢式袍服，必是漢人無疑，故此像當出自中國匠師之手。

▲圖13　青瓷穀倉罐　西晉
美國紐約大都會博物館藏

　　京都藤井有鄰館所藏的一件金銅彌勒菩薩立像（圖15），為一件三世紀末至四世紀初的佛教造像精品。據傳，此像為陝西三原縣出土。該菩薩像右手作施無畏印，左手持一淨瓶，符合犍陀羅彌勒菩薩像的圖像特徵。這尊彌勒菩薩頭頂束髻，長髮披肩，髮絲仔細刻畫，頰頤圓潤，唇上有髭，上身袒露，下著長裙，肩披天衣，足踏草履。身佩環頸與垂胸二重瓔珞，手戴臂釧。胸肌微

▶圖14　佛坐像　西晉　（傳）河北石家莊出土　美國波士頓哈佛大學賽克勒美術館藏

鼓，衣襞隆起，衣紋流暢寫實，裙沿呈菱形轉折。這
些特色均受印度犍陀羅雕刻的影響，然而與犍陀羅造
像仔細比較，我們發現，這尊菩薩的肌肉柔軟，不如
犍陀羅菩薩像壯實，且與四川出土東漢陶座上的坐佛
（圖7）一樣，袍的頭手比例稍大，顯示中國匠師在
鑄造此像時，在印度佛教雕刻的基礎上，也融入了本
土造形的觀念。

　　東晉時期，佛教美術的發展步入了一個新階段。
據統計，當時全國佛寺約有一千七百六十八所，可想
而知，佛教藝術活動一定十分蓬勃，可惜東晉的佛教
美術作品無一倖存，其藝術特色為何？很難具體掌
握。僅能根據文獻資料，略鉤輪廓而已。

▶ 圖 15　彌勒菩薩立像　西晉末至十六國初期
（傳）陝西三原出土　日本京都藤井有鄰館藏

　　東晉諸帝雅好佛法，其中明帝（322～325 在位）崇佛尤篤，習鑿齒〈致道安書〉
稱明帝嘗「手畫如來之容，口味三昧之旨」，懸掛在樂賢堂的佛像即出自明帝之手。明
帝時，有「畫聖」之譽的衛協也以善畫佛釋人物著稱，顧愷之（約 345～406）在《論
畫》中說，衛協的〈七佛圖〉「偉而有情勢」。東晉最偉大的釋畫名家應屬顧愷之，顧
氏為東晉文士，才氣橫逸，工詩賦，善丹青，時有才絕、畫絕、癡絕「三絕」之稱。他
曾在建康瓦官寺北小殿，費時一個多月畫成了一軀〈維摩詰像〉。據說，此像「目若將
視，眉如忽聳，口無言而似言，鬢不動而疑動」，是一件氣韻生動的傑作。同時，此像
又「有清羸示病之容，隱几忘言之狀」，顯然在顧氏的筆下，《維摩詰經》裡能言善道的
印度居士，搖身一變成為中土的清談名士，這種清風秀骨的造型，儼然是東晉文人風度
的再現，這種形象對中國維摩詰像的造型影響深遠。

與顧愷之同時的另外一位東晉佛教藝術名家是戴逵（326～396）。戴逵出身士族，宅性居理，遊心釋教，在佛教繪畫與雕塑上均有卓越的成就。《世說新語》載：「戴逵中年畫行像甚妙」，他所畫的〈五天羅漢像〉曾為隋代宮廷所收藏。除了繪畫之外，戴逵也擅長造像。《法苑珠林》談到中國早期佛教造像的發展言：「西方像製，流式中夏，雖依經鎔鑄，各務髣髴，名士奇匠，競心展力，而精分密數未有殊絕。」但戴逵卻「機思通贍，巧擬造化」，創造出與眾不同的作品。他在瓦官寺所作的佛像五軀，和顧愷之的維摩詰壁畫以及義熙（405～418）初獅子國所獻的玉像，合稱「瓦官寺三絕」。他所雕造的無量壽佛及脅侍三尊像，也被人們推崇備至。據說，他在雕造這三尊像時，常「潛坐帷中，密聽眾論，所聽褒貶，輒加詳改，積思三年，刻像乃成」。就因為他能拜眾為師，虛心接受觀眾的批評，廣泛聽取各方的意見，不斷地修正自己的作品，並豐富自己的創造力，所以他雕鑄的佛像與當時流行的西方式樣迥然不同，符合江東人士品味，民族特色鮮明。直到初唐道宣（596～667）見到這三尊像時，還不禁讚嘆曰：「振代迄今，所未曾有也。」

顧愷之和戴逵都用創新的手法、高超的技巧，結合中國傳統思想和審美觀念，來詮釋佛教這個外來的宗教題材，賦予作品民族的特質，使得佛教藝術在中國的土壤上生根茁壯，發展出自己獨立的生命。因此，東晉實可謂中國佛教美術的開創時期，是中國佛教美術發展史上一個重要的階段。

❀ 十六國時期的佛教美術

十六國時期，北方佛教盛行，建寺鑿窟，雕鑄佛像蔚為風氣。在後趙（319～351）執政短短的三十餘年間，各州郡建立佛寺竟達八百九十三所。北方各地崇飾佛寺，造立經像，蔚然成風，現存的許多五胡十六國的小金銅佛，以及酒泉、敦煌和高昌出土的北涼（397～439）石塔均為物證。

自西漢張騫通西域以後，甘肅蘭州以西的河西走廊，即為絲綢之路上連接中原與西域的重要交通孔道，也是佛教文化進入中國的第一站。北方佛教以禪法著稱，習禪者多在僻靜的水邊崖際開鑿窟室，修習禪觀，所以佛教石窟之興多與禪僧有關。前秦建元二年（366），沙門樂僔，戒行清虛，執心恬靜，來到敦煌鳴沙山，「忽見金光，狀有千佛，遂架空鑿岩，造窟一龕。次有法良禪師，從東屆此，又於僔師窟側，更即營造，伽藍之起，濫觴於二僧。」此為敦煌莫高窟開鑿之始。《高僧傳·玄高傳》記述，玄高

（402～444）「乃杖策西秦，隱居麥積山，山學百餘人，崇其義訓，稟其禪道。時有長安沙門釋曇弘、秦地高僧隱在此山，與高相會，以同業友善」。天水麥積山石窟第 4 窟的題記也稱「麥積山閣勝跡，始建於姚秦，成於元魏，約七百餘年」。根據這些資料，麥積山石窟可能始鑿於五世紀初。十六國時期，佔據河西地區的北涼統治者沮渠蒙遜，篤信佛教，曾在涼州興鑿規模宏偉的涼州石窟。《集神州三寶感通錄》描述沮渠蒙遜於涼州石崖鑿造的石窟，「連崖綿亘，東西不測」，而窟中所安設的尊像「或石或塑，千變萬化，有禮敬者，驚眩心目」，鬼斧神工，令人嘆為觀止。雖然這些石窟大抵不存，但它們的樣貌或可從甘肅地區現存的十六國石窟中，略窺一二。

佛教造像與石塔

　　現存的十六國金銅佛像多為小像，製作粗簡，而舊金山亞洲美術館收藏著一件像高 39.7 公分的金銅佛造像（圖 16），是極為珍稀的較大之作。更為難得的是，此像的臺座後面有「建武四年歲在戊戌（338）八月卅日」的造像題記，是中國現存紀年造像中最早的一件作品。此佛的形式與哈佛大學賽克勒美術館所藏的坐佛（圖 14）類似，身著通肩袈裟，結跏趺坐於方臺之上，兩手交疊，作禪定印，但手心向內而非向上。此尊坐佛的頭手比例較大，和身軀不太相稱。值得注意的是，此佛額際寬平，髮絲梳理整齊。長目杏眼，眉眼疏朗，鼻翼寬，鼻梁低，面形和五官特徵呈現明顯的漢族特色。衣紋以身體中心為軸，呈 U 字形規律布排，左右對稱，整齊規律，表現程式化；軀體結構抽象概括，和三世紀末西域色彩濃厚、寫實性強的佛像大異其趣。方臺前面有三個小孔，推測是用來固定香爐和一對獅子鑄件之用。整體而言，此像的製作已脫離印度和中亞美術原型的束縛，將外來的佛教圖像和漢民族的藝術傳統互相結合，孕育出自我的風格面貌。

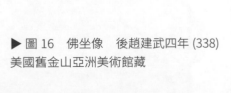

▶ 圖 16　佛坐像　後趙建武四年 (338)
美國舊金山亞洲美術館藏

　　1950 年代河北石家莊出土了一尊保存完整的金銅坐佛三尊像（圖 17）。此件作品由坐佛和獅子座、背光、圓形傘蓋和四足方臺四部分組合而成，各部分可拆卸組裝。背光上鑄兩尊脇侍比丘、兩身飛天，佛像頭部上方又有一尊坐佛。脇侍比丘與主尊坐佛的大小差距懸殊，比丘的頭後均陰刻一朵蓮花。此佛所坐的方座正面，浮雕兩隻呲牙裂嘴的獅子，獅子間陰刻一朵蓮花。四足方座上陰刻雲氣紋。這種四足座不見於印度、中亞，可能源自漢代畫像石的四足矮榻或魏晉時名士常坐的四足榻床。此像開面、五官、形式化的 U 字形衣紋、頭和手的比例較大等風格特徵，與建武四年的後趙坐佛一致，也當為四世紀河北遺物無疑。後趙的前後兩個國都——襄國（今河北邢臺）和鄴（今河北邯鄲市臨漳縣）——都在河北，不但是後趙的政治和軍事重鎮，也是佛教以及藝術的中心地區。河北發現數尊四世紀的金銅坐佛，正是十六國時期河北地區佛教隆盛的重要佐證。

▲ 圖 17　坐佛三尊像　五胡十六國　河北石家莊出土　河北博物院藏

　　1979 年西安附近出土的一尊金銅禪定佛像（圖 18），高僅 13.4 公分，其髮絲梳理整齊，磨光肉髻，身著通肩大衣，兩手交疊，手心向內，作禪定印。唇上無髭，面相、五官類似漢族。手臂上的衣褶斷面呈凸稜形，胸前的衣紋也呈 U 字形布排，但線條流暢，不似建武四年佛坐像（圖 16）那麼形式化。臺座上坐墊的紋樣為漢代流行的菱格紋和三角紋。與賽克勒美術館所藏的金銅坐佛（圖 14）相較，此像的本土化色彩較為濃郁。從風格來看，此像應作於四世紀初。值得注意的是，這尊坐像背後刻有佉盧文

▶ 圖 18　佛坐像　五胡十六國　陝西西安長安區黃良公社石佛寺出土　西安博物院藏

的題記，據林梅村的考釋，意為「此佛為智猛所贈（或製），謹向摩列迦之後裔，弗斯陀迦‧慧悅致意」。佉盧文源自犍陀羅，二至四世紀時流行於中亞，四世紀後漸廢。因此金申推測，此像的鑄造者或供養人可能是一位漢化的大月氏人。

　　二十世紀中，在酒泉、敦煌和吐魯番等地發現了十三座北涼石塔，其中五件紀年明確，是研究北涼（397～439）佛教藝術最重要的一批資料。這些石塔（圖 19）皆有二重塔基以及一覆鉢形塔身。從其中保存較完整者得知，塔身頂部原來皆雕有相輪和寶蓋。第一層塔基作八角形，每面各陰刻一頭有項光，肩披天衣，身著印度式裙裳的男女人物，共八身。有些石塔在這些人物的上方還刻有八卦符號。第二層則為圓形基座，刻題《增一阿含經‧結禁品》（又稱《佛說十二因緣經》）的經文和發願文。覆鉢塔身共雕八拱形龕，除了白雙旦造石塔（圖 20）分兩層，下層雕六龕坐佛、一龕交腳菩薩像和一龕半跏思惟菩薩像，上層龕內為禪定坐佛七尊和一身交腳菩薩像外，其餘諸塔的八龕皆為七龕佛坐像，一龕菩薩像。根據七尊坐佛和一尊菩薩像的布排以及在敦煌所發現的□吉德造石塔的銘文，其應代表著過去七佛和未來佛彌勒菩薩。尤值注意的是，所有刻具八卦的北涼石塔，基座上的八卦符號和七佛一菩薩的配置呈統一的對應關係，第一尊維衛佛都與震卦出現在同一方位，第八尊彌勒菩薩則與艮卦出現在同一方位。故北涼石塔的七佛和彌勒的造像，很可能是依《周易‧說卦》中「帝出於震」一節來安排的，用以象徵佛法

▲圖 19　高善穆造石塔　北涼承玄元年 (428)　甘肅酒泉石佛灣子出土　甘肅省博物館藏

▲圖 20　白雙旦造石塔　北涼緣禾三年 (434)　甘肅酒泉出土中國國家博物館藏

不滅,三世常存。承玄元年（428）高善穆造石塔（圖19），寶蓋蓋頂還刻著北斗七星。這些刻具八卦和北斗七星的北涼石塔，反映北涼佛教藝術仍雜有黃老道術的成分。不過,其整體設計顯然是以佛教思想為主體,攝受八卦、北斗七星等道家的因素,和東漢和三國時期神佛不分的造像意念已大不相同。

❀ 石窟藝術

在北魏大規模開鑿石窟以前,甘肅地區已有了開窟造像的活動。在甘肅地區保存的中國早期佛教石窟中,以永靖炳靈寺石窟、武威天梯山石窟最為重要,是我們瞭解十六國石窟藝術重要的資料。

• 炳靈寺石窟

炳靈寺石窟位於甘肅省臨夏回族自治州永靖縣西南的小積石山大寺溝西面的峭壁上,現存大小窟龕一百九十六個。1962年甘肅省文物工作隊在位置險峻的169窟北壁第6號無量壽佛龕側,發現墨書西秦建弘元年（420）的造像題記,是目前我們所見到最早的中國石窟紀年題記,此一發現立刻引起了學界的重視。炳靈寺第169窟是中國石窟裡唯一保存十六國紀年的洞窟。

第169窟是一個距離地面六十餘公尺的天然溶洞,洞寬約27公尺,深19公尺,高15公尺,形狀既不規則,又無整體規劃,布局雜亂。內部的塑像和壁畫幾乎都是西秦（385～400,409～431）至北魏（386～534）的作品,窟內現存佛龕及壁畫共編號二十四個,是炳靈寺石窟群中,年代最早,規模最大,內容最豐,也是最重要的一個窟洞。

此窟第6龕（圖21）是一個背屏龕,彩塑一佛二菩薩,主尊坐佛身著右袒式僧祇支,外披袈裟,袈裟的衣緣遮蓋了右肩及右手臂的外側,右胸袒露,手結禪定印,正身端坐於覆蓮座上。佛的額寬頰豐,長眉杏目,嘴闊鼻挺,鼻翼略寬,下頤方圓,神情威嚴。兩肩厚實,上身短碩,流露出北方遊牧民族雄健的體魄。背光自外而內飾火焰、連珠、伎樂等紋樣,伎樂吹彈不同的樂器,姿態生動。兩側的脅侍菩薩較為秀美,嘴角含笑,身軀纖瘦,胸部柔軟,略作起伏。此三尊的衣紋均以陰刻手法處理,布排自然。佛的右上方墨書云:「無量壽佛」,其南側菩薩旁墨書「觀世音菩薩」,北側菩薩旁墨書「得大勢至菩薩」,這組無量壽佛三尊像是中國現存西方三聖造像中最早的遺例。在大勢至菩薩的上方,繪有兩排坐佛,每尊坐佛旁有墨書題名,標明為十方佛。

　　北壁第 7 龕原為三尊立佛，現存中間的立佛和右側佛像的殘跡（圖 22），中尊立佛的五官特徵與第 6 龕的坐佛如出一轍，也應是西秦之作。這尊立佛肩寬臂粗，胸部壯實。身著通肩式袈裟，薄衣貼體，曲線畢露，細緻地表現了肌肉起伏的變化。袖口作出規律的波狀衣緣。這些風格特徵皆與中亞的作品近似。169 窟北壁繪有到西秦傳法的西域高僧曇無毗的供養像，因此 169 窟西秦的佛教造像流露出濃厚的西域色彩，並不令人意外。

▲ 圖 21　無量壽佛三尊像龕　西秦建弘元年 (420)　甘肅永靖　炳靈寺石窟第 169 窟第 6 龕

▲ 圖 22　立佛三尊像龕　西秦　甘肅永靖　炳靈寺石窟第 169 窟第 7 龕

　　第 169 窟西秦的壁畫主要分布在北壁和東壁，無論在題材或技法方面，都有不少獨到之處。北壁的壁畫繪佛說法圖數鋪、釋迦多寶佛並坐、維摩詰與侍者之像、文殊菩薩

等，內容豐富。位於北壁東側
第 12 號的壁畫（圖 23），是
第 169 窟內現存規模最大和畫
面保存最完整的佛說法圖。此
幅說法圖中的主尊佛結跏趺坐
於覆蓮之上，右手施無畏印，
左手握衣端，脇侍菩薩皆頭戴
冠，身著右袒式袈裟，分立兩
側，三尊的身軀魁梧雄健。左
側菩薩上方繪二供養天，下方
又畫一頂有捲髮，深目高鼻的
西域供養人。佛、菩薩以及供
養人的眉、鼻、上眼瞼、下巴
和頸部又加上白色塗染，係屬
西域高光畫法，以增加形象的
立體的效果。坐佛頭頂裝飾性
甚強的團花式寶樹和蓮座下漩
渦狀水波紋，在新疆拜城克孜
爾石窟早期的壁畫中時有發
現。這些特色在在說明，炳靈
寺石窟西秦的佛教藝術與西域
的關係密切。

▲ 圖 23　佛說法圖　西秦　甘肅永靖
炳靈寺石窟第 169 窟第 12 號壁畫

　　全鋪壁畫以勁健有力的朱
紅色線條鉤勒底稿，然後施
色，最後再以墨線定型。筆速
迅捷，線條隨意，暢達爽快，這種筆描的手法在第 169 窟中隨處可見，與魏晉墓室壁畫
的筆描傳統一脈相承。此一現象固然可能和西秦立國以後，乞伏氏積極聯合北方的漢族
豪門，吸收漢族文化有關，但它的地緣因素也不容忽視。炳靈寺石窟地處隴右，本來就
有漢族居住，再加上其地又近關中，該地受到漢文化的影響，也是情理中事。

　　第 11 號壁畫內容複雜，並無整體布局。自上而下，分為四層，第一層畫兩尊立佛
及供養人，第二層繪禪定佛三尊像（圖 24），用筆奔放率意，蓮座下畫綠色的水渦紋。

　　左脇侍菩薩身後的三位供養人中，兩人穿著漢式寬袖裙襦，一人則著胡式的窄袖衫和長褲，她們的衣冠與河西酒泉和嘉峪關等地的魏晉墓室壁畫中的人物接近，清楚反映十六國時期西秦漢胡雜處的實況。

▲圖 24　禪定佛三尊像及供養人　西秦　甘肅永靖　炳靈寺石窟第 169 窟第 11 號壁畫 (局部)

　　第三層分右、中、左三部分，右側畫坐佛三尊像，中間繪無量壽佛坐像一身，左側的一方形框內，上有垂幕，下有一長髮披肩，斜披絡腋的菩薩斜臥榻上，頭有項光，頂有華蓋，身前有一雙手合十的侍者（圖 25）。二者之間的榜題云：「維摩詰之像／待（當作侍）者之像」，由此可知，在榻上斜臥的人物當是維摩詰居士，此鋪壁畫是中國現存最早的維摩詰畫例。畫面中的維摩詰著菩薩裝，雖然有臥几之形，卻無清羸之貌，顯然與顧愷之清談名士式的維摩詰並不同源，另有所本。值得注意的是，維摩詰像並不見於印度與中亞的佛教美術，所以令人不禁懷疑，五世紀時北方可能也根據經典，創造出自

己的維摩詰形象,其詮釋的方式與南方流行的圖像不盡相同。

第四層殘損較為嚴重,在維摩詰像的下方繪兩尊身著右袒式袈裟的倚坐佛像(圖 25),作對坐說法狀,二佛間白地墨書榜題云:「釋迦牟尼佛／多寶佛」。顯然典據《妙法蓮華經・見寶塔品》,在描寫釋迦牟尼進入多寶塔,與多寶佛並坐宣說《法華經》的景象。

維摩詰圖像和釋迦多寶佛二佛並坐像皆不見於印度和中亞,應是中國人所創造的圖像。五世紀初,鳩摩羅什在長安積極弘宣《維摩詰經》和《法華經》,這兩部經典在關中地區普遍流行。很可能在這樣的信仰基礎上,關中地區的藝匠便依《維摩詰經》創作了維摩詰居士的圖像,又據《法華經》創造了釋迦多寶二佛並坐像。炳靈寺 169 窟的壁畫中,不但有關中地區創製的維摩詰像,也發現了二佛並坐像,該地與關中地區佛教文化關係之密切,不待多言。

▲ 圖 25　維摩詰與侍者之像以及二佛並坐像　西秦　甘肅永靖　炳靈寺石窟第 169 窟第 11 號壁畫 (局部)

• 天梯山石窟

沮渠蒙遜所開鑿的石窟是否倖存?眾說紛紜,有人主張沮渠蒙遜所開鑿的涼州石窟便是武威天梯山石窟。雖然這個說法目前仍有爭議,不過天梯山石窟始鑿於北涼期間,應無疑義。

武威,舊名姑臧,亦稱涼州,位於甘肅河西走廊的最東端。天梯山石窟位於武威城南約一百公里的祁連山境內,現存石窟十九個,第 1、4、18 窟三窟為北涼石窟。第 1

和 4 兩窟的平面都呈方形，第 18 窟的平面作「凸」字形，石窟內部均雕一中心柱，連接窟頂與地面。這種石窟稱為中心塔柱窟，又稱塔廟窟。

塔廟窟的祖源可追溯至印度的支提窟，其平面為馬蹄形，券頂，石窟底端雕窣堵波，上立傘蓋，作為信徒禮拜的焦點，是一個禮拜窟。隨著佛教的東傳，這種窟形先傳到中亞、新疆地區。由於新疆地區的石質不佳，因此在形制上作了些許的改變，例如原本在印度支提窟底端圓雕式的窣堵波，在新疆即變成矗立於石窟內部的一個方形柱體，其頂部與方柱連為一體，形成了塔柱的形式。因此印度的支提窟，到了新疆遂演變為中心塔柱窟。新疆中心塔柱窟柱體前方的空間較大，是洞窟的主室部分，塔柱的左、右和後側與洞窟的壁面間自然形成了信徒右旋禮塔的通道，這種石窟形制對河西的石窟影響甚鉅。

天梯山第 1 和第 4 窟除了前壁中間鑿門外，其餘三壁都未開龕造像，目前塔柱前面和石窟左右壁的前端已崩毀。兩窟中央的方形塔柱下有基座，上分三層（圖 26），每層均上寬下窄。第 1 窟中心柱的第一、二層，每層各開一圓拱形淺龕，第三層則開兩個圓拱形小龕。第 4 窟中心柱的設計與第 1 窟類似，唯最上層塌毀和風化過甚，原來開有幾個龕，現已無從得知。根據考古報告，第 1 窟的左、右和後三壁的上部原來尚安置小千佛。第 18 窟的結構較第 1 窟和第 4 窟複雜，前室為橫長形，後室為方形，中心柱雕於後室，中心柱下有方形基座，上方柱體分三層，第一、二層每面各開三個圓拱龕，最上層每面各開五個圓拱龕。這三座天梯山的石窟的中心塔柱設計與新疆塔廟窟的中心柱設計有所不同，形成自己獨特的石窟形制。

▲ 圖 26　第1窟　北涼　甘肅武威　天梯山石窟

　　可惜龕內的坐佛風化嚴重，無法一探北涼造像的原貌。在第 1 和 4 窟內仍見壁畫殘跡，以在第 4 窟發現的菩薩像為例（圖 27），這尊菩薩右手持瓶，左手為縵網掌，置於腰腹之前。面圓目長，細眉連鬢，鼻直而挺，嘴寬唇厚。在眉骨、上眼瞼以及鼻梁上，均加白粉點染，以西域流行的高光法來表現五官的立體效果。肩披天衣，上身全袒，下著裙裳，兩肩寬厚，身軀碩壯，胸腹以赭紅暈染，表現強健肌肉的凹凸變化。這尊菩薩的相貌、衣著、繪畫技法與印度壁畫有許多相似之處，推測涼州工匠很可能採取了印度的粉本。這或許與十六國時期，涼州為絲綢之路的重鎮，在此活動的商胡和僧侶中有不少來自天竺有關。

▲ 圖 27　菩薩立像　北涼　原在甘肅武威天梯山石窟第4窟
甘肅省博物館藏

第三章

南朝佛教美術

❁ 歷史背景

晉恭帝元熙二年（420），劉裕篡晉自立，國號宋，是為宋武帝，改元永初，為中國史上南北朝的開端。自此至隋文帝統一南北（589）的一百六十餘年間，南方先後有劉宋（420～479）、蕭齊（479～502）、蕭梁（502～557）和陳（557～589）四個朝代的更迭。爭戰連綿，國事紛亂，人民流離失所。再加上，徭役繁重，門閥豪族剝削，百姓受盡了各種苦難和壓迫，生活悲觀絕望，故多從宗教中尋求撫慰。而佛教所提倡的三世輪迴，因果報應之說，正符合他們心靈的需要，認為今生所受的苦難是前世所造惡業的結果，只要今生皈依三寶，潛心修行，便可得到來生的解脫，因此南朝歸心佛教的庶民數量激增。

南朝帝室上承東晉傳統，大多敬信佛教，時與高僧往來，研討佛理。宋武帝（420～422 在位）即位時，即建造祇洹寺。文帝（424～453 在位）又與慧嚴、慧觀相善。孝武帝（453～464 在位）更因假託佛教的祥瑞而成為天子，崇佛更篤。他推崇僧人慧琳，並請他參與政事，故慧琳有「黑衣宰相」之稱。蕭齊國祚雖短，帝室也多崇信佛教，高帝蕭道成於建元元年（479）行幸莊嚴寺，聽僧達講解《維摩詰經》。武帝於永明元年（483）在華林園設八關齋戒。武帝的長子文惠太子（458～493）和次子竟陵王（460～494）也都尊崇佛教，又以竟陵王蕭子良最為突出，他不但招致名僧，講述佛法，屢設齋會。《南齊書》記載，佛教在他的推動下，當時「道俗之盛，江左未有也」。

梁武帝（502～549 在位）本信道教，天監三年（504），武帝率僧俗兩萬人於重雲

殿頒布〈捨事道法詔〉，宣布捨道歸佛；天監十年（511）又公布〈斷酒肉文〉，堅持茹素，過著嚴守戒律的生活，故人稱「皇帝菩薩」。同時，他潛心佛教教理研究，不但註解佛經，並在重雲殿及同泰寺昇座說法，當時「名僧碩學，四部聽眾，常萬餘人」。自中大通元年（529）起，梁武帝更先後四次捨身同泰寺，充當寺奴，以為布施，皇太子、群臣等還以錢億萬奉贖「皇帝菩薩」。此外，他屢次在同泰寺開設無遮大齋會、水陸大齋會、盂蘭盆會等。在梁武帝身體力行和積極護持下，南朝佛教發展達到巔峰。陳代諸帝也多效法梁武帝，捨身佛寺，陳文帝（560～566 在位）還自稱「菩薩戒弟子」，崇佛之誠可見一斑。

　　由於南朝沒有發生過像北朝那樣鎮壓佛教的情事，帝王對佛教又均採保護政策，外國僧侶來江南譯經者，不絕於履。同時，南朝義學沙門因各人鑽研的不同，分別弘傳毗曇、成實、三論、涅槃諸學，形成宗派的雛形。此外，南朝時，後宮、皇族以及江南的世家豪族和文人、士大夫也都護持佛教，吳郡張氏和陸氏、瑯琊王氏等皆好與佛教人士交遊。他們精通佛理，並將佛教的理趣融入詩文之中，劉宋的謝靈運、顏延之，蕭齊的沈約、王融、蕭梁的昭明太子、簡文帝等，都是其中的翹楚。佛教這個外來的宗教，在中國歷經過數百年的摸索和發展，此時，已經與中國文化打成一片。

　　南朝，上自帝王，下至庶民，無不傾心佛教，佛教已經深入社會各個層面。據說，劉宋就有寺院一千九百十三所，蕭齊有寺院二千零一十五所，蕭梁有寺院二千八百四十六所，陳代有寺院一千二百三十二所。每所寺院一定供奉佛像，讓信眾禮拜或觀想，也必然以各種佛釋壁畫莊嚴佛寺，因此不難想像，南朝佛教美術的活動昌隆。只是儘管我們可以在僧傳、正史、畫史等各種資料中，找到很多與南朝佛教藝術和造像有關的記載，可惜我們今天所能見到的南朝佛教遺存卻十分稀少，雖不足以反映當時佛教美術盛況，但仍可以管窺其傑出的藝術成就。

❦ 劉宋的佛教美術

　　劉宋初，佛教徒不但積極重修頹圮的舊寺，更競相營建新構，鑄造銅佛，以誇尚炫耀。元嘉十二年（435），丹陽尹蕭摹之見寺院豪奢，所以上奏朝廷，希望政府整肅佛教，嚴格管理寺院的營建和佛像的鑄造。足見，當時的佛教建築與造像的數量十分可觀。實際上，劉宋皇室也熱衷佛教造像活動，大明四年（460），路昭皇太后造普賢來儀聖像、宋孝武帝造無量壽金像、宋明帝造丈八金像、陳太妃又造法輪寺與宣福寺的涅槃像等。不過，令人遺憾的是，這些作品無一倖存。

　　學者的研究指出，五世紀中葉以後，南北兩地的佛教造像才產生較大的差別，宋元嘉二十五年（448）的無量壽佛像即展現了不少與北方造像相似的風格特徵。此像現藏於北京故宮博物院，係清光緒八年（1882）四川成都萬佛寺遺址出土，其頭部、頸部、雙手以及大部分背光均經後人重修，手法拙劣，不過其他部分尚保持原貌。這尊佛像身著通肩式袈裟，結跏趺坐於方形臺座之上，衣紋布排對稱，胸前衣紋作U字形層層垂落，這些特徵與後趙建武四年的佛坐像（圖16）一致。衣褶的稜面突起，表現手法與哈佛大學賽克勒美術館所藏的佛坐像（圖14）雷同。坐佛的右脇侍菩薩和主尊的大小差距懸殊，頭部已殘，上身全袒，肩披天衣，胸佩長瓔珞，這種裝束與天梯山石窟第4窟的北涼菩薩立像（圖27）類似。

　　晉末佛教藝術名家戴逵的次子戴顒（378～441），繼承其父衣鉢，為劉宋著名的佛雕大師，唐代即有「二戴像制，歷代獨步」的讚語。據說，宋太子劉義符在瓦官寺鑄丈六銅像時，像成而面瘦，戴顒看後，即提出了「非面瘦，乃肩胛肥耳」的評論，太子依其建言修改後，於是瘦患既除，時人無不讚嘆其精思神巧。僧人慧護於吳郡紹靈寺造丈六釋迦金像，形象過於古拙，該像經戴顒修治後，便「首面威相，宛然如真」。這些事例都顯示戴顒鑄造佛像的技藝卓越。

　　《歷代名畫記》稱：戴氏父子「範金賦采，動有楷模」，所以戴氏所創的佛像風格，對劉宋佛教造像的影響匪淺。宋元嘉十四年（437）韓謙造像（圖28），是中國現存最早的南朝造像。此尊佛像的坐姿、服飾與垂豎的禪定印，以及規律布排，左右對稱的衣褶，均上承後趙建武四年坐佛（圖16）的造像傳統，但是此像的身體比例勻稱，五官娟秀，面容恬雅，雙肩窄削，衣紋流暢，製作細緻，整件作

▲ 圖 28　韓謙造佛坐像　宋元嘉十四年 (437)　日本東京永青文庫藏

品流露出一份溫婉的氣韻。推測這種風格可能就是當時流行文士氣息濃郁「戴家樣」的面貌吧！

在佛教繪畫方面，劉宋最具代表性的人物為陸探微（活動於 465～472），謝赫稱讚他的畫說：「畫有六法，自古作者，鮮能備之，唯陸探微及衛協備之矣。」張懷瓘又云：

> 顧（愷之）、陸（探微）及張僧繇，評者各重其一，皆為當矣，陸公參靈酌妙，動與神會，筆迹勁利如錐刀焉，秀骨清像，似覺生動，令人懍懍若對神明，雖妙極象中，而思不融乎墨外。夫象人風骨，張亞於顧、陸也。張得其肉，陸得其骨，顧得其神。

由此看來，陸氏釋教人物的特色為造型清瘦，用筆有力，形神兼備。他創造的這種藝術風格顯然與晉宋間服食神仙的風氣互為表裡。隋唐時（581～907），仍見陸探微的〈阿難維摩圖〉、〈十弟子像〉、〈釋僧虔像〉，以及〈天安寺惠明板像〉等佛畫的流傳，北宋宣和內府也有陸氏的〈降靈文殊像〉、〈淨名居士像〉等畫作的收藏，可見陸探微佛畫的藝術成就深受歷代收藏家的肯定。

東晉以來，南方崇尚清談，好論佛理，闡述般若性空的《維摩詰經》流行，經中的主角維摩詰居士，博學多聞，辯才無礙，與當時文人、士大夫的典範不謀而合。因此，維摩詰也成為南朝畫師重要的創作題材，顧愷之、陸探微、張僧繇（活動於 502～519）等，都曾作〈維摩詰像〉，而陸探微的高足袁倩還有〈維摩詰變〉的繪製。《歷代名畫記》卷五載，袁倩作「〈維摩詰變〉一卷，百有餘事，運事高妙，六法備呈，置位無差，若神靈感會，精光指顧，得瞻仰威容。前使顧、陸知慚，後得張、閻駭嘆」。袁倩的〈維摩詰變〉鉅細靡遺地描繪了《維摩詰經》裡的一百多個情節，內容完備，其結構顯然與上述諸位畫家所作的單身〈維摩詰像〉迥然不同，為文獻記載中最早的一件變相的作品，也是中國維摩詰圖像發展史上一個重要的里程碑。

可惜，袁倩的這件作品如今已經不傳，根據《歷代名畫記》的記載，這幅〈維摩詰變〉是一件手卷作品，繪「百有餘事」，故而推測袁倩所畫的這卷〈維摩詰變〉，大概是依經文先後的次序，逐一開展，構圖手法可能與顧愷之的〈洛神賦〉或〈女史箴圖〉近似，甚至於和〈女史箴圖〉一樣，在每一圖側還可能題寫經文，解釋畫面內容。

🪷 蕭齊的佛教美術

蕭齊立國二十餘年，皇室對造像的熱忱並不亞於劉宋諸帝，齊高帝（479～482 在位）「嘗手寫《法華》，口誦《般若》，四月八日鑄金像」，明帝（494～498 在位）「寫一切經，造千金像」。上行下效，佛教藝術也蓬勃發展。

1921 年四川茂縣農民在耕地時發現了一件齊永明元年（483）造像碑，此一造像碑出土後被分成數塊，險些被盜賣，後幾經輾轉，其中四塊為四川博物院所收藏。目前部分石塊佚失，已無法完全復原。袁曙光利用現存的四塊做了拼接復原，指出原碑應為長方形。現存四塊殘碑分別為一塊主尊、左側面兩塊、右側面一塊。主尊一塊正面浮雕一尊坐佛（圖 29），背面浮雕一尊立佛，兩側的條石除了開小坐佛龕、浮雕菩薩立像外，尚浮雕捨身聞偈的本生故事。

主尊石塊的正面浮雕一尊結跏趺坐佛，右手作施無畏印，左手向下伸食指和中指，似作與願印。磨光肉髻甚高，髮際線平直，額寬臉方，眼細而長，雙目微閉，嘴角略微上揚，呈微笑狀，形貌溫雅，方肩平胸。坐佛內著僧祇支，不再穿印度通肩式袈裟，其袈裟披覆兩肩，形成雙領，右襟繞過胸前搭於左前臂後垂下，胸前有一結帶，垂於袈裟外，穿著樣式與南朝文士褒衣博帶式袍服近似，是目前發現中國紀年作品中，最早身著褒衣博帶式袈裟的尊像。胸前垂落的衣褶層疊而下，呈弧線平行排列，身體的結構為袈裟所掩。袈裟下襬呈三瓣狀懸垂在臺座上，

▲ 圖 29　釋玄嵩造像碑　齊永明元年 (483)
四川茂縣出土　四川博物院藏

下裙的衣褶平直，衣紋繁複，布排整齊對稱，具裝飾效果。衣紋線條挺勁，在立體的雕刻中，又增添了一分線性的趣味。佛座下雕壺門。背面浮雕一佛立於圓臺之上，腿部衣紋殘損，五官特徵與正面的結跏趺坐佛相同。左側面的石條鐫刻的造像題記言：「齊永明元年歲次癸亥七月十五日，西涼曹比丘釋玄嵩，為帝主、臣王、累世師長、父母、兄弟、六親眷屬，及一切眾生，敬造無量壽、當來彌勒成佛二世尊像。……」由於背面立佛頭右側上方題刻「無量壽佛」四字，由此來看，此碑正面的結跏趺坐佛，應為題記中所稱的「當來彌勒成佛」，即未來佛彌勒。題記指出，造像主為一西涼僧人，顯示五世紀下半葉的四川佛教文化不但與南朝有關，和西北地方的甘肅也有交涉。

　　左右石條上浮雕的菩薩像，身後有蓮瓣形大背光，頭大身短，戴寶冠，冠側寶繒垂落至兩肩，胸佩桃形項飾，天衣自雙肩垂下，於腹前交叉作X狀。上身袒露，下著長裙，裙襬與天衣衣角外侈，跣足在蓮臺上端立。這樣的穿著與元嘉二十五年無量壽佛像的印度式脅侍菩薩已明顯有別。

　　1995 年在成都西安路發現了一批窖藏石刻造像，共出土十件造像，其中一件為齊永明八年（490）法海造彌勒佛坐像（圖 30A），頭頂磨光，髮際線平直，內著僧祇支，外披褒衣博帶式袈裟，懸垂於須彌座前的袈裟作三瓣式布排，兩重下裙的裙襬衣紋平直，這些特徵都和永明元年的彌勒佛（圖 29）彷彿。雖然此像的右掌上半已殘，但推測其原來應為右手作施無畏印，左手下垂，手掌向外伸食指和中指，手印與永明元年的彌勒佛相同。不過與永明元年的造像相較，此像的臉形和頸項更顯細長，雙肩較窄，肩胛較瘦，體形顯得纖弱，呈現陸探微筆下的秀骨清像風格的特色。兩側脅侍菩薩的天衣於腹前交叉，天衣衣角和下裙裙襬向外張揚。

▲ 圖 30A　法海造彌勒佛坐像（正面）　齊永明八年 (490)
四川成都西安路出土　成都文物考古研究所藏

此像的背面（圖 30B）浮雕一屋形龕，正中坐著一交腳彌勒菩薩，頂有華蓋，兩側各浮雕一尊脇侍菩薩。交腳彌勒菩薩像不見於南朝，但在北方則十分流行，北涼石塔的彌勒（圖 19）大多作交腳菩薩的樣貌，這樣的圖像在北魏（386～534）的石造像與石窟裡也屢見不鮮。益州是江南與西北的重要中轉站，永明八年法海造彌勒佛坐像的背面出現交腳彌勒菩薩像，在在說明除了江南影響外，蕭齊時四川地區也受到北方文化的啟發。

除了四川之外，江南還保存少量的蕭齊佛教藝術遺存。浙江金華萬佛塔地宮出土了一尊金銅菩薩立像（圖 31），其右手作施無畏印，左手手掌向外，中指和食指微屈，作與願印。頭戴三花

▲ 圖 30B　法海造彌勒佛坐像（背面）　齊永明八年 (490) 四川成都西安路出土　成都文物考古研究所藏

寶冠，冠繒自兩側垂下及耳。額方頰豐，下頷圓潤，眉眼細長，兩眼微睜，顴骨隆起，薄唇嘴秀，略含笑意。胸佩懸有鈴鐺的桃形飾物，自肩披垂穗狀長瓔珞於胸下交叉，這種瓔珞樣式開蕭梁與北魏晚期菩薩服飾的先河。肩膀窄瘦，上身袒露，胸腹肌肉微微起伏，柔軟稚嫩，天衣於小腿前交叉。下裙的質地厚重，遮住了下半身的身體結構，天衣的衣端和下裙的裙襬外揚，這些特徵與永明八年（490）法海造彌勒佛坐像（圖 30A）的脇侍菩薩類似。同時其頭、手的比例仍然偏大，保存了早期造像的遺風。從風格特徵來看，推測此像可能是一尊蕭齊菩薩像。此像的背光作蓮瓣形，分為三部分，最內層為四重弦紋的頭光，在菩薩的頭後尚浮雕蓮花；中層身光為捲草紋，頂部飾一淨瓶；最外層為一圈火焰紋，十分華美。

南朝崇佛盛極一時，然而佛教發展以義理研究為主，與北方著重禪觀有所不同，因而江南佛寺以興建巨構為主，少鑿石窟，較重要的南朝石窟遺跡，現在僅知南京棲霞山和浙江剡溪石城山兩處而已。

棲霞山石窟位於南京市東北約二十二公里的棲霞山棲霞寺東南側和東北側的山崖上。棲霞山舊稱「攝山」。據慧皎（497～554）《高僧傳》、禎明二年（588）江總〈攝山棲霞寺碑〉和上元三年（676）唐高宗〈攝山棲霞寺明徵君之碑〉的記載，山東平原人明僧紹學問淵博，齊建元元年（479），高帝下詔徵為散騎侍郎，不就，行次至攝山後，在此披荊斬棘，結廬隱居，後捨宅為寺，是為「棲霞精舍」，並請高僧法度居之，法度曾於此寺多次講授《無量壽經》。明僧紹原有在攝山造像的宏願，永明二年（484）卒歿，未能實施。明僧紹死後，次子仲璋和法度合力經營，並得到齊文惠太子、豫章、竟陵、始安諸王的支助，在攝山鐫造無量壽佛、觀音和大勢至菩薩三尊像，完成明僧紹的遺願。此即棲霞山石窟的第20窟，明代以來稱為「三聖殿」，是棲霞山石窟開鑿最早、規模最大的一座石窟。法度的卒年文獻記載不一，或云建武四年（497），或言永元二年（500）。因此推斷，三聖殿的無量壽佛三尊像應鐫鑿於永明二年至永元二年之間，屬蕭齊晚期之作。

▲ 圖 31　菩薩立像　蕭齊　浙江金華萬佛塔地宮出土　浙江省博物館藏

棲霞山石窟自始鑿以來，歷經數代的雕鑿和修葺，現存佛龕二九四個，佛像五百一十五尊，號稱「千佛巖」。明嘉靖中（1522～1566），鄭曉重妝無量壽佛三尊像，現石窟內的銘文多為明隆萬太監補修遺留。二十世紀二○年代，棲霞寺僧若舜將石窟的造像塗繕一新，使得原作面目全非。隨著近年水泥剝離工作的展開，原作的面貌始得以顯現。

第20窟是一個大像窟，穹窿頂，平面略呈橫橢圓形，無前壁。窟頂前部塌毀，現存明代補砌磚頂和重檐磚石門壁，券門上方嵌「三聖殿」石額。壇正中為手結禪定印的無量壽佛（圖32），壇前方兩側各雕一立於重瓣蓮臺上的脅侍菩薩。脅侍菩薩觀音和大勢至的塗層較厚，表面又依當時的樣式重新塑造，蕭齊原貌盡失，而正壁無量壽佛

表面僅薄施泥層，此佛除頭額
以上為後代補作，另在頸部、
胸部和衣紋部分略有修補外，
大體保存了蕭齊時期的形象。
此尊坐佛面相方圓，額間有白
毫，廣頤豐頰，面部的塑造多
用圓雕手法雕琢，起伏圓潤柔
和。兩肩圓渾，胸部飽滿，手
臂粗壯，氣度堂堂。內著圓領
裡衣，外披袈裟覆蓋兩肩，衣
緣下垂幾乎至腰，佛衣下襬滿
鋪壇面，垂於壇前，兩側略向
外展。衣褶呈淺階梯狀，線條
流利自然，壇上懸裳的衣紋層
疊，作波狀起伏，衣服質地顯
得輕柔。

　　鄰近的第 22 窟也是一穹
窿頂窟，主尊坐佛（圖 33）
結跏趺坐於方形壇基之上，左
右各有一脇侍菩薩和二脇侍比
丘，為七尊像的組合，壁面雕
千佛龕。這尊坐佛雙手已殘，
內著僧祇支，外披雙領下垂式
袈裟。此尊坐佛衣紋的處理手

▲ 圖 32　無量壽佛坐像　蕭齊　江蘇南京　棲霞山石窟第 20 窟

法和臺前懸裳的波動衣褶都與第 20 窟的無量壽佛如出一轍，只是臉形呈長橢圓狀，兩
肩窄溜，上身拉長，渾圓如柱，體形較為修長。

　　浙江新昌寶相寺龕像即剡溪石城山遺跡，永明四年（486）僧護於此建造石城寺。
該寺寺北有青壁，僧護經行至此，「輒見光明煥炳，聞絃管歌讚之聲」，於是發願鐫造十
丈石佛，敬擬彌勒之容。但他僅完成佛面後，便不幸病故。後有沙門僧淑繼承僧護遺
志，繼續開鑿，然因財力不足，未能竟功。梁天監十二年（513），梁武帝命京城定林寺
僧祐律師專任像事，歷經三年而成。不過此像現已全部敷泥貼金，原狀已掩。

寶相寺龕像西北有左右毗連大小岩洞各一，兩洞壁面雕千佛，乃蕭齊遺跡。大洞後壁正中雕釋迦佛坐像，右側有千佛六區，左側雕千佛四區，每區千佛中雕一大龕。左右千佛外側各雕一身護法像。兩尊護法頭部風化殘損，皆著菩薩裝，上身全祖，肩披天衣，下身著裙；右側護法右手持金剛杵，左側護法右手拄劍，是現存難得的蕭齊護法像。

在佛教繪畫方面，畫史記載蕭齊的宗測、毛惠秀、姚曇度，都曾作佛釋畫，可是他們的品第都只有下品，缺乏創意。

🪷 蕭梁的佛教美術

南朝的佛教發展至梁武帝，達到全盛，佛教美術的發展也至巔峰。

▲ 圖 33　佛坐像　蕭齊　江蘇南京　棲霞山石窟第 22 窟

據《廣弘明集》、《破邪論》的記載，都下建康（今江蘇南京）有寺七百餘所。梁武帝曾造智度、法王、仙窟、光宅、同泰、大愛敬等寺，數量遠遠超出前代諸帝所營造的佛寺；同時，其奢華的程度也非前代可以比擬。《歷代三寶記》提到同泰寺「樓閣殿臺，房廊綺飾，凌雲九級，儷魏永寧」。《續高僧傳》又說大愛敬寺「經營彤麗，奄若天宮」。這些華麗的佛寺內，必然奉置了許多佛像，也繪製了各式各樣的壁畫，都應是梁代佛教藝術的精華之作。可惜經歷過無數次的天災人禍，建康的南朝古寺已蕩然無存。

南京博物院近年徵集的一件蕭梁金銅立佛三尊像（圖 34），主尊佛像頭後有大捲草圓光，圓光正中尚浮雕蓮花一朵，右手作施無畏印，左手手掌向外，食指和中指下垂，立於雙重覆蓮蓮臺之上，蓮臺下有一圓形基座。立佛頂有小螺髮，兩頰豐腴，雙眼微閉，眼細而長，略向上揚，嘴角含笑，面容親和。短頸溜肩，內著右祖式裌裟，胸前束

帶，外披袈裟，袈裟的衣端甩於左手手肘。肩部的衣紋作淺階梯狀，腰腿前的衣褶略隆，呈Ｕ字形層層下垂，衣襬微微外揚。兩脅侍菩薩內側手皆持桃形物，上身袒露，立於覆蓮之上。自肩垂披的天衣和瓔珞於身前交叉，形式雖然相近，但仔細觀察二脅侍菩薩，發現祂們無論是髮髻、頭冠或是瓔珞樣式皆有所區別。立佛與脅侍菩薩之間有一莖蓮花，花頂有化佛一身。身後的背光刻火焰紋，並浮雕五尊坐佛。蓮瓣形背光外側尚有多身穿著寬袍大袖、天衣飄舞、衣裹雙腳、體態輕盈的漢式伎樂天，頂部有一力士托塔，塔上有三支相輪。此作全高 64.2 公分，雕鑄精細，是一件難得的蕭梁金銅佛遺存。

▲圖 34　立佛三尊像　蕭梁　南京博物院藏

　　上海博物館所藏中大同元年（546）的慧影造佛坐像（圖 35），是一件江南南朝的遺物。這三尊像的主佛結跏趺坐於須彌座上，頂有小螺髮，額方頰豐，眉眼細長，雙眼微閉，神情靜謐祥和。兩肩窄平，上身較長，內穿右袒式僧祇支，外著雙領下垂式袈裟，最外層又披一件敞領佛衣。衣紋柔軟，流暢波動，布排大體對稱。兩側的脅侍菩薩雙手合十，嘴角向上，滿面笑意。除了髮飾紮帶外，不佩瓔珞，衣紋簡括。小腹微鼓，量感顯著。主佛與脅侍菩薩之間，陰刻二脅侍弟子，轉頭向佛。背光上方有一鋪佛說法圖，兩側弟子傾心聆聽，下有山形圖案，全以線刻表現。臺座上的雙獅，舉足擺首，姿態活潑生動。全作由各種不同層次的浮雕和線刻組織而成，構圖嚴謹，誠為蕭梁的代表之作，彌足珍貴。

　　成都萬佛寺出土的文物中，保存了較多的梁代造像資料，有紀年的至少就有十六件之多。其中，普通四年（523）康勝造釋迦佛十一尊像（圖36）的主尊跣足立於雙層覆蓮蓮座之上，兩側脇侍眾多，分立二弟子、二菩薩和一天王，為十一尊像的組合。蓮座下的方臺前，浮雕六身伎樂。背光上部已殘，仍見部分佛教故事浮雕。造像碑的兩側各有一半跏武將，坐於曲身跪地的藥叉背上，其側還有一童子侍立。背面為經變故事畫和貴族禮佛圖，雕刻精細，下方刻寫造像題記。全作構圖複雜，不過布局井然有序。在雕刻技法上，主尊釋迦佛的高浮雕最為突出，依次為菩薩等主要脇侍，再其次臺座上的伎樂，背光上的故事浮雕則最淺，主從分明。

　　釋迦佛兩頰豐潤，雙肩削斜圓潤，形象清俊，穿著褒衣博帶式袈裟，衣裾略向外揚，衣緣線條形成多個菱形，具裝飾效果。全作人物身軀渾圓，衣服質地柔軟，衣下身體的結構隱約可見。菩薩頭戴寶冠，冠繒垂肩。內著袒露右肩的僧祇支，外披半袖天衣，長裙曳地，衣著保守。瓔珞於腹前交叉，裝飾華麗。脇侍比丘與外側的脇侍菩薩以及天王皆略轉身，面向主尊，表現動勢。左側的天王著菩薩裝，右手托塔，左手捧物，應為北天王毗沙門天。

▲圖35　釋慧影造佛坐像　梁中大同元年 (546)　上海博物館藏

右側天王頭部殘，肩繫巾，下著長褲，足蹬筒靴，雙手持一棒形物。臺座上的伎樂人物，或抬足，或扭腰，姿態生動，生氣盎然。此像中釋迦佛的服式和體態造型、龕像複雜的尊像組合方式、背光正面浮雕佛教故事等，和建康與江南造像的表現手法相近，明顯受到梁代的建康造像的影響。說明自普通年間（520～527）以來，四川地區的佛教造像與建康的關係日益密切。

▲ 圖 36 　康勝造釋迦佛十一尊像 　梁普通四年 (523) 　四川成都萬佛寺遺址出土
四川博物院藏

　　梁中大通元年（529）道猷等造釋迦佛立像（圖 37），頭部佚失，肩膀寬平，肩胛
扁瘦，胸部微隆，小腹略突，內著僧祇支，外披袈裟，自肩後通覆兩肩，衣襟垂至胸口
上方，尾端垂落於肩後。胸部及雙腿的衣紋呈 U 形褶紋集於左肩處，袈裟及內裙的衣緣
呈波浪狀。這尊立佛袈裟輕薄，身軀的輪廓清晰可見，左腿直立，右膝微屈，姿勢自
然。類似的作品尚有五例，均為成都萬佛寺遺址的出土品。

道猷等造釋迦佛立像的造像題記提到：「中大通元年太歲己酉，籍莫姥□道猷與見景光及景煥母子，侍從鄱陽世子西止於安浦寺，敬造釋迦像一軀。」題記中的「鄱陽世子」指的是梁武帝九弟鄱陽王蕭恢的兒子蕭範（498～549），梁武帝曾任命其為益州刺史。由於此像的供養人道猷、景光、景煥為鄱陽王世子的侍從，且從題記的「西止於安浦寺」來看，可知他們來自東方的建康。從歷史背景考察，南朝時期諸王出鎮外藩，不但常率幕僚、侍從以及軍隊，並往往還邀高僧同行，到當地弘宣佛法。蕭範出任益州刺史時，當然也不例外。雖然在建康地區尚未發現這類佛立像，但可推測此種造像很可能反映了蕭梁都城建康地區流傳的一種風格樣式。

　　這種造像風格獨特，袈裟質地輕薄，身體曲線畢露，一腿微彎的立姿和笈多王朝秣菟羅造像有關，其左側垂落近於垂直的衣紋與南印度或越南早期的造像近似，可是其袈裟樣式、衣紋表現、軀體結構處理，卻與印度和中南半島造像相去甚遠。凡此種種顯示，這種造像的風格遠源固然可以追溯至笈多王朝秣菟羅造像和南印度造像，而這些元素傳至中南半島，經過該地匠師的潤色後，再經由海路傳至建康地區。建康的匠師接觸到這種風格新穎的造像後，並不是簡單的模仿，而是在中國文化的基礎上，重新詮釋與創造，開創出一種新的藝術風貌。

▲ 圖 37　道猷等造釋迦佛立像　梁中大通元年 (529)　四川成都萬佛寺遺址出土　四川博物院藏

　　阿育王像又稱育王像，相傳為阿育王或阿育王第四女所造的釋迦像，是南朝流行的一種瑞像。早在四世紀，阿育王像就已是中國佛教美術的流行題材，當時鄴城（今河北邯鄲市臨漳縣）、湖北武昌寒溪寺、江西廬山東林寺、建康長干寺和荊州（今湖北襄陽）長沙寺都曾有阿育王像的供奉。瓦官寺沙門慧邃還曾模寫長干寺阿育王像數十軀，廣為流布。由此看來，阿育王像的圖像在南方尤為流行。

成都先後出土了九尊阿育王像，造型和風格極為相似，其中兩尊造像的銘文都明確指出，這種造像為「育王像」，西安路出土阿育王像（圖38）小腿後方條石的陰刻題記，還有太清五年（551）的紀年。成都出土的阿育王像形制古樸，與其他的蕭梁造像明顯不同。其肉髻高顯，肉髻螺髮作小渦形，頭頂的螺髮作凸起顆粒狀。額際方平，杏眼圓睜，眼球凸鼓，眼窩較深。鼻梁較寬，顴骨飽滿突起，唇上鬚髭濃密，作八字形，人中凹陷，下唇寬厚，嘴角微微上揚。肩膀厚實，內著長裙，身披通肩袈裟，領口作V字形，胸前和雙腿間的衣褶襞面隆起，呈U字形或弧形層層下垂，左手肘下垂落的袈裟衣緣有多條豎向褶皺，類似的處理手法亦見於兩小腿間的裙褶。學者研究指出，阿育王像的祖本很可能源自貴霜王朝晚期犍陀羅和秣菟羅混融的佛教造像，傳入中國的時間約在三世紀末至四世紀初，後來在中國流傳開來。

南朝，觀音信仰流行，已有觀音靈驗記的著作，如劉宋傅亮（374～426）《光世音應驗記》、張演（438年前後仍在世）《續光世音應驗記》、蕭齊陸杲《繫觀世音應驗記》（撰於501年），四川出土的南朝造像中不但有觀音造像的發現，甚至還發現雙觀音像，成都萬佛寺遺址出土的一

▲圖38　杜僧逸造阿育王像　梁太清五年 (551)　四川成都西安路出土　成都文物考古研究所藏

件雙觀音菩薩立像碑（圖39A）即為一例。此碑出土時斷為兩段，現已接合。正面原雕二觀音菩薩、六脇侍菩薩、二力士和兩隻獅子。其下方臺的正面浮雕香爐，香爐兩側各浮雕四身伎樂。碑兩側面各有八個長方格，方格內浮雕佛教故事。背面上部和中部浮雕經變畫。全作內容豐富。

此碑的頂部殘缺，正面浮雕兩尊菩薩站於寶瓶內伸出的複瓣仰蓮之上，雖然二者頭部佚失，左側菩薩的身軀殘損嚴重，但右側菩薩手持楊柳，當為觀音菩薩無疑。其身軀豐潤柔軟，胸前結帶，裙腰較低，右膝微彎，足尖踮起。除了胸佩寬項飾外，自左

肩斜掛一條長瓔珞，天衣自兩肘自然垂掛於體側，體態生動自然。脅侍菩薩頭或戴筒冠，或戴球形冠；或側面向外，或面向主尊，姿態各異。二力士皆著菩薩裝，瓔珞及天衣自雙肩垂下，相交於腹前。右側力士怒目圓睜，頸部青筋暴露，神情威猛。全作結構緊密，動感十足。此碑下方的大蓮罐和臺座上的抬腳、扭腰，吹奏不同樂器的伎樂天，他處不見，可是在四川出土的蕭梁造像上時有發現，應是當地造像的地方特色。

　　該碑的背面（圖 39B）浮雕經變畫，畫面分上下兩部分。下層的故事畫典據《法華經・觀世音菩薩普門品》，可稱為法華經變，又名觀音經變。此故事畫以起伏的山勢分割，大體分為三層，第一層在左上側，大海中二人揚起雙手，作求救狀，是在表現觀音救水難的情景。此畫面右側浮雕兩條帆船，是在描繪觀音救海難的場面。其次為一坐佛在帳下說法，有一菩薩跪於其前，應在表現無盡意菩薩向佛請教觀世音菩薩名號的由來。最右側的畫面為一菩薩雙手捧物，跪於塔前，表示觀世音菩薩接受無盡意菩薩所供養的瓔珞後，將瓔珞分為二份，其中一份供奉多寶佛塔。第二層左側樹林起火，一人遭到火噬，掙扎逃脫，是在表現觀音救火難的場景。救

▲ 圖 39A　雙觀音菩薩像碑（正面）　蕭梁四川成都萬佛寺遺址出土　四川博物院藏

火難的旁邊猛火上架著一個大鼎，鼎的周圍有人和動物圍繞，是在描繪觀音救地獄難畫面。其次為一菩薩，雙手捧物跪於佛前，在表示觀音菩薩接受無盡意菩薩所供養的瓔珞後，將一份瓔珞敬奉釋迦牟尼佛的景象。第三層自左起的三個畫面在表現經文中的離淫欲、離愚癡和離嗔恚的內容。其次為一人跪於身著交領大袖衣的人前，應與經文所言

觀音「以種種形，游諸國土，度脫眾生」有關。其右側山林中兩人騎馬而行，後有一人手舞大刀追趕於後，是在表現觀音救怨賊難的情景。最右側描繪一人坐在屋內，屋外有三人高舉雙臂，衝向屋內，可能為觀音救羅剎難的畫面。

上部描繪一說法場面，山巒前的華帳下有一佛結跏趺坐於華臺之上，兩側有比丘侍立。前面各有一列樹下的聽法比丘，相向而跪，兩排弟子之間的空地上尚有四身兩兩相對的天人。兩排弟子的身後各有一座二層樓閣。法會四周水渠環繞，渠中有蓮花、蓮葉以及作游泳狀的童子，下方和兩側的水渠上皆有一橋與中間的法會道場相連。由於此浮雕的構圖與敦煌的淨土變十分相似，因此許多人視之為淨土變。不過，也有學者考慮此幅浮雕與下部觀音經變的關係，認為上方的說法圖應在表現釋迦佛在靈鷲山說《法華經》的場面。

▲ 圖 39B　雙觀音菩薩像碑（背面）　蕭梁
四川成都萬佛寺遺址出土　四川博物院藏

梁代最有名的畫家為張僧繇（活動於 502～519），繪畫造詣之高為梁朝第一，梁武帝下敕營建的佛寺壁畫，大多出自張氏之手。畫史對其評價甚高，唐代的張彥遠在《歷代名畫記·論名價品第》中，推崇顧愷之、陸探微、張僧繇、吳道子為畫中的「正經」。李嗣真也稱張僧繇的作品與顧愷之和陸探微一樣，同為上品，並且說張氏之畫，「骨法奇偉，師模宏遠，豈惟六法精備，實亦萬類皆妙。千變萬化，詭狀殊形。經諸目，運諸掌，得之心，應之手。」由此想見，張僧繇的佛釋畫一定出神入化，形神兼備。

可惜張僧繇的畫蹟無一倖存，因此我們也只有根據畫史資料，來鉤勒他的繪畫面貌。張懷瓘說：「象人之妙，張（僧繇）得其肉」，宋人米芾（1051～1107）在《畫史》中也指出，張僧繇的人物「面短而艷」，足證張僧繇的人物造型一改顧、陸的秀骨清像的作風，而以豐腴取勝，此正與當時的雕塑造型相呼應。《五代名畫補遺》有言「（吳）道子畫、（楊）惠之塑，奪得僧繇神筆路」，張氏的畫風對唐代藝術影響應該十分深遠。

張僧繇繪畫的另一特色，是凹凸法的使用。《建康實錄》提到，建康的一乘寺「寺門遍畫凹凸花，代稱張僧繇手蹟，其花乃天竺遺法，朱及青綠所成，遠望眼暈，如凹凸，就視即平，世咸異。久之，乃名凹凸寺」。顯然，張僧繇重視色彩的運用，與傳統以線條為主的繪畫風格大異其趣。他使用天竺的凹凸法，由淡漸濃地層層暈染，表現物體的立體感。他吸收西域的畫法之長，孕育出他獨特的個人風格，這種新穎的畫風豐富了中國繪畫的表現力。

張僧繇的兒子張善果和張儒童，承其家風，也都擅長佛釋畫，繼續從事形體豐腴、立體感強、色彩鮮麗的佛教人物畫創作，「張家樣」無疑是梁朝佛畫的主流。

❧ 陳代的佛教美術

陳代諸帝也都熱心於修寺造像，武帝（557～559 在位）一生修治故寺三十二所，並造金銅等身像一百萬軀，數目之多，令人驚嘆。其子文帝（559～566 在位）修治故寺六十所。孝宣帝（568～582 在位）造金銅像等二萬軀，修理故像一百三十萬軀，修補故寺五十所。在官方熱心的推動下，陳代的佛教美術活動也應非常蓬勃。只是考古發掘中，還未發現陳代的佛教遺物，傳世作品中筆者也僅知一件有陳代紀年的金銅觀音立像。這尊菩薩像現藏於東京藝術大學資料館，面相豐腴，右手持柳枝，左手握淨瓶，立於一蓮臺之上。頭後葫蘆形頭光背面有太建元年（569）的題記，但該像高僅 22.5 公分，實不足以藉此來論斷陳代的藝術全貌。在佛教繪畫方面，畫史並無陳代釋畫名家的記載，推測當時的佛釋畫大約仍墨守梁代陳規，並無太大突破。

第四章

北朝佛教美術（一）：北魏

❀ 歷史背景

北魏鮮卑族拓跋氏為一遊牧民族，原住在大興安嶺附近，本不信佛。太和二年（329）拓跋什翼犍被派遣到後趙國都襄國（今河北邢臺）作為人質，至建武四年（338）返國。這段時間正值佛圖澄（232～348）在河北積極弘法之際，因此他不但深受漢文化的浸潤，也可能受到後趙河北佛教的薰陶。回國後，什翼犍即代王位，大概在他的引進介紹下，拓跋族開始接觸佛教。登國元年（386）正月，什翼犍之孫拓跋珪稱代王於盛樂（今內蒙古和林格爾），四月又改稱「魏王」。自此，國勢漸強，版圖日增。天興元年（398）正月，拓跋珪「徙山東六州民吏及徒河、高麗雜夷三十六萬、百工伎巧十萬餘口」於未來的國都平城（今山西大同），自然又將河北流傳的佛圖澄和道安（312～385）一系的佛教帶到了平城。六月，正式改國號為「魏」，是為太祖道武帝（386～409 在位）。七月，遷都平城，「始營宮室，建宗廟，立社稷」。

道武帝好覽佛經，禮敬沙門，對佛圖澄的弟子僧朗尊敬崇至，不但遣使致書，還贈予繒素、旃罽、銀鉢等厚禮。皇始中（396～397），道武帝更用趙郡（今河北趙縣）沙門法果為道人統，綰攝全國僧徒。法果常說：「太祖明叡好道，即是當今如來，沙門宜應盡禮，遂常致拜。」又言：「能鴻道者人主也，我非拜天子，乃是禮佛耳。」這種說法顯然受到道安「不依國主，則法事難立」觀念的啟發，和主張「沙門不敬王者」的江南佛教大相逕庭。法果所提「皇帝即如來」的主張，使得北魏佛教具有強烈的國家性格。

始光三年（426），太武帝攻夏，取得十六國時期的佛教重鎮長安，徙萬餘家而還，平城地區又吸收了鳩摩羅什所弘傳的佛教。次年（427），太武帝攻克夏國國都萬統城，虜赫連昌的皇室和臣將萬餘人而歸。太延五年（439），太武帝又滅北涼，統一了黃河流域，與江東的劉宋王朝對峙，形成了南、北分立的狀態。北魏滅北涼後，車駕東還，又自涼州遷徙北涼吏民三萬戶於京邑平城，從此「沙門佛事皆俱東，象教彌增矣」。然而，就在佛教穩定發展的同時，太武帝（424～452 在位）因受司徒崔浩和道士寇謙之等的影響，轉信道教，西元 440 年改元「太平真君」。太平真君七年（446），太武帝西征抵達長安，發現佛寺私藏兵器，且許多僧侶破戒、釀酒、淫亂婦女。在崔浩的慫恿下，三月斷然下詔，坑殺沙門，焚毀佛像與經典，手段嚴酷，是中國佛教史上的第一次法難。

　　承平元年（452），太武帝去世，其孫文成帝（452～465 在位）繼位，立即宣布恢復佛法，並先後任命來自涼州的沙門師賢和曇曜為沙門統，積極復興佛教。獻文帝（466～471 在位）即位後，繼續奉行文成帝的復佛政策，於是毀佛之際所秘藏的佛教經像一一取出，還俗的沙門也紛紛重披袈裟。復佛以後，佛教迅速發展，至太和元年（477），北魏全國寺院就有六千四百七十八所，僧尼人數已達七萬七千餘人，繁榮的程度遠遠超出於毀佛之前。

　　皇興五年（471），獻文帝退位，子拓跋宏即位，是為孝文帝（471～499 在位），時年僅有五歲，由祖母文明皇太后馮氏臨朝稱制。馮太后是漢人，極力推行漢化，對北魏朝廷進行了一系列中央集權化的改革。太和十四年（490）馮太后病逝，孝文帝親政，秉承馮太后的政策，持續推動漢化改革。又因平城地處塞上，糧荒嚴重，導致人口大量流失，遂有南遷的計畫。洛陽自古以來就是中原政治、經濟、文化中心，又是對南朝戰略的重要據點，太和十七年（493），孝文帝以「南伐」之名從平城出發，抵達洛陽後，正式訂定洛陽為京師。翌年（494），不但遷都洛陽，並全面改革鮮卑舊俗，規定除戎裝外，官民皆著漢服；改鮮卑姓為漢姓；以漢語代替胡語；凡是遷到洛陽的鮮卑人，一律以洛陽為籍貫；並鼓勵鮮卑貴族與漢士族聯姻；又依照南朝典章，修改北魏政治制度。這一系列的舉措緩解了民族隔閡，史稱「孝文帝改革」。

　　北魏諸帝，除了黜廢佛教的太武帝外，都篤信佛教，就連臨朝聽政的太后、皇后也不例外。承明元年（476），孝文帝在平城的永寧寺舉行資福法會時，親自為僧剃度，並施僧服。他喜讀《成實論》，又提倡義學，曾命中秘二省與僧徒討論佛教義理。宣武帝（499～515 在位）即位後，更積極獎勵佛教，曾於式乾殿親自講述《維摩詰經》。上既

崇之，下彌企尚。據載，正光（520～525）以後，王役尤甚，假沙門之名，逃避徭役者眾多。《廣弘明集》稱，當時的僧尼有二百餘萬，佛寺三萬有餘，盛況空前。

南北朝時，南北政治對峙，佛教的發展也截然不同。北朝佛教禪法盛行，佛教徒重視建寺、造像等宗教行為，而南方則偏重玄學、義理的探討。由於北魏佛事活動活絡，現存的北魏造像與石窟數量眾多，分布地區又廣，現存有限的南朝佛教遺物實在無法與其相提並論。

❧ 佛教美術

北魏諸帝不僅禮遇高僧，同時也積極參與營寺造像等佛事活動。道武帝遷都平城後，便造五級佛塔、講堂、禪堂以及沙門座。文成帝更具體地將「皇帝即如來」的觀念表現在造像活動上，不僅在興安元年（452），下詔依據自己的形貌在平城雕造石像，又於興光元年（454）秋，在五級大寺內，耗用二十五萬斤的銅，為太祖以下的五帝（即道武帝、明元帝、太武帝、景穆帝和文成帝）鑄造釋迦立像五軀。和平（460～465）初，又同意曇曜之請，在武州塞（今山西大同雲岡）開石窟五所。皇興元年（467），獻文帝在平城建造永寧寺，並立一座三百餘尺的七級佛塔，基架博敞，時稱「天下第一」；且於天宮寺內鑄造高四十三尺的釋迦立像，全像用銅十萬斤，黃金六百斤，宏偉壯觀。皇興中（467～471）在京中所造的三級石塔，鎮固巧密，為京華壯觀。獻文帝退位後，還在苑中的西山營造鹿野佛圖。孝文帝在平城期間，先後建立建明、思遠和報德三寺。太和二十一年（497），又為鳩摩羅什造三級浮圖。宣武帝在恒農荊山造丈六珉玉像一尊，景明（500～504）初，又詔令長秋卿白整，在伊闕山（今河南洛陽龍門）為高祖、文昭皇太后開鑿石窟二所。孝明帝時（515～528），靈太后在京城內立永寧寺，寺內的九級佛塔「去地千尺，去京師百里，已遙見之」。建築巍峨，繡柱金鋪，塔上裝有一百三十個金鐸，五千四百枚金鈴，裝飾精妙令人嘆為觀止。

在北魏諸帝和皇室熾烈的宗教熱忱影響下，貴族豪門捨宅為寺蔚為風氣。上行下效，民間百姓不但個人造像禮拜供養，更有在家佛教信徒組織邑義團體開窟造像、營建寺塔，廣作功德。目前存留的北魏佛教造像數量眾多，石窟遺跡豐富，製作技巧成熟，造型風格多變，不但具體呈現了北魏佛教藝術的面貌，也充分反映北魏的社會生活。

🪷 佛教雕刻──單體石雕、碑像與金銅佛

中國的佛教雕刻可以分成單體的石雕、碑像以及金銅佛和石窟造像兩大類。前者的數量可觀，或為個人供養的中、小型尊像，或為信眾結集邑義，共同籌資雕製鑄造的大型雕刻。一般來說，它們的尺寸大多不及石窟造像高大，但有不少作品刻具造像題記與年款，是我們研究北魏造像斷代的標竿，也是探究北魏佛教圖像的重要資料。以下介紹數件重要的北魏金銅佛與佛教碑像，略述北魏造像的特色和風格演變的梗概。

太武帝下令廢佛，是中國佛教造像史上的一大浩劫，以至於北魏早期作品存留的數量相當有限。河北隆化縣四道營鄉徵集的泰常五年（420）劉惠造彌勒佛坐像（圖40），是目前所知最早紀年的北魏造像。此像高肉髻、額方眼細、頭部微向前傾、身著通肩袈裟、袈裟的衣紋作U字形規整布排、佛頭的比例偏大、人體的比例失衡、獅子座的獅子造型稚拙等特徵，都與四世紀河北的佛像（圖16、17）近似，明顯繼承十六國的造像傳統。

▲ 圖40　劉惠造彌勒佛坐像　北魏泰常五年 (420)　河北隆化縣四道營鄉三營村採石場徵集　隆化民族博物館藏

日本九州國立博物館收藏的太平真君四年（443）菀申造彌勒佛立像（圖41），也是一件北魏廢佛前難得的金銅造像遺例。此像和方形臺座四足通體鑄造，身體背面做出方孔和上下兩個榫頭，此像原來應有背光。根據題記，這尊立佛是河北高陽縣人菀申為東宮太子（拓跋晃，太武帝時的太子、文成帝之父，先太武帝而亡，後追諡為景穆帝）所造。此尊立佛頭髮作同心捲渦紋，手為縵網掌，右手作施無畏印，左手與願印。面龐豐潤，下頷和雙頰飽滿。頸部粗短，寬肩細腰。身穿通肩袈裟，薄衣貼體，曲線畢露。此佛臀部稍向右擺，身軀略呈S形。軀體飽滿，胸肌微隆，小腹微突，充分表現了人體的體量感，寫實性高。衣紋陽刻，線條流暢，頗類「曹衣出水」的形式，可能受到四、五世紀印度笈多王朝秣菟羅或中亞造像的影響。此佛袈裟的褶襞由二股隆起的稜線

組成，在肩部、上肘的衣紋尾端還叉開作 Y 字形，表現特殊。

　　文成帝復興佛法，民間的造像活動也日益活絡。太安元年（455）張永造坐佛三尊像（圖42）較雲岡開窟造像的年代略早，主尊坐佛手結禪定印，結跏趺坐於一方座之上，兩側各有一半跏思惟菩薩作為脇侍，與主尊的大小差異懸殊。該佛頂有小螺髮，肉髻高大，面相豐圓，身軀壯實。內著右袒式僧祇支，外穿偏袒右肩的袈裟，佛衣一角搭覆於右肩之上，與雲岡二十窟主尊坐佛（圖48）的袈裟樣式相同。衣紋陽刻，在左肩和左臂也出現 Y 字形衣褶，表現手法與太平真君四年的立佛（圖41）類似。頭光和身光由化佛、飛天和小火焰紋組成，繁複華麗。臺座中間為二佛並坐龕，左右各有一坐佛龕，代表三世佛。背光背面分為五層，最上層浮雕佛誕，九龍浴佛與七步生蓮的佛傳故事，第二與三層浮雕睒子本生，第四層刻畫薩埵太子捨身飼虎。每一層的故事情節由右向左依次展開，構圖方式與手卷畫相同。最下層則為供養人，與臺座正面的供養人一樣，皆頭戴胡帽，穿窄袖及膝長上衣、下著長褲的胡服，是北魏改制以前的服裝樣式。

◀圖41　菀申造彌勒佛立像　北魏太平真君四年 (443)
日本福岡九州國立博物館藏

▼圖42　張永造坐佛三尊像　北魏太安元年 (455)
日本京都藤井有鄰館藏

西安碑林博物館所藏的皇興五年（471）交腳佛坐像（圖43A），此尊坐佛雙手於胸前作轉法輪印，交腳而坐，下有地神兩手上托坐佛雙足。因其圖像特徵與西安碑林博物館所藏劉保生夫婦造彌勒像一致，這尊交腳坐佛也應為一尊彌勒佛。此佛髮作大渦紋，雙頰豐圓，下頜飽滿，兩耳垂肩，身軀粗壯，衣紋稠密貼體，是一件典型的陝西作品。背光背面（圖43B）分為八層，最下面一層銘刻造像題記，第二層以減地線刻雕四尊神王像，第三層由左而右為儒童隱居山澤，守玄行禪，聽聞有佛出世，心生歡喜，欲去見佛。途中與有道之士論道說義的畫面。第四層由右而左描寫儒童入城後見到人民忙於灑掃，行人告之，佛將入城。儒童遇到持花的女子瞿夷。第五層由左而右作儒童向瞿夷買花供佛。瞿夷持二花交付儒童，請儒童代她向佛獻花。儒童持花供養定光佛。第六層由右而左雕儒童見地濕濕，布髮於地，令佛踏過，而得定光佛授記。定光佛授記曰：「下生人間，作轉輪聖王飛行皇帝，七寶自至。」儒童後生兜率天上。第七層由左而右為佛傳的乘象入胎、阿夷占相、樹下誕生。第八層自右而左為七步生蓮、九龍浴佛和樹下思惟。全作由下而上以之字形連環圖畫

▲ 圖43A　彌勒佛交腳坐像　北魏皇興五年 (471)
西安碑林博物館藏

的方式鋪排，每一情節旁尚留榜題的位置，這種手法在漢畫像石中時有發現，可見北魏雕匠已將漢畫像石的藝術傳統融入佛教造像之中。值得注意的是，背光背面的儒童本生中的儒童皆著胡服，戴胡帽，而不作天竺人的樣貌，而樹下誕生一圖中的摩耶夫人則著寬袍大袖的漢服，顯示外來的佛教藝術在五世紀下半葉已逐漸中國化、本土化。

▲圖43B　背光背面拓片　北魏皇興五年 (471)　西安碑林博物館藏

　　太和年間（477～499），北魏的風格日漸成熟。臺北國立故宮博物院所藏的太和元
年（477）金銅釋迦佛坐像（圖44A），是一件河北的作品，其髮紋的形式以及衣紋的表
現都仍承太平真君四年造像的餘緒，可是臉形較長，呈橢圓形，五官娟秀，刻畫細膩，

腰部拉長，胸肌緊實。內著僧祇支，外穿右祖式袈裟，袈裟的衣緣搭覆於右肩，胸前的袈裟邊緣作折帶紋，著裝樣式與雲岡 20 窟的坐佛（圖 48）相同。這尊河北金銅佛像的臺座兩側，發現了身著窄袖胡服和寬袍漢裝的供養人，反映當地胡漢雜居的實況。

　　背光背面（圖 44B）的浮雕分為三層，最下層為佛誕、九龍浴佛，中間作鹿野苑初轉法輪，其上則為與《法華經》息息相關的釋迦和多寶佛在塔中並坐，塔的兩側又有表現《維摩詰經》所言文殊菩薩向維摩詰居士問疾，二者對談的畫面。浮雕中的維摩詰居士頭戴尖頂帽，身穿交領衣，手持麈尾，與炳靈寺第 169 窟維摩詰的菩薩造型（圖 25）不同，也和南朝美術中的「清羸示病」之容迥別，顯然這應是北魏工匠自己所創造出來的維摩詰形象。初轉法輪中，釋迦佛右手作無畏印，左手握袈裟一角，與正面的主尊相同。其身側的兩位脅侍菩薩身軀壯實，頂戴頭冠，冠繒向上飄揚。身著印度式服裝，上身袒露，肩披天衣，下著裙裳，是北魏改制之前常見的菩薩造型。

▲ 圖 44A　釋迦佛坐像（正面）　北魏太和元年 (477)　臺北國立故宮博物院藏

▲ 圖 44B　釋迦佛坐像（背面）　北魏太和元年 (477)　臺北國立故宮博物院藏

西安市空軍通訊學校出土了一件五世紀下半葉的交腳彌勒菩薩五尊像（圖45），正面盝頂帷幕龕下主尊菩薩雙手於胸前交疊，作轉法輪印，交腳坐於束腰座之上，座的兩側各有一頭獅子，圖像特徵與高善穆造石塔（圖19）的彌勒菩薩一致。其頭戴三葉寶冠，佩耳璫，上身袒露，胸飾瓔珞，手戴臂釧，肩披天衣，下著長裙，衣紋繁密平行。兩側各有一尊半跏思惟菩薩和一尊立菩薩作為脅侍，半跏思惟菩薩像和左脅侍菩薩立像的衣著特徵與主尊相似。右側脅侍菩薩立像雖戴寶冠和耳璫，肩披天衣，但著右袒式袈裟。帳上供養人和飛天的造型稚拙。帳形龕上方開三個尖楣圓券龕，中間龕內

▲圖45　彌勒菩薩五尊像　北魏　陝西西安空軍通訊學校出土　西安碑林博物館藏

雕禪定佛三尊像，左右兩龕各雕一尊禪定佛坐像。臺基開五龕，中間一龕為二佛並坐像，左右兩龕內均雕禪定佛坐像。這些坐佛的佛衣或作通肩式，或為右袒式。從佛和菩薩的服飾特徵來看，此龕造像具有濃厚的印度或西域色彩。此像的背面分為四層，第一、二層刻佛傳故事，第三、四層則雕睒子本生。

太和十年（486），孝文帝「始服袞冕，朝饗萬國」，下詔以漢服作為官服，是北魏服裝漢化的一個重要里程碑。在這個政策影響下，五世紀末，北魏已出現了穿著寬袍大袖漢式服裝的佛像。遷都洛陽以後，孝文帝一方面大規模地推行漢化政策，另一面又接二連三地攻伐南齊，積極吸收南朝文化。北魏晚期，褒衣博帶已成為北魏佛像服式的主流，南朝文士的秀骨清像也成為當時佛教人物的典型。正光五年（524）□午獸造彌勒佛龕像（圖46）是一件北魏晚期造像的佳作，該像的圖像複雜，主佛的兩側各

有一脇侍菩薩，腳前又有二半跏思惟菩薩像，思惟菩薩像身後又有手捧佛鉢的四天王，在臺座的兩側各有一扭腰的力士，座前有兩隻獅子，中間供置香爐。主尊背負鏤空透雕火焰舟形背光，邊沿有伎樂天人數身，鑄造精美。這尊立佛額方臉長，眉目清秀，神情溫和，身扁肩溜，宛若溫文儒雅的南朝文士。此佛穿著褒衣博帶式袈裟，胸前繫結帶。身軀結構完全被厚重的衣服遮掩，衣褶層疊繁複，裙裾向兩側外揚，尾端呈銳角狀，衣緣褶襞回曲規整，左右對稱，裝飾性強。脇侍菩薩頭戴三瓣華冠，寶繒外揚垂落，身披天衣，長裙曳地。帔帛自兩肩垂落，布排規整，左右對稱，與身體的關係疏離。瓔珞於腹前交叉，飾以環璧。身光上的伎樂天人體態輕盈。力士身軀纖長，腰部外挺，姿態生動。

▲ 圖46　□午猷造彌勒佛龕像　北魏正光五年(524)（傳）河北正定郊外出土　美國大都會博物館藏

發現於青州市西王孔莊的正光六年（525）賈智淵、張寶珠等造立佛三尊像（圖47）是山東正光時期造像的代表之作。這三尊像皆立於覆蓮座上，主尊立佛髮作大渦紋，身軀比例亭勻，含胸挺腹，頸項細長，兩頰豐腴，五官娟秀，嘴角含笑，神情親和，兩肩放鬆。衣褶皆以斜刀刻成兩面坡的方式表示，衣紋流暢。兩脇侍菩薩寶繒垂肩，外披天衣，在交領處露出平領和交領衣的領口，而且衣袖寬大，菩薩的裝束接近漢族文士。肩飾圓板，且有長核形珠串和珊瑚組成的瓔珞於腹前交叉，中懸玉璧。飛天不再上身袒露，而是穿著大袖的衣袍，在飛舞的天衣和衣袖的襯托下，身姿更顯輕盈飄逸。背屏厚重，裝飾繁複，由內而外，浮雕的高度逐次增加，深淺的層次極富變化。火焰紋、佛和菩薩的同心圓頭光、佛頭光的忍冬紋、身光中的蓮花圖案以及在佛與菩薩之間的兩位身著漢裝的男女供養人，均以最淺的浮雕表現，同時又以陰刻線條描繪供養人的五官和衣紋。佛

頭光中的蓮瓣、身光外側的九尊坐佛與頭光最上方的飛龍浮雕略高，而背光外翩翩起舞的伎樂天浮雕高度又略高，立佛與二脇侍菩薩則以高浮雕來表現。這種結合不同層次的浮雕以及陰刻的表現手法，技藝精湛，在山東北魏晚期的石造碑像裡十分常見。

根據現存北魏非石窟造像遺存，河北、山東地區金銅造像的數量較多，河南、山西、陝西等地則以石雕造像為主。姑且不論所用材質的差異，各地雕刻風格的發展趨勢卻大體相同。一般來說，北魏早期的佛教雕刻仍見西域造像的餘韻，風格雄健；晚期則漢化成分明顯，造型清俊秀麗。

在造像題材方面，北魏常見的有釋迦、彌勒、二佛並坐、維摩詰與文殊和觀音。西方淨土的教主——無量壽佛雖於五世紀下半葉已經出現，但數量不多，顯示西方淨土信仰在北魏尚不普遍。此外，由於各地信仰的差別，流行的圖像亦有不同。以彌勒為例，彌勒為未來佛，故可以以菩薩和佛兩種形貌出現。河北、山東地區的彌勒造像中，彌勒佛像的數目遠遠超出彌勒菩薩像，其多右手施無畏印，左手作與願

▲ 圖 47　賈智淵張寶珠等造立佛三尊像　北魏正光六年 (525)
原在山東青州市西王孔莊　山東省博物館藏

印的立像（圖 41、46），或手作禪定印的坐佛（圖 40）；在甘肅、山西、河南地區，交腳的彌勒菩薩像則較普遍；而陝西的彌勒像則多為手作轉法輪印的交腳佛（圖 43A），圖像各具特色。這些現象都說明了北魏佛教美術的區域特色也值得注意。

🌸 石窟藝術

北魏禪法盛行，朝野奉佛又首在建功德，求福田，而石窟是修行者參禪觀想的所在，又是佛教徒頂禮膜拜的殿堂，所以北魏石窟寺的營造十分普遍。西起甘肅，東到山東，北至遼寧，南至河南，都可以發現北魏佛教石窟的遺跡，其中最具代表性的有山西大同的雲岡石窟、河南洛陽的龍門石窟與鞏義市的鞏縣石窟、甘肅敦煌的莫高窟和天水的麥積山石窟等。

●雲岡石窟

雲岡石窟舊稱靈巖寺石窟，位於山西省大同市西十六公里武州山的南麓，又名武州山石窟。明代在武州山上建雲岡堡，故改稱雲岡石窟。《魏書‧釋老志》對此石窟的開鑿記載甚詳，言：

> 和平（460～465）初，師賢卒，曇曜代之，更名沙門統。初曇曜以復佛法之明年，自中山被命赴京，值帝出，見於路，御馬前銜曜衣，時以為馬識善人。帝後奉以師禮。曇曜白帝，於京城西武州塞，鑿山石壁，開窟五所，鐫建佛像各一，高者七十尺，次六十尺，雕飾奇偉，冠於一世。

雲岡石窟無疑是文成帝復佛後一件重要的佛教事業。正光末年曾至平城的酈道元在《水經注》中提到，武州山石窟「鑿石開山，因巖結構，真容巨壯，世法所希」。雖然雲岡地屬砂岩，風化嚴重，部分洞窟雕像崩塌、剝蝕，有些造像經晚期敷泥、重妝，但今天的雲岡石窟大致上保存北魏時的原貌。

雲岡石窟的開鑿始於和平初，終於正光年間，長達六十餘年，東西綿延一公里，分西、中、東三區，大小窟龕有兩百餘個，雲岡石窟研究院有編號的洞窟計四十五個，造像約五萬一千餘尊。主要洞窟都開鑿於北魏定都平城的這段期間，也就是遷都洛陽之前。根據《魏書》，獻文帝與孝文帝曾多次行幸武州山石窟，北魏帝王對雲岡石窟的支持，是促進此一石窟群蓬勃發展的重要動力。

天興元年至遷都洛陽以前（398～494），被北魏征服的山東六州、關中長安、河西涼州、青齊各地的吏民一批批地被迫遷徙至國都平城，其中不乏優秀的百工伎巧。此外，北魏併滅北涼，打通了北魏通西域的門戶，北魏與西域的佛教國家交往頻繁，平城

已成為當時政治、經濟、佛教、文化和藝術的中心。來自各地的工匠群聚平城，彼此學習，切磋技藝，逐漸孕育出特色顯著的平城風格，雲岡石窟就是北魏平城藝術的代表之作。

依石窟形制、造像風格和類型的排比，雲岡石窟可分為三期。第一期開鑿於和平年間至獻文帝時期（460～471），第二期開鑿於孝文帝即位至遷都洛陽以前（471～494）。第三期則為孝文帝遷都洛陽前後至正光五年（494 左右～ 524）。

雲岡第一期的石窟位於西區東側，為曇曜主持開鑿的五窟，即今雲岡石窟的第 16 至 20 窟。這五窟東西毗連，特徵雷同。每窟的正壁都有一尊巨大的石佛或菩薩像作為主尊，題材單純。第 20 窟（圖 48）的主尊為一禪定坐佛，像高 13.7 公尺，左右原來各有一立佛作為脇侍，如今只存左側立佛。在主尊坐佛和脇侍立佛之間尚雕脇侍菩薩立像一軀，目前殘損嚴重，僅見胸部。第 19 窟的主尊為結跏趺坐佛，高 16.8 公尺；窟外左右各有一耳室，其中各有一尊倚坐佛。第 18 窟的主尊為一立佛，高 15.5 公尺，著右袒袈裟，其上布滿化佛；左右各有一脇侍菩薩和五弟子像，脇侍菩薩外側尚有一尊立佛。第 17 窟的主尊是一交腳彌勒菩薩像，面部風化嚴重，高 15.6 公尺；左右兩側各開一龕，左龕內是一尊坐佛，右龕內是一尊立佛。第 16 窟的主尊為一立佛，高 13.5 公尺。除了第 16 窟外，其他四窟的主尊兩側各雕佛像一尊，構成三佛的組合形式，代表三世佛。這五窟的前壁和壁面所餘面積不大的左右壁，大多沒有統一的設計，唯第 19 窟滿雕千佛，並在前壁左右兩側的千佛中，出現一尊較大的立佛。這五窟的主尊巨大，佔據石窟內部大部分的空間，像前供參拜的空間狹窄侷促，相形之下，主尊的氣勢更加雄偉，體量逼人。

根據《魏書‧釋老志》記載，文成帝即位不久，於興光元年（454）秋，便「敕有司在五級大寺內，為太祖以下的五帝鑄造釋迦立像五，各長一丈六尺，都用赤金二十五萬斤」。和平初年，又應曇曜之請於武州塞建五所大像窟，因此推測曇曜五窟也是為太祖以下的五帝所開鑿的，五窟的大佛不但象徵五位皇帝，也代表著國家的權威，乃「皇帝即如來」的具體表徵。只是五窟分別代表那五位皇帝？有的學者認為第 20 至 16 窟的大佛依次代表北魏太祖道武帝、二代國主明元帝、三代國主太武帝、景穆帝和第四代國主文成帝所開鑿；有的學者則主張，這五窟的大佛是為太武帝、道武帝、明元帝、景穆帝與文成帝所營造；有些又以為代表明元帝、道武帝、太武帝、景穆帝以及文成帝。各家的看法不一，莫衷一是。

▲圖 48 第 20 窟 北魏 山西大同 雲岡石窟

　　曇曜五窟的主尊巨大，平面皆呈橫橢圓形，穹窿頂，入口上方有長方形明窗，下有圓拱長方形窟門（圖 49），這種窟口的設計受到印度支提窟的影響。四世紀時犍陀羅地區出現了內供十公尺左右大佛的塑像堂，中亞的巴米昂（Bāmiyān）和新疆的克孜爾也都有大像窟的發現，因此推測曇曜五窟大像窟的概念可能受到印度和中亞的啟發。

　　第 20 窟（圖 48）的前壁坍塌，窟內造像暴露在外，主佛身著邊飾連珠紋的僧祇支和右袒式的袈裟，袈裟一角披覆於右肩肩頭，這種覆肩右袒式袈裟的樣式與炳靈寺石窟第 169 窟第 6 龕主尊無量壽佛（圖 21）的著裝相同。肉髻頗高，剃髮，面圓頤方，鼻準高隆，眉細眼長，深目大眼，瞳孔尚嵌黑釉陶，唇上蓄八字鬍，神情莊嚴。頸短肩寬，胸部厚實，身軀魁梧，形體偉岸雄壯。此佛以平直剛勁的刀法雕成，刀鋒直下，以至於頭部和頸部以及頸與肩的銜接部分轉折方硬。衣紋貼體，以陽刻凸線表示，在兩道稜線的衣褶間，又加上一道陰刻線條，肩部還出現了 Y 字形衣褶，與太平真君四年

（443）的佛像（圖41）手法近似。該窟的脅侍立佛身著通肩袈裟，薄衣貼體，曲線畢露，腰臀部分壓縮，下身較短。有的學者認為，第20窟的造像受到了印度笈多王朝秣菟羅風格的影響，不過仔細比較第20窟的佛像和笈多雕刻，發現無論在人物造型，或是衣紋刻畫上，都有相當大的差異，顯示平城的雕刻風格在融合各地的特質後，已展現出自己的面貌。

在衣紋的表現上，除了陽刻凸線式外，雲岡第一期窟還出現淺階梯式的衣褶與淺階梯式結合陰刻衣紋的表現方式，前者如第17窟的主尊交腳彌勒菩薩、第18窟的主尊佛立像和兩側的脅侍立佛等，後者則如第19窟的主尊結跏趺坐佛像、第17窟西壁龕的立佛等。

第一期石窟菩薩的衣飾大多沿用西域菩薩像的形式，頭戴三珠寶冠，裸上身，斜披絡腋，下著羊腸裙，衣薄貼體，曲線畢露。頸有項環，並佩蛇形或獸首長項飾，戴臂釧和手鐲（圖50）。飛天斜披絡腋，下著羊腸裙，身軀壯碩。

▲ 圖49　第18窟　北魏　山西大同　雲岡石窟

▲ 圖50　脅侍菩薩　北魏　山西大同
雲岡石窟第17窟　南壁第二層東側佛龕

　　雲岡第 16 窟主尊立佛（圖 51）的風格與第 17 至 20 窟的主尊有別，肉髻不再平滑，出現渦狀波浪形髮紋，額圓臉長，兩頰較平，身著褒衣博帶式袈裟，胸前結帶下垂，袈裟的一端搭敷於左肘之上。服裝質地厚重，衣紋採直平階梯式的表現手法。從此窟立佛的著裝來看，第 16 窟主尊的竣工年代應在太和十年孝文帝推行漢化服飾改革之後。由此看來，雖然曇曜在和平初年即開始了第 16 至 20 窟的規劃和設計工作，但由於這五窟的工程浩大，部分工程與雕刻則延宕至太和十年以後才大功告成。

　　第二期是雲岡石窟發展的鼎盛期，石窟分布於石窟群的中區和東區，最大的特色是出現了成組的洞窟。主要的有五組：第 7、8；9、10；11、12、13；5、6；和 1、2 窟，這些組窟尊像的布排互相呼應，配置井然有序。有些組窟在前室之間尚鑿甬道相通，如第 7、8 窟；9、10 窟；或在二窟之間雕下有龜趺的豐碑，如第 7、8 窟；5、6 窟，二者關係之密切不言而喻。雙窟的出現是雲岡第二期窟的重要特色，宿白先生指出，這應和孝文帝時，既有皇帝在位，又有馮太后臨朝，孝文帝和馮太后並稱「二聖」的歷史背景有關。定縣出土的太和五年（481）石函銘和陝西省澄城縣太和十二年（488）暉福寺碑都提到「二聖」，很明顯是對孝文帝及文明太后馮氏的尊稱。

　　第二期洞窟的平面為方形或長方形，多具前後二室。其中，第 11、6 和 1、2 這四窟的內部雕鑿塔柱，為塔廟窟。這種塔廟窟的窟形雖可溯其遠源至

▲ 圖 51　立佛　北魏　山西大同　雲岡石窟第 16 窟　北壁

印度的支提窟或新疆的中心塔柱窟，可是這四窟塔柱的設計已與西域式樣大異其趣，有的塔檐作仿木構屋頂形式，設計已完全中國化。其餘諸窟皆是佛殿窟，第9、10以及第5窟的後壁還開鑿了隧道式的禮拜道。與第一期石窟不同的是，第二期石窟的主像比例縮小，不再佔據石窟的主要面積，相對地造像偉岸的氣勢減弱，在窟內活動的空間增加，表示僧侶或信徒可以在石窟中進行各種修行、禮拜等宗教活動。此時出現了平棊頂，石窟裝飾華麗，雕鑿細緻，壁面雕刻分為數欄，分層布龕（圖52）。第9、10窟的前室和第6窟都出現分欄長卷式的本生故事和佛傳的浮雕。除早期常見的圓券龕外，還發現許多漢式傳統的屋形龕和源於中國式床帳的盝頂帷幕龕等。有些窟口崖面上尚雕飾著斗拱支撐的窟檐。此外，在第7、8窟和第5、6窟窟外都立有龜趺的豐碑，是典型的漢式傳統設計。這些跡象在在顯示，第二期雲岡石窟的營造從漢式的殿堂建築中汲取不少養分。

▲圖52　後室東壁及北壁　北魏　山西大同　雲岡石窟第8窟

第二期雲岡石窟的設計和形制，漢化傾向明顯，這種變化在二期窟的造像風格上也一覽無遺。雲岡二期窟的造像，依據其風格特徵，可以分為前、後兩個階段。前段的作品以第7、8窟的造像為代表，這兩窟佛像（圖53）的著裝與第20窟的主尊大佛（圖48）相同，但造像面型略

為清瘦，眉眼細長，五官線條較為柔和。第一期凸起陽刻的衣紋到了第二期已經消失，多作直平階梯式的衣褶或陰刻衣紋。飛天身軀壯碩，皆上身袒露，肩披天衣，下著裙裳，露足飛舞，服裝樣式與西域相同。後段的佛像（圖54）見於第5、6窟，或作剃髮狀，或有波浪式髮紋，面部圓潤，嘴角含笑，穿著褒衣博帶式的寬敞大袍，身體結構被質地厚重的袈裟所掩，衣褶繁複，衣紋線條挺勁有力，衣袖及下襬向兩側展揚，富裝飾趣味。此時雕造的菩薩像，有的頭戴花鬘寶冠，身著帔帛和大裙，帔帛在腹前交叉，身體裸露的部分減少，衣著較為保守，下半身的身體結構不明（圖55），風格與第一期的菩薩像迥別。第二期後段佛、菩薩像的服飾變化，與太和十年皇帝更改帝王服式的政策有著密切的關係。值得注意的是，第二期後段出現兩種新的飛天樣式，一種童子型飛天，蓄短髮，或裸上身，或著短衫，戴環頸桃形項

▲圖53　佛龕像　北魏　山西大同　雲岡石窟第7窟後室西壁第五層南側

圈，天衣繞臂，下著短裙，飾臂釧和腳環，身軀粗壯，略顯肥胖，雙臂伸展，屈腿飛舞。人物造型與大同西北方山永固陵的飛天近似。永固陵為文明皇太后馮氏的陵寢，始建於太和五年（481），太和八年（484）修建完成。太和十四年（490），馮太后去世，孝文帝葬之於此。另一種飛天高髮髻，面形較長，身軀削瘦修長，上身著短衫，下身著長裙，雙足為長裙所掩，兩手平展於腰部兩側，通過飄舞的天衣和飛揚的裙角，表現飛舞的動態，造型漢化。

▲圖 54　佛立像　北魏　山西大同　雲岡石窟第 6 窟 中心塔柱西面上層

▲圖 55　脇侍菩薩　北魏　山西 大同　雲岡石窟第 6 窟中心塔柱 西面上層佛龕左側

　　孝文帝重視義學，在二期窟的造像題材上，《法華經》和《維摩詰經》的重要性明顯增加。除了二佛並坐龕的數量劇增外，第 7 窟甚至於以《妙法蓮華經・見寶塔品》的主角——釋迦多寶二佛並坐像作為全窟的主尊。還出現了下層為二佛並坐龕，上層為彌勒交腳菩薩龕的組合形式。《維摩詰經》的代表人物文殊菩薩和維摩詰像，在第 7 窟南壁入口兩側、第 1 窟南壁東側，以及第 6 窟南壁中層中部的佛龕（圖 56）內都有發現。以第 6 窟的佛龕為例，屋形龕下釋迦佛右手作施無畏印，左手作與願印，結跏趺坐於須彌座上。右側文殊菩薩頭戴寶冠，在方榻上舒坐；左側維摩詰右手上舉執塵尾，倚坐於方榻之上。維摩詰下頷有鬚，身穿交領筒袖長衣，頭戴尖頂胡帽，作胡人打扮。又，受到涼州佛教藝術的影響，雲岡第一期的第 17 窟即出現了交腳彌勒菩薩像，到了第二

期，彌勒的圖像種類
眾多，除了北涼佛教
美術中已見的交腳坐
姿、手作轉法輪印或
右手作施無畏印的菩
薩像（有些頭冠中尚
有化佛）外，還發現
交腳而坐，右手作施
無畏印，左手持淨瓶
的菩薩像（圖57）、
交腳佛像和倚坐佛像
等。此外，尚值得留
心的是，此時又出
現多首多臂的護法形
象，如第8窟南壁拱
門東側上層雕摩醯首
羅天（圖58），三頭
八臂，手持日、月、

▲圖56　佛龕像　北魏　山西大同　雲岡石窟第6窟　南壁中層中部

弓、如意寶珠、葡萄等，坐於牛背之上；
南壁拱門西側雕鳩摩羅天（圖59），面如
童子，長髮披肩，五頭六臂，手持日、
月、鳥、弓等，坐於孔雀之上。顯示印度
的雜密圖像已經傳入中國。

▶圖57　彌勒菩薩三尊像龕　北魏
山西大同　雲岡石窟第11窟　東壁
第三層中部

▲圖58　摩醯首羅天　北魏　山西大同
雲岡石窟第8窟　後室南壁拱門東壁

▲圖59　鳩摩羅天　北魏　山西大同
雲岡石窟第8窟　後室南壁拱門西壁

　　孝文帝遷都洛陽以後，特別下令「冬朝京師，夏歸部落」，所以雲岡石窟的鑿造工程並未因遷都而停歇，是為雲岡的第三期石窟。此期的主要洞窟分布於第20窟以西、位於中部的第14、15窟、位於東部的第4窟，第11窟以西崖面上的小窟、龕像，以及第4至6窟間的小窟，都屬於這一期開鑿的窟龕。此外，許多第一、二期開鑿的窟室內、窟口兩側也多有第三期補鑿的小龕。雖然第三期開鑿的窟龕數量最多，不過此時的開窟人大多數為職位不高的官員與一般的佛教信徒，因此無論在石窟規模，或是在華麗程度上，都無法與第一、二期皇室或貴族所開鑿的石窟相提並論。昔日雲岡石窟那種宏圖巨製，雄壯富麗的風貌，已不復見。

雲岡第三期的石窟多為中小型窟，這些石窟不再成組，皆以單窟形式出現。主要的窟形有塔廟窟、三壁三龕和四壁重龕三種，內部設計規整，較多的窟口內側兩壁各雕一尊立佛。此時的佛像和菩薩像面形清瘦，五官細秀，長頸削肩，身軀扁平，是典型的秀骨清像式造像。佛皆著褒衣博帶式袈裟，菩薩的帔帛於腹部交叉，佛的袈裟下襬衣褶層疊繁密，衣緣曲折如波，而菩薩像帔帛的衣褶也愈趨複雜，裝飾性強。到了北魏末年，在帔帛交叉處還加上圓璧的裝飾。受到南朝影響的飛天為此期窟洞的主流，其髮髻高聳，上著短衫，飛舞的身軀，姿勢曲折多變，不再作 U 字形，體態輕盈飄逸。在造像題材上，二佛並坐、千佛、彌勒菩薩、多頭多手的雜密神祇圖像依然流行外，同時又出現了儒童本生、阿育王施土因緣等新題材。

•龍門石窟

　　龍門位於洛陽城南十二公里，東、西兩山對峙，伊水穿流而過，山形如闕，故古稱伊闕。隋煬帝時（604～618 在位），始稱之為龍門。太和（477～499）末年，龍門石窟便開始開窟鑿龕，以後北齊、北周、隋、唐、五代、北宋、明等朝均有開鑿與修復。如今在伊水兩岸一公里的範圍內，現存窟龕二千三百四十五個，造像約十萬餘軀，並保存北魏以來的造像題記和碑碣三千六百多塊，佛塔四十餘座，是研究中國佛教美術與佛教史的重要瑰寶。

　　北魏孝文帝遷都洛陽後，佛教繁榮昌盛。北魏末年，洛陽的寺院多達一千三百六十七所，比西晉永嘉時期（307～313）的四十二所，高出三十多倍。龍門現存北朝主要洞窟二十三座，小龕造像不可勝數，均分布於西山地區。北魏孝文帝遷都洛陽前後至孝明帝期間（494 左右～528），是龍門鑿窟造像活動的第一個高峰，具體反映了北魏洛陽佛教鼎盛的實況。

　　龍門石窟的北魏窟中，古陽洞（圖 60）開鑿的年代最早。從窟中太和十九年（495）長樂王丘穆陵亮夫人為亡息造像的題記來推

▲圖 60　西壁　北魏　河南洛陽　龍門石窟古陽洞

測，此洞應開鑿於孝文帝遷洛前後。古陽洞是修整天然溶洞而成的一個大窟，平面呈馬蹄形，穹窿頂，敞口。窟頂及四壁上大、小佛龕櫛比鱗次，琳琅滿目，多達一千三百餘龕。古陽洞在北魏時期經過三次擴建，大部分的龕像雕造於北魏末年以前，東魏（534～550）、西魏（535～557）和唐代（618～907）略有增益。

古陽洞第一期的年代為太和十八年左右至景明四年以前（494左右～504），完成了正壁坐佛三尊像、南北兩壁上層各開四個形制和大小相似、位置對應的尖拱形大龕，以及窟頂的一些中、小型佛龕。八個大龕龕內均雕手結禪定印的結跏趺坐釋迦佛三尊像，規劃整齊。依據第一期龕像的造像記，龕像的供養人大多為中央官吏或貴族，如輔國將軍楊大眼、北海王元詳及其母高太妃、安定王元燮等，以及地方的軍政官吏，如洛陽刺史的兒子慧成、都綰關口遊激校尉司馬解伯達、陸渾縣功曹魏靈藏等。第二期的年代為正始至熙平年間（504～517），在兩壁中層開鑿了左右對稱的四大盝頂龕，除了南壁第三龕為釋迦多寶二佛並坐像外，其餘七龕皆為交腳彌勒菩薩像。第三期的年代約在神龜、正光年間（518～525），在最下層的北壁開三大龕，南壁開兩大龕，其餘壁面布滿了中、小型龕，因政局動盪不安，計畫尚未完成，開鑿活動即告中止。從第三期龕像造像記的內容來看，像主的身分以比丘、比丘尼以及平民百姓為主。由此看來，到了北魏晚期，古陽洞已成為一般信眾可以自由進出的供養場所。

古陽洞正壁雕禪定坐佛三尊像，主尊坐佛（圖61）頂有高肉髻，面形長圓，略帶微笑，兩肩寬平，結跏趺坐於方臺之上，右膝部已殘。著雙領下垂式袈裟，佛衣的衣襬垂覆方臺之前，懸裳的衣紋流利。兩脇侍菩薩頭戴花鬘寶冠，冠繒外伸後下垂，面相秀麗，眼如新月，嘴角含笑。上身袒露，下著長裙，裙褶密而層疊，裙襬外張。胸佩桃形項飾，天衣和長瓔珞從兩肩垂掛而下，於腹部交叉，穿璧而過，兩肩皆有

▲ 圖61　佛坐像　北魏　河南洛陽
龍門石窟古陽洞　西壁主尊

一圓形飾物。兩脇侍菩薩的內側手均殘，右脇侍右手持一桃形物，中有一坐佛；左脇侍左手持一淨瓶。坐佛三尊像的直平階梯式的衣紋，平行流暢，線條感強。由於左脇侍菩薩頭部外側有正始二年（505）和三年（506）的小龕，左脇侍菩薩的天衣之間又有正始三年開鑿的兩個小龕，可見正壁三尊像的完工時間應該早於 505 年。

　　最上層八大龕龕內皆為禪定坐佛三尊像，除了北壁最內側龕的主尊著雙領下垂式袈裟外，其他七龕主佛（圖 62）的著裝皆與雲岡第一期的第 20 窟（圖 48）和第二期早期的洞窟（圖 53）相同，其身軀壯碩，兩肩寬平，有的僧祇支的邊緣尚飾連珠紋，衣襬並未垂覆於臺座前，仍具雲岡造像的餘韻。不過其衣紋淺刻，線條繁密平行，增加了造像的線條流暢之美。這種線刻和繪畫性強的造像樣式應與河南當地的藝術傳統有關。

▲ 圖 62　比丘慧成造佛龕像　北魏　河南洛陽　龍門石窟古陽洞　北壁上層第 4 龕

　　第二層的八大龕中，除了釋迦多寶龕外，其他七龕皆為交腳彌勒像龕，這些龕像與第一層大龕不同，皆採彌勒菩薩和二弟子、二菩薩組合的五尊像形式。這些交腳彌勒菩

薩（圖63）與第一期的彌勒菩薩相較，其上身拉長，兩肩窄瘦，秀骨清像，天衣在兩肩側略揚，於小腹前穿璧交叉。龕額的供養天、伎樂天形體纖長，髮髻高束，佩項圈，下著裙，小腿屈回，裙衣飄揚不露足，天衣呈三角形飄於身後，身下尚浮雕祥雲，顯得輕盈飄逸，這種飛天的形象與河南鄧縣學莊、南京丹陽胡橋墓等地出土的南朝飛天畫像磚近似，顯然受到南朝藝術的影響。

▲圖63　彌勒菩薩交腳坐像　北魏　河南洛陽
龍門石窟古陽洞　北壁中層第1龕主尊

　　龍門的石灰岩石質比雲岡的砂岩堅硬許多，可以精雕細琢，古陽洞龕楣飾瓔珞、獸面、供養天、化佛，裝飾華麗。頭光除了蓮瓣外，尚飾飛天、化佛，雕鑿精美。在裝飾手法上，更是淺浮雕、高浮雕、減地雕和線刻並用，層次變化豐富。這些龕像紋飾的繁縟細緻，令人嘆為觀止。

賓陽三洞是龍門石窟中唯一的組窟，《魏書・釋老志》云：

景明（500～503）初，世宗詔大長秋卿白整，準代京靈巖寺石窟（即雲岡石
窟），於洛南伊闕山，為高祖、文昭皇太后營石窟二所。初建之始，窟頂去地
三百一十尺。至正始二年（505）中，始出斬山二十三丈。至大長秋卿王質，
謂斬山太高，費工難就，奏求下移就平，去地一百尺，南北一百四十尺。永平
中（508～512），中尹劉騰奏為世宗復造石窟一，凡為三所。從景明元年至正
光四年（500～523）六月已前，用工八十萬二千三百六十六。

經學者考證，宣武帝在龍門仿雲岡石窟所開鑿的三所石窟，即今賓陽三洞。這三洞的大
小相近，布局一致，明顯經過統一規劃。由於賓陽中洞與南洞之間設有一通巨碑，這種
布置方式和雲岡第二期石窟的設計彷彿，當即是《魏書》所說，宣武帝為其父高祖孝文
帝和其母文昭皇太后所營造的兩座石窟。賓陽北洞則是為宣武帝所開的洞窟。不過在正
光四年賓陽三洞工程中止時，唯有
為孝文帝所開鑿的賓陽中洞完全竣
工，其他兩窟則經後代續鑿，遲至
初唐始大功告成。

　　賓陽中洞約完成於延昌末至熙
平初年（515～517），窟門兩側各有
一個屋形大龕，內有一身手持金剛
杵的金剛力士，南側的金剛力士殘
損嚴重。窟門通道上方刻兩朵蓮花，
兩側壁浮雕三層，自上而下為飛天、
供養菩薩和多頭多手的雜密護法。
此窟的平面呈馬蹄形，穹窿頂。窟
內的西、北、南三壁下部鑿刻出倒
凹字的淺壇。正壁為坐佛五尊像（圖
64），南、北兩壁各雕一立佛三尊像
（圖65）。東壁入口的兩側有四層浮
雕，南側自上而下分別作維摩詰居
士、須達拏太子本生圖、皇后禮佛
圖（圖66）與五神王；北側自上而
下分別作文殊菩薩、薩埵太子本生

▲圖64　坐佛五尊像　北魏　河南洛陽
龍門石窟賓陽中洞　西壁

圖、皇帝禮佛圖和五神王。其中第三層的帝后禮佛圖，於 1930 年代即被盜賣至美國，如今分別收藏於美國紐約大都會博物館和堪薩斯市納爾遜‧阿特金斯藝術博物館。

穹窿狀的天井浮雕一朵複瓣大蓮花，四周有八身伎樂天和二身供養天（圖 67）圍繞，其間流雲飛動，外側以一列蓮花、寶珠為飾，其外又環以一圈銅錢紋與兩匝蓮瓣，最外層刻三角垂飾流蘇，整個天井的設計就好似華蓋一般。窟內地面有淺浮雕的紋飾。在倒凹形基壇邊緣雕出連珠紋，基壇表面作圓形蓮花、水渦紋，以及水鳥、童子等形象。在方形地面的四周刻蓮瓣圖案，正中為一參道，上刻龜背紋，其邊緣有連珠紋與蓮瓣作為裝飾。參道的南、北兩側各雕兩朵大蓮花。該窟窟頂和地面的裝飾華麗，進入此洞就彷彿進入佛國世界一般。

▲ 圖 65　立佛三尊像　北魏　河南洛陽龍門石窟賓陽中洞　北壁

◀ 圖 66　皇后禮佛圖　北魏原在河南洛陽龍門石窟賓陽中洞東壁　美國堪薩斯市納爾遜‧阿特金斯藝術博物館藏

▲圖 67　飛天　北魏　河南洛陽　龍門石窟賓陽中洞　窟頂

　　賓陽中洞規模宏偉，全窟壁面未留一點空白，尊像配置對稱，布局嚴謹，設計主次分明，全窟裝飾富麗堂皇，又沒有其他供養龕雜陳其間，毫無疑問地是一個經過統一設計的帝王窟。

　　正壁的主尊釋迦佛（圖 64）右手作施無畏印，左手的拇指和食指下垂，餘三指內屈。結跏趺坐於一獅子座上，阿難、迦葉二弟子與二菩薩侍立在側。釋迦佛高肉髻，髮作渦漩紋和波浪紋，額方臉略長，下頷圓潤，高眉骨，兩肩微斜，內著僧祇支，胸口露出覆肩衣的繫帶，外披兩重褒衣博帶式袈裟，須彌座前垂落的衣襬褶襞層疊，衣紋回旋曲折，線條流利。雕刻技法較古陽洞的主尊坐佛更加純熟。

　　賓陽洞的雙窟設計、橫橢圓形的平面、穹窿頂，以及賓陽中洞的嚴謹布局，以三世佛為主題、窟口通道浮雕雜密護法，入口兩側又雕維摩詰和文殊像，都說明了此窟的確是「準代京靈巖寺石窟」所開鑿的洞窟。甚至於當我們比較賓陽中洞的立佛（圖 65）

與年代相近的龍門石窟蓮花洞立佛（圖68）時，不難發現賓陽中洞的造像兩肩較寬厚，身軀量感明顯，腰臀部分壓縮，衣紋繁複，與蓮花洞立佛兩肩窄削，身軀比例停勻，衣紋簡潔明快的作風大異其趣，明顯受到雲岡石窟第二期造像（圖54）的影響，不過賓陽中洞的佛像和菩薩像的五官線條柔和，形貌溫雅，衣襬向外張揚的幅度不似雲岡第二期造像那麼誇張。此外，雖然賓陽中洞的雕刻以平刀為主，但是在主像的額際和鼻梁部分，已出現圓雕的表現手法，面與面的轉折不再方硬。

在窟口兩側壁面的浮雕中，發現了新穎的造像題材——十神王和帝后禮佛圖。賓陽中洞的十神王是中國現存神王像中年代最早的作品。根據考古資料，除了龍門的賓陽中洞外，在河南的鞏縣石窟、安陽小南海石窟、寶山大留聖窟，以及河北邯鄲的響堂山石窟，甚至於河南和河北北朝的單尊造像上，皆有神王像的發現，由於這些遺例多集中於河南或其鄰近地區，顯示這個題材與河南的淵源甚深。又因為這些石窟中賓陽中洞和鞏縣石窟的年代最早，它們都位於北魏洛陽故城附近，因此推測神王像的產生或與洛陽文化有著密切的關係。

帝后禮佛圖的畫面分別以孝文帝和文昭皇太后為中心，前簇後擁，南北相對，二者前方皆有侍者作為前導，孝文帝身著漢服，捻香而行，泰然自若，文昭太后頭戴華冠，身穿交領寬袖華服、長裙曳地，款款而行（圖66）。禮佛圖中人物眾多，或正、或側，有的甚至背對觀者，人物姿態生動，層次錯落，但卻和諧統一，充滿了虔誠的宗教氣氛。賓陽中洞帝后禮佛圖浮雕與漢平陽府君闕南朝蕭梁佛道龕像兩側的禮佛圖浮雕極為近似，二者都有侍者捧持供物作為前導，人物形體修長，身姿秀麗，衣紋線條流利，人物安排錯落有致，彼此顧盼，畫面生動。北魏遷洛以後，舉凡都城設計、輿服制度無不參考南朝；因此，賓陽中洞帝后禮佛圖的祖型極可來自南朝。

▲ 圖68 佛立像 北魏 河南洛陽 龍門石窟蓮花洞 正壁主尊

賓陽中洞雕刻受到南朝影響之處尚不只帝后禮佛圖一端而已。雖然維摩詰居士與文殊菩薩像在雲岡第二期窟洞中即時有發現，可是雲岡的維摩詰居士多著胡裝，與文殊菩薩分居窟門或佛的兩側，構圖十分簡單。賓陽中洞的維摩詰居士（圖69）身穿南方士人所著寬衣大袖的袍服，面目清秀，形體清癯，右手持麈尾，頗有「清羸示病之容，隱几忘言之狀」，與記載中顧愷之在建康瓦官寺所畫的維摩詰像頗為相似。此外，尚值關注的是，維摩詰居士矮榻前側有一天女，後側有二侍女，帷帳後上方浮雕兩座寶臺。北側上層作文殊菩薩，身後有隨行聽法的菩薩和比丘，身前雕一比丘，與南側的天女相對，當是舍利弗。結合二壁而觀，龍門的匠師除了表現《維摩詰經》中〈文殊師利問疾品〉的內容外，又描寫了〈不可思議品〉中維摩詰

▲ 圖69　維摩詰　北魏　原在河南洛陽龍門石窟賓陽中洞東壁　美國華盛頓特區弗利爾美術館藏

向須彌燈王如來借座，以及〈觀眾生品〉裡天女和舍利弗論辯的場面，為一鋪維摩詰經變。龍門石窟的維摩詰、文殊對坐的圖像眾多，可是賓陽中洞的維摩詰經變浮雕無疑是規模最大，而且內容也最豐富的一鋪。

蓮花洞是開鑿於古陽洞與賓陽中洞之間的一個大窟，因窟頂有一個高浮雕的蓮花藻井（圖70）而得名。此朵蓮花中心為蓮房，周圍為數層蓮瓣，最下層浮雕一二方連續忍冬紋組成的圓盤。蓮花外尚有六身供養天，身軀纖長，翩翩飛舞，為其他石窟所未見。蓮花洞正壁的主尊立佛（圖68）兩側各有一脇侍菩薩和

▲ 圖70　蓮花藻井　北魏　河南洛陽　龍門石窟蓮花洞

脇侍比丘。佛立像兩側的弟子像為一較淺的浮雕，使五尊像的構圖更富層次變化。不幸的是，這五尊立像的頭部均被破壞。左脇比丘的頭部（圖71）目前收藏於法國巴黎的吉美博物館，其額有皺紋，眼窩深陷，鼻梁高挺，兩頰削瘦。現存於蓮花洞窟內這尊比丘的殘軀左手撫膺，右手握錫杖，脖頸扭動而暴出的條條青筋，外露的櫛比肋骨也明晰可見，當是釋迦佛的大弟子迦葉無疑。右脇比丘的頭部今為臺灣的私人收藏家購得，其面圓頰豐，年紀較輕，應是阿難。從窟內仍存的殘軀看來，阿難應是手持蓮蕾供養。這兩尊比丘均側身而立，採取了八分面的表現手法，面向主壁立佛的浮雕大像，同時為了因應觀者向上的視點，工匠在五官上做了一些特殊的變形處理，因此當我們正面觀看這尊頭像時，反倒覺得祂的五官不正，鼻歪眼斜。孰不知這正是洛陽匠師的技巧高妙之處。

▲ 圖71　迦葉頭像　北魏　原在河南洛陽龍門石窟蓮花洞正壁　法國巴黎吉美博物館藏

　　北魏神龜、正光年間（518～525），火燒洞、慈香洞、魏字洞、六獅洞、皇甫公窟等陸續開鑿，出現了三壁環壇式和三壁三龕式的新洞窟形制。值得注意的是，龍門石窟的北魏窟皆為佛殿窟，沒有一個中心塔柱窟的存在。為何龍門石窟沒有塔廟窟？是因石質太硬，不易雕鑿，或是另有原因，有待日後探索。

　　根據龍門造像記所提尊名的統計，北魏時期，最流行的造像題材為釋迦，其次為彌勒。永平年間（508～512）始有觀世音菩薩的造像，而無量壽佛則遲至神龜年間（518～520）才出現。此外，北魏各窟多奉三世佛，或採賓陽中洞式的正壁坐佛、左右兩壁為立佛的布排方式；或三尊坐佛；或在正壁與一側壁各設一尊坐佛，另一側壁則作一代表未來佛的交腳彌勒菩薩；也有的窟龕將彌勒菩薩安置在正壁，左右兩壁各作一立佛，或各配一坐佛，配置手法變化多端。

　　龍門的北魏窟洞中，維摩詰經變的數量多達一百二十九鋪，這個題材的流行可能與宣武帝雅好《維摩詰經》有關。龍門的維摩詰經圖像，除了少數承襲雲岡石窟的傳統，將維摩詰居士和文殊分置在入口的兩側外，大多數的維摩詰和文殊菩薩出現在龕楣的兩側，或佛龕的左上角與右上角，相向而坐。

● 鞏縣石窟

　　鞏縣石窟（又稱鞏義石窟）位於鞏義市南河渡鎮寺灣村洛水北岸的大力山南麓，距洛陽舊城五十二公里，現存五個石窟和三尊摩崖大像、一個千佛龕以及三百二十八個小龕，規模不大。其中，五窟以及摩崖大像是北魏鑿造。據第 4 窟外壁唐龍朔年間（661～663）所刻的〈後魏孝文帝故希玄寺之碑〉，孝文帝曾於此處建希玄寺。明弘治七年（1494）〈弘治重修石窟寺碑記〉又稱「自後魏宣武帝景明之間（500～503）鑿石為窟」。陳明達從窟內出現大量的帝后禮佛圖來推測，鞏縣石窟應是為北魏宣武帝后和孝明帝后所開鑿的石窟，宿白教授則根據在第 1 窟所發現的〈開國侯鄭叡造像記〉推斷，鞏縣石窟當是北魏晚期皇室的親貴所開。姑且不論二者對開窟者身分看法的歧異，鞏縣石窟是北魏晚期開鑿的一個重要石窟群，殆無疑義。

　　鞏縣的第 1、2、3、4 窟窟內均鑿中心塔柱，第 1 窟的入口上方尚開明窗。可見，塔廟窟應是鞏縣石窟的一大特色。鞏縣石窟與龍門石窟相去不遠，鑿刻的年代也相近，可是龍門石窟卻沒有塔廟窟的發現，因此鞏縣石窟的形制倍受矚目，它的設計是否受到雲岡石窟的影響，尚待進一步研究。第 1 與 2 窟毗鄰並列，雖然第 2 窟並未完成即遭廢棄，但從形制上看，很可能原來計畫要開雙窟。第 3、4 兩窟的大小也相近，內部的設計又彷彿，也是一組雙窟。雙窟的設計始見於雲岡第二期，又見於龍門的賓陽洞，因此，鞏縣石窟這樣的設計自有其傳承的歷史淵源。第 5 窟為小型的佛殿窟，方形平頂，中心雕大蓮花，周圍飛天環繞。該窟採三壁三龕式的布局，北壁和西壁龕內以佛坐像為主尊，左右各有一菩薩和弟子為脇侍；東壁龕的主尊為彌勒菩薩，左右各有一脇侍菩薩和弟子像，也是五尊像的組合。入口的兩側壁各雕一立佛。類似的石窟布局亦見於龍門石窟的皇甫公窟，根據皇甫公窟窟前的造窟碑，此窟開鑿於孝昌三年（527），推測鞏縣石窟第 5 窟應開鑿於北魏末，唯第 5 窟三龕主尊的頭部均僅打鑿粗形，尚未雕刻五官，說明此窟的鑿造工作並未完全竣工，便停止了。

　　第 1、3、4 窟的形制、設計相似，平面都作方形，平棊頂，內有飛天、蓮花化生、蓮花等圖案。第 1、3 兩窟的中心塔柱四面各設一大型龕，東面龕的主尊為趺坐菩薩像，其餘三龕皆為坐佛。第 4 窟的中心塔柱分上下兩層，設計較為複雜。三窟中心柱上的佛龕均作帷帳龕，基座的四面皆浮雕神王像。每個入口兩側的壁面上半皆刻千佛，下半則分為數欄，浮雕禮佛圖。四壁的壁腳又雕伎樂天和神獸，布局統一。

　　鞏縣和龍門造像都是北魏晚期風格的代表，二地雖相去不遠，可是在造像風格仍有

些許差異。鞏縣石窟龕內的主尊坐佛（圖 72），面多為橢圓形，頰頤豐腴，雙目俯視，神情靜謐。頸項細長，著褒衣博帶式佛衣，垂覆於座前的衣襬褶紋，層疊翻覆，充分利用了光線投射到衣襞的光影明暗，來突顯行雲流水般的衣紋線條，增加了衣紋韻律感。脇侍菩薩立像（圖 73）大多頭大、頸長、肩窄、胸扁、身短，五官略帶稚氣，表情沉靜。菩薩的衣紋較龍門石窟簡化，有些菩薩的衣紋除了輪廓外，僅見一、二條主要的線條，手法概括。

▲圖 72　坐佛五尊像龕　北魏　河南鞏義
鞏縣石窟第 1 窟　中心柱南向面

▲圖 73　脇侍菩薩　北魏　河南鞏義
鞏縣石窟第 1 窟　北壁第 1 龕

　　鞏縣石窟最引人注意的，應是第 1、3、4 窟內南壁入口兩側的禮佛圖。這些禮佛圖上下分為數欄，幅面比賓陽中洞的更為醒目，是中國現存最完整與精美的禮佛圖。第 1 窟與第 3 窟的男像皆安置於門東，女像則在門西。第 1 窟南壁兩側最上方為千佛壁，

其下分為四層，第一至三層為禮佛圖（圖74、75），第四層浮雕伎樂天。東側最上層的禮佛圖人物分為三組，第一組以比丘為前導，帝王頭戴冕旒、身著袞服、足穿雲頭履，弓腰挺腹，右手持蓮花禮佛，身後侍者手持障扇、羽葆、華蓋隨行。帝王群像身後二組人物各有主像一人，前後有數名侍從持華蓋、香爐圍繞。第二、三層分別描繪五組隨行王侯、官員禮佛的場景。西側壁最上層的禮佛圖的結構布局與東側壁人物雷同，也分為三組，第一組以比丘尼為前導，皇后頭戴蓮花冠、身穿大袖袍服，左手提袋禮佛，雍容華貴。第二、三層則描寫貴族婦女禮佛的場面。由第1窟南壁的皇帝禮佛圖和皇后禮佛圖來看，北魏皇室應參與了此窟的營造。第3和第4兩窟因為禮佛圖部分殘損與未雕完，究竟為帝后禮佛圖，或是貴族禮佛圖？無法肯定。這些禮佛圖欄幅的尺幅不大，衣紋簡括，主題明顯。每一層刻畫的人物眾多，主像最大，比丘或貴族次之，隨從又次之，主從分明，布局嚴謹。

　　千佛與三世佛是鞏縣石窟造像的主要題材，二佛並坐與維摩詰、文殊像也偶有發現。第1窟外東西兩側的金剛力士大龕外，

▲圖74　皇帝禮佛圖　北魏　河南鞏義　鞏縣石窟第1窟　南壁東側
▼圖75　皇后禮佛圖　北魏　河南鞏義　鞏縣石窟第1窟　南壁西側

又各開一大型的立佛三尊龕,排列對稱,其與第 1 窟中心柱的主尊坐佛形成三世佛的組合,這樣的配置手法極具創意。值得注意的是,第 1、3、4 窟中心柱東面龕的彌勒菩薩皆採趺坐的姿勢,第 5 窟又以北壁龕和西壁龕的趺坐佛與東壁龕的趺坐彌勒菩薩,來代表三世佛,這樣的圖像特徵和龍門石窟皇甫公窟的彌勒菩薩像一致。從帝后禮佛圖的位置、布局來看,鞏縣石窟又取法龍門石窟賓陽中洞,中心柱基座浮雕的神王像也受到賓陽中洞的影響,凡此種種在在說明,鞏縣石窟和龍門石窟的關係密切。不過鞏縣石窟除了十神王外,在形象上又增加了賓陽中洞不見的兔首、牛首、馬首、雙面等神王像,總數超出了十神王之數;此外,壁腳的大型伎樂天以及神獸造型變化多端,在其他北魏石窟也未曾發現,這些都應是鞏縣的藝師匠心獨運的設計。

• 敦煌石窟

敦煌位於河西走廊的最西端,是南北兩道絲路的會合點。張騫開通西域以後,漢政權為鞏固邊防,加緊經略河西。元鼎二年(西元前 115)漢武帝分置武威、酒泉二郡,敦煌即屬酒泉郡轄地。元鼎六年(西元前 111)又分置張掖、敦煌二郡,並發戍卒屯田。除了軍屯外,還遷來不少內地農民,為敦煌帶來了發達的中原文化。自西元二世紀,西域副校尉常駐敦煌,敦煌不僅是通向中原的門戶,而且成為統管西域的軍政中心,西域許多地方的質子都留駐敦煌,到此互市貿易的胡商販客亦不絕於履,自然帶來了他們的文化、習俗。三世紀,敦煌已成為漢胡雜居的商業中心。三世紀末,人稱敦煌菩薩的月氏後裔竺法護在敦煌譯經傳法,他的弟子法乘更在此地「立寺延學,忘身為道,誨而不倦」。《魏書·釋老志》記載:「涼州自張軌後,世信佛教。敦煌地接西域,道俗交得其舊式,村塢相屬,多有塔寺。」十六國時期,中原動盪不安,大批中原人士避難河西,尚有不少人西奔敦煌。後秦弘始二年(400),自稱為西漢將領十六世孫的李暠稱「涼公」,是為西涼,建制敦煌。永建二年(421),北涼軍圍敦煌,西涼王李恂戰敗自殺,敦煌遂為北涼領地。太延五年(439),北魏太武帝親征姑臧,北涼王沮渠牧犍出降,北涼亡。北涼的殘餘勢力在牧犍弟沮渠無諱的帶領下,退守敦煌。太平真君三年(442),北魏遣將圍攻敦煌,無諱棄守敦煌,率萬餘家西就高昌的沮渠安周。從上述的歷史來看,敦煌漢文化的底蘊深厚,又深受西域文化的薰陶。

莫高窟,俗稱千佛洞,位於敦煌市東南二十五公里處的鳴沙山東麓斷崖上,洞窟分布高低錯落、鱗次櫛比。它始建於十六國時期,直到元代,歷代均有鑿造。現有洞窟七百三十五個,有壁畫和塑像的洞窟四百九十二個。武周聖曆二年(698)〈李君莫高窟修佛龕碑〉提到,前秦建元二年(366),沙門樂僔行經此地,見鳴沙山上金光萬丈,狀有千佛,便在這兒開鑿了第一個石窟,此為莫高窟開窟的肇端。後來法良禪師又從東

方而來，在樂僔所開鑿的石窟旁又鑿造一窟。可惜這兩窟均未倖存。

　　敦煌石窟考古工作者將莫高窟的北朝石窟分作四期：第一期為北涼統治敦煌石窟時期（421～442），有三窟，即第 268、272、275 窟；第二期相當於北魏中期（大約在 465～500），有八窟，即第 251、254、257、259、260、263、265、487 窟；第三期是東陽王元榮一家統治敦煌時期，即北魏孝昌元年至西魏大統十一年前後（525～545 左右），有十窟；第四期乃西魏大統十一年至隋開皇四年（545～584），主要為北周時期，計十四窟。第一期的第 268、272、275 窟南北相連，自成一組，無庸置疑應是莫高窟現存最早的洞窟，可是目前並無確鑿的證據可證明此三窟開鑿於北涼時期。同時，從三窟的壁畫風格觀之，有些壁畫的年代可能要遲至五世紀的五〇或六〇年代，因此推斷莫高窟第一期窟的開鑿年代應是北涼晚期至北魏佔領敦煌初期。

　　第 268 窟無前室，平面長方形，平棊頂，後壁開券形龕，火焰龕楣與龕柱皆以繪畫表現，內塑一尊交腳坐佛，龕外兩側各繪供養菩薩二軀和一身飛天。兩側壁各開兩個方形小禪室，這種禪窟形制源自印度的毗訶羅（vihāra，僧房），但其布局形式與庫車蘇巴什附近的禪窟更為近似，是敦煌最早的一座禪窟。平棊頂為泥塑疊澀，套疊三層，中心飾蓮花，外層岔角畫四飛天，造型樸拙，為三窟中年代最早的一窟。

　　第 272 窟平面方形，窟頂略帶穹窿形，又有疊澀套斗式藻井。西壁開龕，內塑一善跏倚坐佛像，龕內兩壁各畫一脇侍菩薩，頭戴三珠寶冠，上身全袒，肩披天衣，下著裙裳，胸線較低，裙襬作尖角狀，造型與第二期的菩薩像較為相近。龕外南、北兩側滿繪供養菩薩坐像，姿態各異。兩側壁最上段繪天宮伎樂，中繪千佛，千佛中間有一鋪說法圖，下繪三角垂帳紋，布局與酒泉文殊山千佛洞類似。

　　第 275 窟是莫高窟三座早期洞窟中，內容最豐富的一窟。平面長方形，盝形頂。後壁塑高浮雕交腳彌勒菩薩像（圖 76）一身，腳側各有一獅，獅子身後壁面各畫一尊脇侍菩薩。兩側壁分為上、中、下三段，上段各開三龕，二龕中塑交腳彌勒菩薩像，另一龕則為思惟菩薩像。南壁中段畫佛傳故事四門出遊，下繪供養菩薩一列；北壁中段畫毗楞竭梨王本生、尸毗王本生（圖 77）、月光王本生，下繪供養人一列。最下段為三角垂帳紋。

　　該窟的主尊彌勒菩薩，右手殘，左手置膝上作與願印，交腳坐在方臺之上。與北涼高善穆造石塔（圖 19）的交腳彌勒菩薩像一樣，其冠中亦有一尊化佛。這尊菩薩額方

面寬，嘴大唇薄，略帶笑意。頭手
比例稍大，頸項粗短，身軀柔軟，
肌肉起伏不明顯。衣紋布排對稱，
採貼泥條和陰刻線並用的方式來表
現，手法古樸。菩薩身後鋪設錦褥
的三角形背靠和頭上的三珠寶冠，
在犍陀羅和新疆的佛教藝術中時有
發現，顯然受到西域美術的影響。

　　第 275 窟兩側壁以赭紅為地，
所畫的本生故事與佛傳，以一或二
個畫面來表現故事中最具代表性的
情節，構圖簡單，各幅之間也沒有

▶ 圖 76　彌勒菩薩交腳坐像　北涼晚期
至北魏佔領敦煌初期　甘肅敦煌　莫高
窟第 275 窟　西壁

▲ 圖 77　尸毗王本生圖　北涼晚期至北魏佔領敦煌初期　甘肅敦煌　莫高窟第 275 窟　北壁中層

明顯的分隔。壁畫中飛天的體態作 U 字或 V 字形，造型古樸。人物的面部與軀體仍以西域的凹凸法畫成，然暈染部分呈寬粗的帶狀，表現的手法不如武威天梯山石窟（圖27）和酒泉文殊山石窟細膩，層次變化也不及天梯山和文殊山石窟豐富。

從塑像和壁畫來看，敦煌的北魏早期窟洞西域色彩濃郁，不過 275 窟窟頂塑有脊枋和椽子，在兩側壁的上層又出現了漢式的闕形方龕，顯示早在五世紀中葉，西域與漢族兩種截然不同的傳統都是敦煌藝術重要的母源。

文成帝復佛以後，敦煌鑿窟造像活動更加活躍。自此迄北魏末，在南區的第二、三層，相繼開鑿了北朝第二期的八個洞窟。這些北魏窟洞平面都呈長方形，形制和早期的三窟明顯不同。第 259 窟西壁前凸，僅具半個中心塔柱之形，窟頂前部為人字披，後部為平頂，應是中心塔柱窟不成熟的一種形式，當為北魏窟洞中開鑿最早的一個窟洞。除了 259 窟和殘損嚴重的第 487 窟外，其餘的北魏諸窟均採前作人字披頂、後為平棊頂的中心塔柱窟形式。這些石窟後部的中央鑿中心塔柱，與側壁和後壁之間形成一個繞塔的通道，以供佛教徒右旋繞塔之用，石窟形制受到了新疆石窟的影響。通道上方為平棊頂，內繪飛天、蓮花等圖案。第 251 和 254 窟前壁的入口上方還鑿有方形明窗，這樣的設計仍見印度石窟遺風。石窟前部為人字披頂，其上浮塑脊枋、檐枋和椽子，在第 254 窟人字披檐枋的兩端，還裝有木質斗拱，這些設計顯然與漢式建築息息相關。莫高窟第二期窟融西域與漢民族建築傳統於一爐的窟形設計，既不見於西域諸國，又不見於中原地區，是為北魏敦煌石窟建築的重要特徵。

莫高窟北朝第二期所開的中心塔柱窟中，第 263、265 窟經後代重修，開窟時中心塔柱的龕像配置不明外，第 251、254、257、260 四窟中心柱四面開龕，正面為一大龕，其餘三面皆作兩層龕，兩側面上層作闕形龕，其他都是尖楣圓券形龕。第 251 窟中心柱的東面龕是倚坐佛；南面龕的上層為交腳菩薩，下層龕是禪定佛；西向面上下層龕均為禪定佛；北面龕的上層為交腳菩薩，下層龕是禪定佛。第 254 窟中心柱的東面龕是交腳佛（圖78），其他柱面龕的布排和第 251 窟相同。第 257 窟中心柱的東面龕是倚坐佛，南面龕的上層為半跏思惟菩薩，下層龕是苦行像；西向面上下層龕均為禪定佛；北面龕的上層為交腳菩薩，下層龕是禪定佛。第 260 窟中心柱龕像的布排大體與第 257 窟一致，只是西向面的上層龕為跌坐說法佛。第 251、257 和 260 窟四壁的布局大同小異，於近窟頂處繪天宮伎樂，下段畫藥叉，南、北兩壁的中段或作千佛，或作佛傳、本生、因緣故事畫、說法圖，人字披下則是大型的佛說法圖。入口兩側壁的中段皆繪千佛。

第二期洞窟中的壁畫皆為與釋迦佛有關的佛傳、本生和因緣故事畫，因此中心柱東向面的主尊交腳佛或倚坐佛當為釋迦佛。此外，根據北朝第二期石窟龕像的配置，中心柱南、北兩向面的上層龕均為闕形龕，中間的主尊或為交腳菩薩像或半跏思惟像。因為在闕形龕中的交腳菩薩代表在兜率天宮說法的彌勒菩薩，而半跏思惟菩薩不但出現在闕形龕中，且出現在交腳彌勒菩薩的對應位置上，因此半跏思惟像也應代表彌勒菩薩。這樣的推測可從武威市博物館所藏的北涼石塔得到確認。此塔的塔基為四方形，塔身呈圓錐形，逐層向上收分，塔頂平面作圓形。圓錐形塔身分三層，每層開八個圓拱淺龕，代表過去六佛、現在佛釋迦和未來佛彌勒。此塔的第一層為七個坐佛龕和一個半跏思惟菩薩龕，第二層為七個坐佛龕和一個手作轉法輪印的交腳菩薩龕，第三層為八個禪定坐佛龕。由於第二層的交腳菩薩像就刻於第一

▲圖 78　釋迦佛交腳坐像　北魏　甘肅敦煌莫高窟第 254 窟　中心柱東向面龕

層的半跏思惟菩薩像的上方，顯然此塔上所見的半跏思惟像、交腳菩薩像，以至於在交腳菩薩像上方、手作禪定印的結跏趺坐佛像都應視作彌勒。

　　在佛龕尊像的布排上，北魏早期塑繪結合的成鋪組像，逐漸被成鋪的塑像所取代，除了佛像與二脅侍菩薩組成的三尊像外，還出現與天王和力士的組合。北魏中期的 257 窟正面龕的外側有一尊身穿鎧甲天王像，是敦煌莫高窟現存最早的一尊天王像。北魏晚期的 435 窟中心塔柱正面龕的兩側，各塑力士像一尊，是敦煌莫高窟現存最早的力士像。中原石窟的天王與力士多出現於石窟入口的兩側，可是在敦煌卻出現於中心塔柱正面龕的龕側，地方特色明顯。

北魏中期窟中的佛和菩薩塑像，面相豐圓。倚坐佛皆著覆肩袒右式袈裟，跌坐佛則多穿通肩式或雙領下垂式佛衣。在衣紋的刻畫上，第259、254、260等窟的主尊繼續採用北魏初期的貼泥條方式（圖78），可是在腹部與腿部又出現了波狀鉤連的渦形衣紋。另外，第259窟北壁第3龕（圖79）和第263窟北壁人字披下佛龕的坐佛，則以陰刻線條來表現衣紋。根據壁畫和塑像的人物特色，莫高窟北魏中期洞窟的塑像和壁畫人物，肩寬胸厚，身軀粗壯，菩薩像身披天衣，斜披絡腋，下穿羊腸裙。北魏晚期的人物面容趨於清秀，胸扁臂細，身軀有拉長的趨勢，同時還出現了中原式的帔帛在腹前交叉的菩薩裝樣式，以及身著漢式服裝的輕盈飛天塑像，如第435、437等窟。太和九年（485）皇室姻親穆亮出

▲ 圖79　禪定佛坐像　北魏　甘肅敦煌　莫高窟第259窟　北壁第3龕

任敦煌鎮都大將，孝昌年間（525～527）東陽王元榮又出任瓜州刺史。他們都來自洛陽，任職瓜州期間，無庸置疑地將北魏晚期中原地區流行佛教造像風格帶到敦煌，為地處偏遠的敦煌美術注入了新的活力。

基本上，北魏中、晚期的畫師上承北魏早期壁畫的技法，仍以赭色為底色，採西域式的凹凸法和高光法來描繪人物，不過由於暈染的次數增加，人物的立體感表現細膩、寫實。且石青的大量使用，使得全窟的色彩更為豐富。

在圖像方面，降魔成道、初轉法輪仍可見印度藝術的影響。以第 254 窟南壁前部中層的降魔成道圖（圖 80）為例，圖中釋迦牟尼在菩提樹下結跏趺坐，周遭則是魔王波旬（Māra）和他的部眾，或獸首人身，或面露怒容，手持各式兵器攻擊釋尊。此時釋尊以智慧力，伸手按地，作觸地印，是時大地震動，魔王與眷屬敗退倒地，釋迦牟尼終成正覺。佛右側還出現波旬兒子勸阻魔王攻打釋迦佛的畫面。另外，畫幅右下方還有三位身著龜茲裝、頭戴寶冠的女子，乃魔王的三位年輕貌美女兒，她們搔首弄姿，試圖色誘釋尊。釋尊以神通力，剎時將她們變成三位白髮蒼蒼的老嫗，出現在畫幅的左下方。此作的構圖方式、魔軍攻打釋尊以及波旬子勸阻其父等情節，甚至於一些魔兵的造型，都與犍陀羅的降魔成道浮雕一致，足證犍陀羅對中國早期佛教美術的影響之深遠。

▲ 圖 80　降魔成道圖　北魏　甘肅敦煌　莫高窟第 254 窟　南壁前部中層

北魏中、晚期的敦煌畫師長期從事於故事畫構圖的探索與試驗，成果豐碩。其一方面和北魏早期的畫師一樣，選取故事中重要的一兩個情節作畫，不過刻意突顯主尊，將其置於畫幅的中央，強調此作的「偶像」性質，第 254 窟的尸毗王本生（圖 81）、難陀出家因緣等，都屬此類的作品。另一方面，敦煌畫師又發展出異時同圖與橫卷式兩種的構圖方式，對故事情節有較詳細的描繪。第 254 窟的薩埵太子本生（圖 82）為敦煌異

時同圖的代表，此圖把故事
重要的情節全畫在一個畫面
上，而情節的安排並未依故
事的發展進行。第 257 窟的
因緣和本生故事畫則採橫卷
式的模式，可是構圖手法又
不盡相同。南壁的沙彌守戒
自殺因緣圖將故事情節依時
間發展的先後次序，自畫幅
的右側而左依次鋪排開展。
不過，第 257 窟西壁的九色
鹿王本生圖則打破了時間先
後的次序，故事的鋪排由畫
幅的兩端向中間進行，將故
事的高潮——國王與九色鹿
王對話等場面，置於全圖的

▲圖 81　尸毗王本生圖　北魏　甘肅敦煌　莫高窟第 254 窟　北壁中層

中心，這種情節交錯的橫卷構圖方式，充分顯示敦煌畫師的藝術巧思。

　　北魏時期，敦煌流行的信仰以釋迦、彌勒菩薩和千佛為主流，因此北魏窟的塑像與
壁畫題材中，釋迦佛說法、佛傳、本生和釋迦化度眾生的因緣故事屢見不鮮。闕形龕內
也都塑菩薩交腳坐像或思惟像，象徵彌勒菩薩高居兜率天宮的形象。此外，所有的石窟
四壁均繪大幅面的千佛圖。這些的題材可能和當地所流行的禪法以及修行法門有關。值

◀圖 82　薩埵太子本生圖
北魏　甘肅敦煌　莫高窟
第 254 窟　南壁中層

得注意的是，中原地區流行的釋迦多寶二佛並坐像，在敦煌的北魏窟中僅發現第259窟的主尊一例，而雲岡、龍門常見的維摩詰和文殊像，在敦煌卻不見蹤跡。說明北魏統一敦煌以後，敦煌文化雖然受到了中原的衝擊，但其佛教的發展與中原地區並不完全同軌。

● 麥積山石窟

麥積山位於天水市東南四十五公里，孤峰獨起，宛如農家積麥之狀，因而得名。麥積山西南、南、東三側的峭壁上，現存歷代開鑿的石窟一百九十八個，上下重疊十餘層，飛棧相連，景象壯觀。該石窟群分西崖、東崖兩大區，目前保存壁畫一千餘平方公尺，造像一萬兩千餘軀，以泥塑為主，但也有少量的石雕和石胎泥塑。

天水屬秦州，十六國時先後為前秦、後秦和西秦所統治，這些國家的君主都崇佛甚篤，佛教很早便在天水地區流傳開來，所以麥積山與佛教的淵源甚深。《高僧傳‧玄高傳》載，五世紀初，來自長安的著名禪僧玄高（402～444）即曾隱居麥積山，當時跟從玄高在此修習禪法的僧侶約有百餘人之多。可見，五世紀初，麥積山已有佛事活動。根據麥積山石窟第3、4窟間崖面上南宋紹興年間（1131～1162）的題記，以及崇禎十五年（1642）〈麥積山開除常住地糧碑〉的記載，許多學者認為麥積山石窟始建於五世紀初的後秦時期。不過從石窟內所發現最早的題記和早期窟洞的風格特色來看，現存麥積山諸窟中，時代最早的石窟應開鑿於北魏文成帝復法以後。歷史上麥積山曾數度遭到強烈地震的破壞，山體南側因地震崩塌而陷落，形成了一大片空白的崖面，此一崖面本是早期洞窟的集中區，或許十六國所鑿造的早期窟洞原來就在這個地區，只是如今已難窺原貌。

北魏是麥積山石窟開鑿的鼎盛時期，在第115窟正壁佛座正面，發現了景明三年（502）上邽鎮司口張元伯的開窟發願文，是麥積山石窟中最早有紀年的題記，為麥積山石窟分期斷代的重要根據。依據石窟、造像等特徵，筆者將麥積山的北魏窟分為三期：第一期約為西元470年至孝文帝遷都洛陽（494）以前，第二期約為太和十八年至永平年間（494～511），第三期約為延昌年間至北魏滅亡（512～534）。

位於西崖中部第74窟和第78窟，是麥積山現存石窟中年代最早的兩窟。二者的平面近長方形，頂略呈穹窿形，敞口。窟內有一ㄇ形壇，壇上為三尊跌坐佛像，正壁坐佛右手作施無畏印，兩側各有一脅侍菩薩；兩側壁的坐佛皆作禪定印，三佛的形體高大，充滿全窟，代表三世佛。正壁左右上側各開一個小龕，龕內分別作手作轉法輪印的

交腳菩薩像和半跏思惟菩薩像。第 74、78 兩窟開鑿時間與形制一致，大小近似，布局雷同，位置相近，為一組雙窟。

　　1965 年在第 78 窟的低壇上剝出供養人行列及墨書題記，這些供養人頭紮巾幘，上穿窄袖長衫，下著緊口褲，是太和十年孝文帝改制之前的鮮卑服裝樣式。墨書題記中發現「仇池鎮經生王□□供養十方諸佛時」、「仇池鎮楊□□□養□□□□□」等文字。太平真君四年（443），北魏滅氐人楊氏所建的仇池國，七年（446）設置仇池鎮。因為設鎮之時正值太武帝滅法之際，所以推測這兩窟開鑿於廢佛時期（446～452）的可能性很低；再加上，雲岡石窟直到第二期始有雙窟的出現，故推斷麥積山北魏第一期窟的起始年代應不早於西元 471 年。

　　第 78 窟主尊坐佛（圖 83）髮刻淺波紋，面相方圓，直鼻大眼，雙目平視，身著右袒僧祇支，外罩覆肩袒右式袈裟，雙肩齊挺，胸廓寬厚飽滿，具雄健之風。這些佛像袈裟貼體，衣紋為凸起的寬泥條，中間陰刻細線，線條繁密。左臂衣紋呈燕尾狀分叉，和雲岡第 20 窟的坐佛（圖 48）彷彿。這些坐佛的上身較短，臀部和趺坐兩腿的銜接不自然，膝頭處理生硬。第 74 窟的脅侍菩薩（圖 84）右手執瓶，左手持花，頭戴三珠寶冠，寶繒垂肩，戴大耳璫，佩臂釧和手鐲。袒露上身，斜披絡腋，肩披天衣，下著裙裳，身軀高佻瘦長，薄衣貼體，曲線畢露，這些都是麥積山早期造像的特色。

▲圖 83　佛坐像　北魏　甘肅天水　麥積山石窟第 78 窟　正壁

　　第一期稍晚的洞窟規模明顯變小。第
80、100、128、144、148 等窟還出現了三壁
兩龕的形制。四壁上部出現列龕，龕內影塑佛
坐像、二佛並坐像、一佛二菩薩等。同時，
有些石窟的壁面還出現泥塑小臺，臺上則貼
影塑，如第 80、100 窟。主要造像組合和第
74、78 窟相同，仍以三佛二菩薩為主，有些
石窟在前壁又安置了兩脇侍菩薩，如第 100、
128 窟。

　　第 115 窟是第二期的代表窟，此窟是一座
平頂方形小窟，窟內布局簡單，正壁為一坐佛
（圖 85），兩側壁各有一菩薩侍立，上部有一
列小佛像。雖然此窟主佛也穿覆肩袒右式袈
裟，和第 74 與 78 窟的主佛的服裝相同，可是
該佛面形呈橢圓形，雙目細長，五官娟秀集
中。腰部拉長，臀部和腿部結構的處理合理，
造型趨於清秀典雅。胸部肌肉較富彈性，雕塑
手法細膩。衣紋線條流暢，與身體動作的關係
較為緊密。值得注意的是，在主尊的背光中還
出現了體態輕盈的漢式飛天，這種一方面保留
著早期造像的風格特點，另一方面又呈現新的
漢化元素，正是第二期洞窟的重要特徵，類似
的表現亦見於第 114 窟。此窟的主尊內著交領
內衣，外披褒衣博帶式袈裟，穿著明顯受到漢
文化的影響，影塑飛天也採身軀纖細、天衣飛
舞的漢式樣貌；不過此窟採用了第一期窟三壁

▲ 圖 84　脇侍菩薩　北魏　甘肅天水
麥積山石窟第 74 窟　正壁

兩龕形制，兩側脇侍菩薩造型和服裝樣式都與第一期的風格相近，充分展現了新舊樣式
並存的過渡現象。

　　第二期以方形平頂窟為主流，第一期洞窟流行的交腳菩薩和半跏思惟菩薩對稱的組
合仍然流行，有的置於龕內，有的置於影塑臺上。在尊像的組合上，上承第一期的傳
統，多為一佛二菩薩的組合和三佛，但在第 155 窟出現一佛二弟子的組合，且又出現了
三壁三龕的新形制，這些表現都開第三期窟的先河。

　　第三期是麥積山開窟造像最盛的時期，不但數量劇增，同時石窟形制也有較大的變化。北魏晚期麥積山石窟的主要形制有三：一為前期流行的方形平頂窟；二為圓拱頂小龕；三為方形覆斗頂窟，窟頂中心有藻井。覆斗頂窟為第三期的新窟形。此時三壁三龕窟依然流行。還出現大型的第133窟，該窟為橫長方形有二後室，類似漢代的崖墓建築形式，形制特殊。石窟壁面開鑿小龕的作法逐漸消失，起臺貼影塑或直接貼於壁面的作法盛行。塑像組合變化多端，除一佛二菩薩、三佛外，還有一佛二菩薩二弟子、一佛一弟子一菩薩二力士，或一佛二弟子二菩薩二力士的組合樣貌；在第三期的一些洞窟裡還發現菩薩與頂有螺髻身披袈裟的辟支佛、或弟子與辟支佛作為主尊脅侍的例子，顯然受到了洛陽及其周圍地區佛教造像的影響。

▲圖85　佛坐像　北魏景明三年(502)　甘肅天水麥積山石窟第115窟　正壁

　　第三期造像完全漢化，以第142窟的正壁三尊像（圖86）為例，主尊坐佛剃髮，額方面長，秀目薄唇，眉眼和嘴角皆露笑意，形貌親和。頸項細，肩胛瘦。內著僧祇支，腰間繫帶，外披褒衣博帶式袈裟，衣服寬鬆，袈裟的衣襬垂於臺前，褶襞層層重疊，作四瓣狀，下襬邊緣作弧形，衣紋以刻線為主，疏密有致，線條柔暢流利，富韻律感。脅侍菩薩內著僧祇支，天衣於腹前交叉，柳腰輕移，衣裙隨風飄展，姿勢自然。第121窟為一座三壁三龕窟，三龕內的主尊坐佛或為宋修，或為宋塑，已非北魏晚期原貌，但其他脅侍人物多為原作。正壁龕左側的辟支佛和左壁龕右側的脅侍菩薩像（圖

87），眉眼細長，五官娟秀，溜肩含胸，身軀纖長，俊逸清麗，是典型的秀骨清像。脇侍菩薩頭梳扇形髻，不佩任何瓔珞，身穿交領大袖衣，天衣於膝前交叉，類似的造型亦見於龍門石窟。有趣的是，這兩位脇侍雖屬不同龕像，但位置靠近，且二者的頭略向前傾，好似在交頭接耳，竊竊私語，增添了不少生活氣息，這種世俗化的傾向是第三期造像重要的特色。此時麥積山工匠對人物性格的刻畫更為細微，第 133 窟第 9 龕的小沙彌清俊溫雅，第 87 窟的迦葉雙眉緊蹙，飽經風霜，都是膾炙人口的佳作。

▲ 圖 86　坐佛三尊像　北魏　甘肅天水　麥積山石窟第 142 窟　正壁

和敦煌與中原的造像相比，麥積山北魏晚期的造像體態修長輕盈，衣紋線條流利，造型特別秀麗瀟灑，更接近南朝漢人的審美觀，這可能與麥積山的地理位置有關。天水東通關隴，南達巴蜀，是絲綢之路東西往來與陝甘蜀道南北交匯的咽喉，與南方關係密切。

　　在造像題材方面，麥積山北魏洞窟多以三世佛和釋迦佛為主尊。在三世佛方面，一般為三尊坐佛，第三期時出現了二尊坐佛與一尊交腳彌勒菩薩或二尊坐佛與一尊倚坐彌勒佛的組合形式。雖然北魏洞僅有第 165 窟和第 169 龕是以交腳彌勒菩薩像為主尊，可是麥積山北魏的洞窟中，自第一期至第三期，交腳彌勒菩薩和半跏思惟彌勒菩薩對稱出現的現象屢見不鮮，可見，彌勒也是麥積山北魏造像的重要題材。除此之外，麥積山北魏窟中的龕像和影塑中還發現了許多二佛並坐和千佛，說明法華信仰在麥積山也有流傳。

▲ 圖 87　脅侍辟支佛與脅侍菩薩　北魏　甘肅天水麥積山石窟第 121 窟　正壁、左壁

第五章

北朝佛教美術（二）：
東魏、西魏和北齊、北周

❀ 歷史背景

　　北魏末年，政局紛亂，國家動盪不安。永熙三年（534）七月，北魏孝武帝不滿高歡（496～547）的專橫跋扈，西奔長安，投靠宇文泰（505～556）。同年十月，掌握三州六鎮兵民的高歡立清河王元懌之孫元善見為帝，是為孝靜帝（534～550 在位）。高歡認為洛陽土地褊狹，且久經戰亂，又地近蕭梁，故力主遷都鄴城（今河北臨漳縣西南）。孝靜帝即位後便接受高歡的建言，遷都鄴城，洛陽大量的人力、物力轉而流入鄴城。十二月，宇文泰毒殺孝武帝，另立南陽王寶炬，是為魏文帝（535～551 在位），定都長安。自此，北魏遂分裂為二。東魏以鄴城為都，高歡掌政；西魏以長安為京，宇文泰專權，所以表面上雖是東、西兩魏的分庭抗禮，但實際上卻是高歡與宇文泰兩個政權的對峙較勁。

　　東魏武定五年（547）高歡病故，長子高澄以大將軍、渤海王之名繼續掌權。他凶橫暴烈，武定七年（549）被刺身亡後，其弟高洋繼任丞相，把持政事。次年（550），高洋廢東魏主，自稱齊皇帝，建立北齊（550～577），史稱北齊文宣帝（550～559 在位）。西魏恭帝三年（556），宇文泰因病而亡，臨終前將國家的統治權交付長兄之子宇文護（513～572）。宇文護掌權後，便推宇文泰之子宇文覺代西魏稱周天王，是為北周孝閔帝（557 在位），不過軍令政務仍出自宇文護之手。北齊、北周（557～581）分裂

之初，北周的實力遠遜於北齊。天和七年（572）北周武帝宇文邕（560～578在位）殺宇文護後，勵精圖治，集權中央，擴大兵源，並推動多方面的改革，北周國力日盛。天和七年（577）攻陷鄴都，齊亡，完成了北方的統一大業。大定元年（581），北周大丞相楊堅接受靜帝的禪讓即位，是為隋文帝。開皇九年（589），隋朝平定南方的陳朝，中國才又恢復了統一的局面。

自北魏滅亡至隋文帝統一南北，短短五十餘年之間，中國處於東魏、西魏、蕭梁以及北齊、北周和陳朝三足鼎立的局面，東西和南北對峙，征戰不斷，王室、貴族殘暴，政治腐敗，民不聊生，百姓生活困頓，佛教不但成為人們的精神慰藉，有的甚至於出家為僧，躲避調役。再加上大部分的東、西魏、北齊和北周君主與權貴都支持佛教，因此，佛教擴散至中國北方社會的各個階層。

東魏遷都鄴城，大批的洛陽僧尼隨之東移，東魏、北齊繼承了北魏洛陽佛教的傳統。這段期間，高氏政權積極提倡佛教文化，來中原遊學參訪的西域高僧不絕於履，中天竺的瞿曇般若流支、烏萇國的毗目智仙和那連提黎耶舍等都受到北齊帝王的禮遇。一時鄴都譯經、禪修及義學高僧雲集，很快地取代了洛陽而成為當時的佛教中心。

東魏、北齊的每位皇帝均通曉佛理，篤信佛教。其中，尤以北齊文宣帝奉佛最誠。他深通佛教義理，與當時的佛教高僧真玉、慧嵩、靈裕（518～605）等皆有往來，又曾請法上（495～580）講解《涅槃經》，請靈幹宣說《華嚴經》和《十地論》。他還禮敬精通禪法的僧稠（480～560），為僧稠在鄴都建雲門寺。文宣帝不但潛心修禪，更敕令國內各州設置禪寮。此外，他又任命法上為昭玄大統，奉為戒師，更在僧稠的開示下，將國儲分為三份，「一以供國，一以自用，一供三寶。自是徹情歸向，通古無倫。大起寺塔，僧尼滿於諸州。佛法東流，此焉盛矣。」據說，在北齊僧官的管轄下，就有僧尼四百餘萬，寺院四萬餘所，當時佛教的勢力真是如日中天。

西魏、北周的佛教雖然無法與東魏、北齊相提並論，不過西魏和北周的皇帝與掌權者也大多信佛。西魏文帝與丞相宇文泰不但廣建佛寺，西魏文帝還時常口誦《法華經》，宇文泰更興隆佛教，府第之內常供養百餘位法師，與他們討論大乘佛法。北周初期，宇文護專權，直到天和七年周武帝宇文邕誅殺宇文護以前，北周的實權一直掌握在宇文護的手中。明帝（557～560在位）敕命營造大陟岵、大陟屺寺，並大度僧尼。保定元年（561）宇文護任命僧實為昭玄三藏，又「興隆像教，創製仁祠，凡造法王、彌勒、陟屺、會同等五寺」，且「持戒四部，安居二時，恒轉法輪，常凝禪室」。在他當權

期間，風吹草偃，北周顯貴和民間也競相建造佛寺、抄寫佛經、造像供養，佛教發展更盛於西魏。武帝即位之初，「本循例事佛，造功德。」親政以後，武帝屬行富國強兵政策，經過多次的三教論爭，於建德二年（573），宣布儒教為三教之首，道教次之，佛教最後。次年（574），正式下詔禁毀佛、道二教，燒毀經像，命令沙門、道士還俗為民，沒收寺院財產，此即中國佛教史上的第二次法難。北周滅齊以後，也在齊地嚴格實施黜佛政策。於短短四年期間，八州就有四萬所寺院充作貴族宅第，三百萬僧尼被迫還俗，焚毀經像無數，佛教幾乎陷於廢絕的邊緣。武帝崩殂後，宣帝（578～579 在位）繼位。大成元年（579）二月宣帝傳位於年僅七歲的靜帝（579～581 在位），自稱天元皇帝，改元大象，敕許復興佛教，佛教徒始逐漸走出廢佛的陰影。

❀ 佛教美術

　　根據文獻，東魏、西魏和北齊、北周佛教藝術，不但在數量上更勝於北魏，同時在藝術風格和圖像表現上也屢有突破。北齊一代，皇家建寺就有四十三所，上行下效，一時貴族、百姓競相營造佛寺。《續高僧傳・靖嵩傳》記載，北齊時期，鄴都的大寺約略就有四千。這些寺院必設尊像供人禮拜，藻繪壁畫莊嚴佛殿，鄴城無疑是當時佛教藝術的中心。

　　西魏、北周亦上承北魏的傳統，重視建寺、造像等宗教行為。西魏時期，文帝在長安建般若寺、大中興寺及陟岵寺，宇文泰又造天保寺、壽山寺、梵雲寺和大福田寺。文帝乙弗后還在秦州「鑿麥積崖為龕而葬」。北周孝明帝二年（558），為先皇敬造盧舍那三尊的織像一幅，高二丈六尺；又造十二軀等身的檀像，每尊均有菩薩和金剛力士作為脅侍，麗極天成，妙同神製。即使是後來廢佛的北周武帝，在武成二年（560）還為其父宇文泰造丈六釋迦像和二百二十座金剛師子寶塔。據說，武帝所造的寧國寺、會昌寺和永寧寺，「飛閣跨中天之臺，重門承列仙之觀，雲甍藻梲，繡柱文楣」，想必華麗非凡。宣帝復佛之後，即造素像一萬軀，寫《般若經》三千餘部。可見，其想恢復慘遭破壞經像傳統的急切心情。

　　兩魏和北齊、北周時期，不少天竺和西域的畫僧東來，不但帶來新的佛教圖像，也帶來新的繪畫風格，刺激了中國佛教藝術新風貌的產生。天竺禪師僧伽佛陀，曾在嵩山少林寺作畫，姚最稱他的畫作「華夷體殊」，他的繪畫技法顯然和中土傳統大異其趣。北齊繪畫名家曹仲達以擅畫梵像和西方瑞像著稱，《圖畫見聞志》說曹氏的畫風「其體

稠疊，而衣服緊窄，故後輩稱之曰：吳帶當風，曹衣出水」。這種衣服貼體，衣紋繁密，人物曲線畢露的「曹衣出水」作風，人稱「曹家樣」，對中國的人物畫影響甚鉅。可惜由於年代久遠，再加上中國歷史上數次嚴酷的毀佛事件，文獻記載的這些北朝名寺、佛像和畫作無一倖存，以至於我們無緣目睹它們的丰采。所幸部分造像埋入地下，得以存留，有些石窟遠離城區，得免於難。就讓我們從這些豐富的遺存，一睹當時佛教藝術的風貌。

🌱 佛教雕刻──單體石雕、碑像

　　北周廢佛，始於華北西部，對陝甘地區的單體造像破壞遠較東部的冀、豫、魯諸省更為嚴重，所以這一時期的單體碑像和金銅佛像中，東魏、北齊的數量遠遠超過西魏、北周。1954 年河北曲陽修德寺遺址發現石造像兩千兩百多件，其中以東魏、北齊的造像居多。1996 年山東青州龍興寺的窖藏中出土了四百餘軀北朝石造像，也多為東魏、北齊的作品。2012 年鄴城考古隊在鄴南城遺址北吳莊清理一個石造像埋藏坑，出土石造像二八九五件（塊）。考古簡報指出，這次出土的佛教石造像的時代主要是東魏、北齊時期。2004 年以來，西安陸續出土了數批北周佛教造像，這些造像形體高大，雕刻技法純熟。上述這些出土的造像增進了我們對北朝晚期佛教造像的認識。

　　東魏和西魏的國祚甚短，僅十餘年，其早期的造像大體與北魏晚期的風格近似，例如京都藤井有鄰館藏東魏天平二年（535）張白奴造彌勒佛立像、北京故宮博物院藏東魏興和三年（541）樂零秀造觀世音菩薩立像、美國芝加哥藝術學院博物館藏西魏大統五年（539）劉府弟康生造菩薩五尊像、上海博物館藏西魏大統六年（540）陳迴黨等造釋迦牟尼佛碑像等，幾與北魏晚期的作品如出一轍。但有一些作品的造像風格有較明顯的變化，以山東青州市博物館收藏的一件立佛三尊像（圖 88）為例，此作彩繪貼金，主尊立佛頂有小螺髮，額方頰豐，眉長眼秀，五官細緻，顴骨較高，嘴含笑意，表情自然。胸部略歛，比例勻稱，身軀肌體表現較北魏晚期造像圓潤。衣紋僅以數條淺階梯式的線條來表示，手法簡潔。衣裙下襬貼近身側，不再誇張地向兩側展揚，小腿的輪廓隱約可見。與北魏晚期造像相比，東魏的雕刻家顯然對人體的觀察更為仔細，在雕刻刀法方面，圓刀法的使用逐漸普遍，對肌膚質感的處理更為細膩。脇侍菩薩像的頭冠低平，身上的瓔珞交叉，於腹前由一環璧連接，不過右脇侍菩薩的腰上繫帶，左脇侍菩薩則無，這種不完全對稱的安排方式，在山東地區的造像中時有發現。更引人注意的是，主尊立佛兩側各有一隻龍，口吐長莖荷葉與蓮臺，以承托二脇侍菩薩，這是山東青州造像的典型特徵。

▲圖88　立佛三尊像　東魏　山東青州龍興寺遺址窖藏出土　青州市博物館藏

　　西魏的佛教造像，在石窟以外的作品數量較少，今藏於山西省博物館的大統十四年
（548）的石佛立像，是西魏晚期造像的一件精品。雖然此像與上件東魏的作品一樣，
衣服下襬不再作銳角狀地向外張揚，衣紋採陰刻雙線表示，表現手法簡潔，可是此像臉
圓頰豐，頸粗肩厚，身軀飽滿，雄渾壯碩，與東魏瀟灑秀美的風格壁壘分明。

　　北齊取東魏而代之，造像活動十分活絡，又出現了大量的單尊圓雕佛造像，是繼北
魏以後，北朝佛教藝術創作的另一高峰。北齊的坐佛（圖89）雕造細膩，臉形渾圓，
肉髻低平，兩頰豐潤，五官起伏處理細膩，眼睛下視，神情靜謐，沉潛端嚴。身軀較東

魏壯實，量感增加，肌理起伏處理細膩，人物造型與北魏晚期流行的秀骨清像截然不同。佛像不再穿著褒衣博帶式袈裟，袈裟的衣端披覆於右肩上，露出部分右胸，衣褶疏朗簡化。袈裟的下襬縮短，平鋪於臺座之上，不再垂落於臺座前，衣褶變化與身體動作的關係日漸密切，觀者可以感覺到衣下有一身軀實體的存在。然仔細觀察北齊各地的造像風格，在大同之中，仍可發現一些差異。

　　河北出土的佛雕多為白色大理石，色澤溫潤潔白，部分像上尚餘彩繪殘痕，顯示這些河北作品原來應該色彩斑斕。美國克利佛蘭美術館所藏的一件北齊造像（圖90），雕刻精美，可謂河北北齊背屏式造像的代表作。這件造像的主尊立佛右手作施無畏印，左手作與願印，立於背屏中央。兩側各有一尊弟子和菩薩作為脅侍。背光以朱紅繪出雲紋，並用不同層次的浮雕刻畫蓮花、纏枝忍冬紋、摩尼寶珠、蓮花化生、飛天等，背光頂部雕二童子和二飛天合擎方形單層寶塔。全作雕飾華美，層次分明。立佛肉髻低平，頂有小螺髮，額角圓潤，面圓頰豐，五官集中，身軀結實，具體量感。衣褶以陰刻雙線來表現，袈裟和長裙的下襬貼近兩腿，自然垂落，顯示出袈裟質地的柔軟。腰際束起的僧祇支，形成自然的褶皺，同時佛與菩薩的

▲ 圖89　佛坐像　北齊　英國倫敦維多利亞與愛伯特博物館藏

腿部輪廓隱約可見，而菩薩胸部微微起伏，小腹鬆軟突鼓，這些處理方式都較東魏的造像更加細膩與寫實。菩薩上身全祖，下著長、短兩條裙子，短裙及膝，與邯鄲北響堂山石窟北洞中心柱南、北兩側龕脅侍菩薩（圖104）穿著類似，這種服裝樣式新穎而特殊，應是受到外來文化的影響。佛足兩側各雕一龍，回首張嘴，口吐蓮葉和脅侍比丘與菩薩腳下的蓮臺。許多學者已經指出，脅侍菩薩足踏螭龍銜著的蓮臺，是山東東魏造像最突出的一個區域特色。由此可見，河北的北齊造像已融入了山東造像的元素。

在河北的造像裡，最具代表性的當屬透雕背屏式造像，臨漳縣鄴城遺址出土的坐佛七尊像（圖 91）即為一典型的例子。此作由主尊坐佛和二比丘、二辟支佛和二菩薩，以及透雕背光、方形佛座組成。雙面雕樹形背光，二層透雕四棵樹幹和茂盛的枝葉，枝葉邊緣合為單層。此像的正面雙樹和飛天等的鏤雕分為前、後兩層，七尊像上方各雕四身手執華繩的飛天，佛頂中央雕一獸面，其上刻一龍，身軀在上，頭向下回首望著主尊。背面的樹枝上尚雕九尊坐在蓮花上的佛像。全作雕工繁複，精美絕倫，北齊河北匠工的巧思和精湛的工藝實在令人佩服。

▲ 圖 90　立佛五尊像　北齊
美國克利佛蘭美術館藏

▲ 圖 91　坐佛七尊像　北齊　河北臨漳
鄴城遺址出土　河北博物院藏

在青州的北朝佛教造像中，最令人驚豔的是北齊造像。北齊時，青州背屏式造像明顯減少，取而代之的是大量的單體圓雕像，同時造像風格銳變。佛像肉髻低平，額平頤豐，五官秀美，雙眼俯視，唇線清晰，嘴角含笑，神情靜謐而祥和。肉髻或平素無紋、

或作螺髮。螺髮或為小顆粒狀、或刻渦形紋及散旋紋等。衣褶或作凸稜線條、單陰刻線、雙陰刻線、淺階梯式、或以混合式的手法來處理，有的甚至於完全不刻畫衣紋，僅見領口和袈裟的邊緣，表現手法變化多端，但整體而言，衣紋較東魏造像簡化許多。佛像的袈裟有偏袒右肩式、偏袒右肩並露左臂式、覆搭雙肩袒露右胸式、通肩式、雙領下垂式、雙領下垂並附鉤紐式、褒衣博帶式等，琳琅滿目，袈裟樣式之多位居北齊諸地區造像之冠。

青州佛像（圖 92）身軀纖長秀麗，腰線較高，由於佛衣輕薄貼體，曲線畢露，身體結構清晰可見。臂胛削瘦，腰肢纖細，臀部窄小。胸腹輕微地起伏變化，細膩地表現出肌膚柔軟的質感，袈裟和長裙下的兩腿隱約可見。這種注重身軀肌理的表現觀念和河北、河南的佛像迥然不同，很可能是受到笈多造像的啟迪。不過和笈多鹿野苑造像相較，青州佛像五官娟秀，神情溫雅，體形修長，和笈多造像的氣韻有別。由於青州雖為北齊的領地，鄰近的江淮地區原為南朝領土，後為東魏、北齊趁侯景之亂（548～552）出兵征服所得，且青州近渤海灣，經由海上交通，北齊與天竺、南海諸國還可能直接往來，因此南朝、印度和東南亞的造像藝術，都為青州北齊造像注入新的養分，而青州造像也在吸收借鑑外來風格的同時，不斷地創新，形成了豐富多樣的北齊青州樣式。

在青州的北齊菩薩像中，雖然也發現一些裝飾簡樸的菩薩像，但大體而言，北齊菩薩像的裝飾華麗，如龍興寺遺址窖藏出土的觀音菩薩立像（圖 93），頭戴華冠，冠中有一化佛，身上佩戴的瓔珞極為繁縟，胸前環狀胸飾，兩肩披掛由寶石及數股細珠串成的華繩、珊瑚等組成的長瓔珞，瓔珞於小腹前交叉，交會處尚飾如意寶珠。這些瓔珞精雕細琢，極盡華麗之能事，可是匠師將瓔珞和飾帶以及瓔珞與天衣的交疊關係，處理得有條不紊，類似的裝飾手法在許多青州龍興寺窖藏出土的北齊菩薩像上均可發現。

山西位於北齊的西境，該地造像額圓臉長，眼平鼻直，五官線條勁直，肌膚質感的表現不如河北、山東的細緻。腰

▲ 圖 92　佛立像　北齊
山東青州龍興寺遺址窖藏
出土　青州市博物館藏

肢粗壯，更具量感。身體仍被厚重的衣裙所遮掩，衣紋對稱布排，輪廓不如東部造像清晰，與河北和山東秀雅的風格大相逕庭。

從現存的碑像遺物觀之，北周的佛教造像無論在量上或是質上，都比北齊遜色許多，不過在西安出土大型的北周單體圓雕立佛卻引人注目，乃北周都城造像的代表。這些立佛的石材皆為石灰岩，體形高大，多著通肩式袈裟，右手作施無畏印，左手握著袈裟的衣角。其肉髻低平，多作小螺髮，項有三道。面形方圓，面長和面寬的比例將近 1：1，五官分布均勻，頭額窄短，雙眼微張。兩肩略窄但胛臂厚實，腹部微鼓，身軀豐碩，雙腿粗壯，具體量感。全身的重心平均置於兩腳，姿勢挺正。整體而言，北周造像比北齊更加敦實。袈裟和裙襬略微外張。許多立佛立於覆蓮或仰覆蓮臺之上，下有方座，有的方座四角還雕獅子。在衣褶的表現上，長安的造像變化多端，或作淺階梯式，或衣襞微隆。有些造像的袈裟自右肩自然垂落，衣紋以半弧線和直線交錯而成；有些袈裟的衣紋僅以簡潔的長弧線條表現；有的佛像上身和兩腿的衣紋呈 U 字形線條，雙腿中間的衣褶形成了一條寬帶，如西安碑林博物館所藏的佛立像（圖 94），以彰顯渾圓的兩腿，為北周時期長安造像衣紋表現的重要典型。

▲ 圖 93　觀音菩薩立像　北齊　山東青州龍興寺遺址窖藏出土　青州市博物館藏

西安市未央區崗家村出土的一尊觀音菩薩立像（圖 95），其面形、五官特徵、微鼓的小腹、矮胖粗壯的身軀、寬大的衣襬等都與長安出土的立佛相似。祂頭上所戴的寶冠，由蓮花、如意寶珠、化佛組成。身上瓔珞的佩戴方式雖與北齊造像有些相似，可是胸前的項圈寬大，上緣由數道細小連珠組成，下緣中間又垂有墜飾，長條瓔珞由華繩、寶花、珊瑚組成，又懸鈴鐺，有些北周的菩薩像腰際還懸玉佩、環璧等，裝飾繁縟富麗。

▲圖94　佛立像　北周　西安碑林博物館藏　　　▲圖95　觀音菩薩立像　北周　陝西西安市未央區崗家村出土　西安碑林博物館藏

　　隨著佛教義理思想的注重，東、西魏和北齊、北周佛教單尊造像的題材也有了相當的變化。釋迦和彌勒的重要性逐漸減低，彌勒菩薩像的數量減少，觀音造像則顯著增加，無量壽佛的比例明顯提升。最值得注意的是，根據單尊造像銘記中尊名統計，北齊時，盧舍那佛的數量增多。盧舍那佛為華嚴教主，這類尊像的流行，反映出《華嚴經》在北齊受到相當的重視。目前蒐集到與盧舍那佛像相關的資料，以山東地區的數量最多，上海震旦博物館藏中，有一件立佛殘像（圖96），此像的頭部雖殘，然彩繪保存完好，袈裟上尚見貼金與彩繪的坐佛、菩薩、飛天、地獄等六道圖像，是一件十分難得的石雕彩繪法界人中像。另外，河北地區特別流行半跏思惟菩薩像。依據題記，這種形象

的菩薩或稱思惟、龍樹思惟、太子思惟或彌勒像。此外，該地還出現了特有的雙觀音與雙思惟的造像，其產生的原因，尚無定論。

石窟藝術

東西魏分裂至隋代統一以前，隨著國都的東移與西遷，原本洛陽附近興盛的開窟活動銳減。現存重要的東西魏、北齊、北周石窟有天龍山石窟、安陽石窟、響堂山石窟、敦煌石窟、麥積山石窟和須彌山石窟等。以數量來說，雖然東魏、北齊的石窟遠遜於西魏、北周，可是它們有不少獨創之處，在中國佛教石窟發展史上地位重要。

• 天龍山石窟

天龍山石窟開鑿於山西太原西南四十公里天龍山東、西兩峰南坡的山腰間，共有大小石窟二十五座，二十世紀初期遭到多次盜鑿，再加上該地的石質鬆軟，造像風化嚴重，是中國破壞最嚴重的石窟群之一。天龍山各窟規模不大，東峰有十二窟，分上、下兩層；西峰則有十三窟。其中，第2、3窟為東魏窟，第1、10和16三窟為北齊窟，其餘諸窟則陸續開鑿於隋唐時期（581～907）。

▲圖96　法界人中像　北齊
上海震旦博物館藏

東魏、北齊時，鄴城雖為國都，不過晉陽（今山西太原）為高氏父子開基立業之地，東魏時，高歡便在晉陽建大丞相府，坐鎮晉陽，遙制鄴都；高澄掌權以後，也時常往來於晉陽和鄴都之間。北齊時，文宣帝又定鄴城為上都，晉陽為下都。北齊帝室夏居晉陽，秋居鄴城。東魏、北齊時，晉陽不但是當時的軍政中心，受到掌權者與帝王崇佛風氣的影響，佛教盛極一時，天龍山石窟的東魏、北齊窟的開鑿便是證明。

位於東峰的第2、3窟，是天龍山石窟現存時代最早的石窟，也是中國少數東魏石窟遺例之一。這兩窟毗鄰相接，均為中型窟，大小相近，平面都作方形，覆斗頂，頂心有大蓮花，四披浮雕飛天。沿著窟內的壁面鑿一低壇，壇上正壁和左右兩壁各開一龕，

正壁為結跏趺坐佛三尊像，左右兩壁則為倚坐佛三尊像。龕外壁面淺浮雕千佛、維摩詰、文殊、比丘、供養天、供養人等圖像。全窟的設計左右對稱，結構嚴密，布局簡潔。由於第2、3窟的結構布局大體相同，兩窟間的崖面上還有一螭首碑，這兩個石窟必是一組雙窟無疑。雙窟的設計在雲岡和鞏縣石窟中皆有發現，三壁三龕又是雲岡、龍門和鞏縣等北魏晚期石窟常見的布局方式，天龍山第2、3窟的形制顯然上承北魏石窟傳統。

▲圖97　佛坐像　東魏　山西太原　天龍山石窟第3窟正壁

　　天龍山第2、3窟破壞嚴重，窟內所有尊像的頭部均殘，1980年代文管單位根據舊照片重新補刻安上，近年又將大部分的佛頭取下。兩窟的佛像身後皆有舟形背光，正壁龕內的主尊坐佛（圖97），身著重層褒衣博帶式袈裟，佛衣衣襬覆壇呈外展式下垂，垂懸的褶襞線條具韻律感，富裝飾效果；側壁的倚坐佛（圖98）衣襬略向外張，衣襞以平刀的階梯手法處理；脅侍菩薩雙肩略溜，含胸，衣著保守，內著僧祇支，下著長裙，天衣於腹部或交叉，或穿環而過，裙擺呈銳角硬直外揚，仍然見北魏晚期菩薩像的遺風。不過這些佛像和菩薩像的身體拉長，軀幹渾厚，坐佛小腹微突，量感增強。衣紋舒展流暢，須彌座上的懸裳衣襞轉折以波浪式圓弧來表現，這些特徵和北魏不同，是典型的東魏特色。最引人注意的是，天龍山第2、3窟的匠師又運用了淺浮雕和線刻的技法，來刻畫千佛、維摩詰、文殊、比丘、飛天、供養人等，巧妙地結合了二度與三度空間的表現手法，豐富了中國雕刻藝術的表現語言。此外，在龕楣的設計上，東魏也有新的突破，除了第2窟正壁作寶帳帷幕龕外，其他五龕均為尖拱龕，龕梁束蓮，龕楣兩端分飾鳳鳥或龍首，這兩種龕形變成北齊龕形主流。

▲ 圖 98　倚坐佛與脇侍菩薩　東魏　山西太原　天龍山石窟第2窟　東壁

　　位於天龍山西峰的第 16 窟有北齊皇建元年（560）的題記，可作為天龍山北齊窟斷代的依據。第 1 和第 10 窟的特徵都與第 16 窟相侔合，也當是北齊時所開鑿的洞窟。這三窟的主室也都是方形窟，有蓮花藻井，三壁三龕，周壁前設低壇，佛龕的設計也採柱頭施鳳鳥或龍首的尖拱龕形式，都與第 2、3 窟相同。在尊像的配置上，第 1 窟的正壁為倚坐佛三尊像，兩側壁為坐佛三尊像；第 10 窟的正壁為釋迦多寶二佛並坐像，東壁為彌勒菩薩五尊像，西壁為坐佛五尊像；第 16 窟的正壁及兩側壁皆為坐佛五尊像。由此觀之，北魏以來流行的三世佛信仰仍為此時的思潮主流。

不過天龍山北齊窟的設計有不少創新之處，例如在主室的前面，又增加了仿木構式的前廊。佛龕兩側的龕柱為八角形，中飾束蓮，形式比東魏的設計更為華美。在造像的組合上，除了第 1 窟仍採三尊像的形式，第 10 和 16 窟則為一佛二菩薩二弟子的五尊像組合，在門外的兩側各雕一尊身著菩薩裝的力士像，主室基壇多雕神王、伎樂，這些都是在天龍山的東魏窟所不曾發現，明顯受到鄴都附近北齊石窟影響，應與北齊時帝王頻繁往來於晉陽與鄴城之間，促進了兩地佛教和藝術交流有關。另外，第 10 窟窟門內側各雕一天王，第 16 窟東壁龕外南側和西壁龕外南側各有一菩薩裝力士，這樣的配置在北齊窟中十分罕見。

　　在造像風格方面，這三窟也有較明顯的變化。三窟中的佛、菩薩和弟子均面相豐潤圓渾，佛像肉髻低平，第 16 窟還出現了小螺髻的新髮式。兩肩寬厚，胸高腹鼓，身軀豐壯，刀法圓潤，立體性強。部分菩薩像胸腹肌肉的起伏處理細膩。第 10、16 窟頭戴花冠的天王像，轉頭扭腰，衣帶飄動，已有動態的表現。此時的佛像不再穿褒衣博帶式袈裟，而著雙領下垂式或右袒式袈裟。衣襬不再自臺座垂落，而是平鋪於臺座之上，衣褶簡潔疏朗。第 16 窟還出現了單陰刻線和雙陰刻線的衣紋，手法簡練，薄衣貼體，寫實意味漸濃。這些都是北齊造像的特色。

● 安陽石窟

　　安陽石窟共有兩處，一是寶山，一是小南海。寶山位於河南安陽西南約三十公里，武定四年（546）高僧道憑於此創立寶山寺，隋代改稱靈泉寺。寶山寺東側有大留聖窟，西側則有開皇九年（589）隋代高僧靈裕法師開鑿的大住聖窟。過去大部分的學者都根據「魏武定四年道憑法師造」這塊小碑，認為大留聖窟是道憑法師於武定四年所開鑿的石窟。不過，1921 年常盤大定考察時，這通方碑嵌置於靈泉寺大雄寶殿前一座殘殿的牆壁中，並不在大留聖窟附近，所以此碑並不能作為大留聖窟是東魏窟的證據。今觀大留聖窟的三尊坐佛，身軀圓渾，胸部微鼓，袈裟貼體，衣紋作陰刻雙線，疏朗流暢，袈裟衣襬波動，並未自佛座懸落，這些特徵皆與北齊造像（圖 89）一致。另外，此三尊坐佛的背光華麗，流動的火焰紋烘托著數尊坐在蓮臺上的小佛，頭光浮雕蓮瓣圖案，樣式與倫敦維多利亞與愛伯特博物館和上海博物館藏的北齊白石坐佛十分相似。佛壇上的神王像身軀圓鼓豐實，又和北齊武平五年（574）水峪寺石窟的神王彷彿。因此，筆者認為大留聖窟應為一座北齊的洞窟。

　　小南海石窟位於安陽靈泉寺東南五公里善應村龜蓋山南麓，面臨洹水，石窟所在位置破壞嚴重，現存中、東、西三窟。這三窟的形制相同，均為方形窟，覆斗頂，內設

ㄇ形壇，入口下有門檻，窟內的長寬不過一公尺有餘，規模很小，僅容一人坐禪。窟
內正壁雕一尊趺坐佛與二脇侍弟子，左、右兩壁雕一尊立佛與二脇侍菩薩，配置一致。
西窟的壁面無浮雕變相或其他裝飾，造像內容最為單純。東窟窟外立面破壞嚴重，窟內
保存狀況也不甚理想，中窟不但保存得最為完整，且內容也最為豐富。

　　小南海石窟中窟（圖99）四周的岩石已被水泥廠採空，現在就如一巨大的岩石。
依據窟門上方鐫刻的〈方法師鏤石班經記〉，該洞為天保元年（550）靈山寺僧方法師、
故雲陽公子林等始創修鑿，國師僧稠於天保六年（555）重瑩而成。窟內正壁主尊身側
的比丘立像浮雕榜題為「比丘僧稠供養」，是一件難得的早期肖像作品。僧稠為北朝著
名的禪僧，由此推斷，小南海中窟很可能是僧稠修禪的洞窟。

▲圖99　外觀　北齊天保元年至六年(550～555)　河南安陽　小南海石窟中窟

　　此窟坐北朝南，窟門呈拱形，拱形的門楣設計精美，飾有兩隻大鳥、仰覆蓮花紋、
摩尼寶珠、雙龍拱珠等，龍頭在門的兩側口銜帷幔。門側各開一金剛力士龕。龕中的力
士面目殘損，身軀圓潤，臀部擺動，頗具動感。外壁還刻〈華嚴經偈贊〉和《大般涅槃
經‧聖行品》。窟內藻井頂心為一朵大蓮花，四周又飾變形蓮花紋，四披部分飾有三角
垂飾紋和重重帷幔，裝飾繁縟華麗。窟內的造像除了三壁的高浮雕一佛二脇侍像外，壁
面尚以平面減地法雕出經變、供養人、蓮花等，並用陰刻線描繪細部。

正壁坐佛（圖100）半跏趺坐於臺上，背光的頂端浮雕一塔，兩側皆浮雕佛本生故事。左側上部為一趺坐的弗沙佛，旁有一菩薩雙手合掌侍立，即釋迦牟尼佛的前生。此畫面典出《大智度論》卷四，描述釋迦佛前世為仙人時，見弗沙佛入定放光，歡喜禮讚七天七夜，以「天上天下無如佛，十方世界亦無比，世界所有我盡見，一切無有如佛者」一偈讚佛。此偈即刻於菩薩蓮臺下方。其下接著刻一比丘面向主尊坐佛，右手持香爐，面前刻「比丘僧稠供養」六字。

右側畫分為五個情節，由下而上展開。（一）山間流水處有一草廬，內有一人修禪行道，廬外有一外道面對修禪者。其上榜題云：「化羅剎說半偈，諸行无常，是生滅法」。（二）修禪者和外道相對而坐，榜題言：「生滅滅已，寂滅為樂」。（三）修禪者立

▲圖100　正壁　北齊天保元年至六年(550～555) 河南安陽　小南海石窟中窟

於大樹前，欲作上樹狀。（四）一人頭朝下自樹上墜落，下方有外道舉雙手欲承接墜落的修行者。（五）修禪者左手前伸而立，外道叩拜修禪者。上有「羅剎變為帝釋謝菩薩時」的榜題。根據畫面和榜題，知右側的浮雕是在描繪釋牟尼佛前世，在雪山為求法而捨身的因緣，典出《大般涅槃經・聖行品》。

許多學者依據中窟窟外〈華嚴經偈讚〉的「盧舍那佛惠無碍，諸吉祥中最無上，彼佛曾來入此室，是故此地最吉祥」之語，認為正壁主尊坐佛代表盧舍那佛。李裕群的研究指出，正壁兩側的畫面都與釋迦牟尼佛的前世有關，正壁的主尊應是釋迦佛。李裕群的說法頗具說服力。細究之，坐佛東側浮雕在強調釋迦牟尼佛前世的讚佛功德，西側浮雕則著重於釋迦牟尼佛的求法功德。

西壁高浮雕一佛二菩薩三尊立像，佛與菩薩之間的壁面各浮雕一手持蓮花的漢裝供養人，南側是一位裸上身、僅著裙的仙人，左手捧一圓形物，右手持長柄盛開蓮花，是

為鹿頭梵志。其上是依《觀無量壽佛經》所刻的西方淨土，每一景旁皆有榜題，分別作「上品往生」、「上品中生」、「上品下生」、「中品上生」、「中品中生」、「中品下生」和「下品往生」、「五百寶樓」、「八功德水」和「七寶□□樹」，為中原地區現存最早的九品往生圖，彌足珍貴。東窟的西壁也雕有與十六觀相關的情節，不過畫面極為簡略，可以考訂出《觀無量壽佛經》所載十觀的內容。

東壁的造像布排與西壁雷同，亦為一組高浮雕一佛二菩薩三尊立像。在佛與菩薩之間的壁面上，以減地法各雕一位僧人，一位手捧圓盒，另一位則似捧香爐，身後飾長柄大朵蓮花。東壁南側浮雕一袒胸露腹、手持鳥首杖的婆藪仙，與西壁對應位置上的鹿頭梵志，互相呼應。右脇侍菩薩上方根據《觀彌勒菩薩上生兜率天經》，浮雕一右手作施無畏印的彌勒菩薩，在蓮臺上結跏趺坐為眾說法，身旁有七尊合掌聽法菩薩圍繞，下有「彌勒為天眾說法時」的榜題。左脇侍菩薩上方則浮雕一右手作施無畏印的佛像，在蓮臺上結跏趺坐，身側有二菩薩和六比丘雙手合十、跪坐聽法，佛座前有三個法輪，法輪兩側各一隻伏臥的鹿，表現釋迦佛在鹿野苑初轉法輪的樣貌。其下榜題字已磨滅。東窟東壁的圖像與中窟東壁同中有異，在右脇菩薩上方交腳彌勒菩薩的旁邊，又增加了彌勒下生成佛為穰佉王及其眷屬說法和穰佉王剃度出家的畫面。

南壁入口的兩側各有一長柄蓮花，上坐一身穿著一寬袖大袍的俗家人物。上方則雕維摩詰、文殊相對論法的場面，從者眾多。二位主角並置於中央，以天女隔開，增加了故事的戲劇性。

在中窟正龕的壇壁上，中央雕一位侏儒力士雙手上捧博山形香爐，左右各有一隻獅子拱護。東西側的壇壁上，各有三位神王，由於過於殘破，僅能辨識出樹神王和風神王。

中窟的正壁為釋迦佛，東壁淺浮雕彌勒菩薩在兜率天宮說法，西壁上方又刻《觀無量壽佛經》的內容，類似的布排亦見於東窟，故東、西兩壁的立佛應分別代表將於龍華三會中普度眾生的彌勒佛，以及西方淨土的教主無量壽佛。

小南海中窟布局嚴謹，題記內容與造像緊密結合，顯示此窟的設計有嚴密的教義基礎，是探究僧稠佛教思想重要的資料。僧稠是東魏、北齊時的禪學宗師，《續高僧傳》稱其「常依涅槃聖行四念處法，乃至眠夢覺見都無慾想」。中窟正壁雪山聞偈的浮雕正典出《大般涅槃經·聖行品》，而此窟窟外又發現《大般涅槃經·聖行品》的刻經，充

分說明〈聖行品〉在僧稠教法中的重要性。不過佛教文獻並無僧稠與西方淨土或彌勒法門有關的記載，但中窟和東窟西壁皆發現十六觀的題材，東壁又出現了彌勒在兜率天說法與彌勒下生成佛的畫面，顯示他對西方淨土的觀想法門與彌勒信仰都十分熟稔，小南海石窟的圖像可補史料之闕。

●響堂山石窟

　　響堂山石窟在北齊鄴城附近，位於河北省邯鄲市峰峰礦區的鼓山上，窟群分散，包括中段西麓北端的北響堂，南麓的南響堂和東麓的水峪寺（俗稱小響堂）三處石窟。

　　北響堂山石窟的山腳下有一寺，名為常樂，故北響堂山石窟舊稱常樂寺石窟。該石窟群現存九窟，以北洞（又稱大佛洞）、中洞（又稱釋迦洞）和南洞（又稱刻經洞）最為重要。三窟中以北洞的年代最早，依次為中洞、南洞。北洞是北響堂山石窟規模最大，也最華麗的一窟，窟口的內側浮雕大型的禮佛圖，顯示開窟者的身分不凡。其開鑿的年代目前有東魏、北齊二說，《資治通鑑》卷一六○〈梁記十六·武帝太清元年（547）條〉云：「（八月）甲申，虛葬齊獻武王（高歡）於漳水之西，潛鑿成安鼓山石窟佛寺之旁為穴，納其柩而塞之，殺其群匠。及齊亡，一匠之子知之，發石取金而逃。」此乃東魏說的依據。不過《續高僧傳·釋明芬傳》則言：「仁壽（601～604）下敕，令置塔于慈州之石窟寺。寺即齊文宣之所立也。大窟像背文宣陵藏，中諸雕刻駭動人鬼。」因此又有北響堂山開鑿於北齊文宣帝時的說法。《續高僧傳·釋僧稠傳》記載，天保三年（552），文宣帝於鄴城西南八十里龍山之陽，為僧稠建雲門寺，並敕命他兼石窟大寺主，顯見當時石窟寺已頗規模。金正隆四年（1159）〈重修三世佛殿之記〉稱北響堂山石窟「初名石窟，後主天統間（565～569）改智力」，知天統年間以前，北響堂山石窟名石窟寺。由此推測，北響堂山石窟的始鑿年代應在東魏末期，但北洞的形制、造像風格、佛穿著的袈裟樣式、裝飾紋樣等，則呈現北齊的特徵，可見此窟應到北齊文宣帝時才大功告成。根據〈晉昌郡公唐邕刻經碑〉，北響堂南洞前廊和窟外右壁的刻經「起天統四年（568）三月一日，盡武平三年（572）歲次壬辰五月廿八日」。故知南洞的開鑿應在天統四年之前。南響堂山石窟距北響堂山石窟約十五公里，分上、下兩層，共七窟，二窟在下層，五窟在上層。1986年在第2窟門外發現隋代的〈滏山石窟寺之碑〉，確定南響堂山石窟又稱「滏山石窟」，是靈化寺慧義於天統元年（565）所鑿。草創之際，大丞相淮陰王高阿那肱還曾捨財贊助，北周武帝東併（577）之前，南響堂山石窟才剛剛完成。水峪寺石窟距北響堂山僅五公里，有東、西兩窟，西窟的後壁有武平五年（574）的題記，並有「昭玄大統定禪師供養佛」的題銘，說明該窟開鑿於北齊末年。綜上所述，響堂山諸窟的開窟年代，貫穿整個北齊時期。

　　當然，無庸諱言無論是響堂山石窟的規模或石窟的數量，都無法與雲岡、龍門、敦煌和麥積山等石窟相提並論，不過北響堂山石窟為東魏、北齊最高統治階層高氏所開，尚書令唐邕在南洞鐫刻佛經數部，南響堂山石窟曾得北齊佞臣高阿那肱的資助，水峪寺石窟的供養人像中，又有「昭玄大統定禪師供養佛時」的題銘，昭玄大統是北齊地位崇高的僧官。凡此種種顯示，響堂山石窟的營造與北齊皇室和權貴重臣的關係密切，毫無疑問地是北朝晚期石窟研究上最重要的石窟群之一。

　　上承北魏傳統，響堂山石窟的平面皆作方形，平頂。窟形可分為中心塔柱窟和三壁三龕的佛殿窟兩大類。前者如北響堂山北洞和中洞、南響堂山第 1、2 窟、水峪寺西窟，後者則如北響堂山南洞、南響堂山第 3、5、7 窟。中心塔柱窟中，除了水峪寺西窟外，皆在前壁下闢門洞，在其上方或兩側，或天王、力士龕的上方開設明窗，類似的設計亦見於北魏晚期開鑿的鞏縣石窟。此外，和鞏縣石窟的中心柱窟相同，北響堂山北洞和中洞、水峪寺西窟的中心柱基座上皆浮雕神王像。而三壁三龕的佛殿窟是龍門石窟北魏窟中最常見的一種形制。南響堂第 1、2 窟的大小相近，石窟的結構和布局也雷同，為一組雙窟，這種形制在雲岡第二期和鞏縣石窟也時有發現。以上種種說明，響堂山石窟上承北魏洛陽地區的石窟傳統，不過響堂山石窟的設計有不少創新之處，值得我們關注。

　　和天龍山石窟一樣，響堂山石窟的窟前多有檐柱的前廊，並雕刻出仿木結構的檐瓦、椽枋、斗拱等，檐柱間鑿刻的大龕原來還雕力士像。石窟外觀的建築化，正是北齊石窟的一大特色。響堂山石窟中心柱的設計與鞏縣石窟有別，分三面開龕和正面開龕兩大類，三面開龕的洞窟有北響堂山北洞、南響堂山第 1 窟（又稱華嚴洞）和水峪寺西窟；正面開龕的洞窟為北響堂山中洞和南響堂山第 2 窟（又稱般若洞）。響堂山中心塔柱窟的後壁不開龕，上部與石窟後壁相連，構成隧道式甬道，以供繞塔之用。

　　響堂山的三壁三龕佛殿窟，或平頂，或覆斗頂，在正壁和左右壁的壁腳多雕淺壇，北響堂山南洞、南響堂第 5 和 7 窟的龕形均為帷幕龕，乃北齊流行的龕形。除了蓮花藻井外，各窟窟頂的裝飾繁簡不一，有的雕如意寶珠、飛天等，壇基多刻神王像，莊嚴華麗。此外，響堂山的藝匠更獨樹一格地將北魏時期常見的滿壁千佛，移入帷幕龕內，出現在龕內上壁的壁面，豐富了佛龕的設計。此外，北響堂南洞還發現一佛二弟子和四菩薩的七尊像的組合，這樣的配置較早期的石窟更加複雜。

　　響堂山石窟中最引人注意的則是塔形窟的設計，如北響堂山的北洞、中洞和南洞，

南響堂山的第 7 窟和水峪寺石窟的西窟，和該處為數眾多的塔形龕相呼應，為他處所不見，是響堂山石窟的一大特色。北響堂石窟北洞正中明窗的上方約五公尺處，殘存一浮雕寶珠。從其所在的位置來看，應為佛塔剎頂的裝飾。中洞在後世加建的木構窟檐上方，有形似覆鉢的大塊岩面。而南洞則為一形制完備的塔形窟，該窟入口上方設一覆鉢形小窟，窟內三壁設龕造像。塔頂並襯山花蕉葉和如意寶珠裝飾，具備印度窣堵波完整的塔身、塔頂和塔剎的結構，使得塔體的造型更加完善。下方仿木構建築的前廊因經後代重修，已失原貌。北齊末開鑿完工的南響堂第 7 窟（圖 101），是響堂山石窟中塔形窟保存最為完整的例證。該窟窟前有四柱三間的窟廊，上雕屋檐、筒瓦、斗拱等。屋脊兩側雕飾捲雲狀的山花蕉葉，其上為一覆鉢，鉢頂雕如意寶珠，覆鉢的正中雕金翅鳥，寶珠的兩側各雕一如意寶珠柱。從石窟的正立面來看，其上方的形制與印度式的窣堵波一致，具覆鉢塔身、塔剎，下方的設計則完全參照當時木結構建築的形式，響堂山石窟這種結合印度式窣堵波於中國傳統木構建築的設計，他處不見，是響堂山的藝師匠心獨運所創造出來的新窟式。塔形窟產生的背景錯縱複雜，有的學者指出，可能受到北響堂山石窟為皇帝陵墓觀念的影響；有的則認為可能與當時盛行的禮拜佛塔和塔供養觀念有關，是否還有其他的可能性？仍有待大家共同探討。

▲ 圖 101　外觀　北齊　河北邯鄲峰峰礦區　南響堂山石窟第7窟

前文已述，北齊的皇室與權貴曾
積極贊助響堂山石窟的開鑿，因此在
北齊石窟的裝飾上，響堂山石窟的富
麗堂皇可謂北齊石窟之最。北響堂山
石窟北洞的壁面共雕十四個塔形龕
（圖102），中部圓拱圓楣，下懸帳
幔，龕側束柱下有仰蓮，蓮下有頭長
角、有羽翼的撫膝怪獸一身，柱身雕
波狀忍冬紋，柱頂作火焰寶珠。龕上
置覆鉢，上承由仰蓮、相輪、三枝剎
杆組成的塔剎，剎杆頂飾蓮臺和如意
寶珠，繁縟華美，層次井然。中心柱
的四角也雕羽翼怪獸，形象多變，面
目猙獰，《續高僧傳》載響堂山石窟
「諸雕刻駭動人鬼」，實信而有徵。

響堂山石窟的造像年代貫穿北齊
一代，依其造像特徵，約可分為早、
晚兩期。北響堂山石窟北洞和中洞開
鑿的年代較早，風格較為一致。這兩
窟坐佛和脇侍的頭部或殘，或經近世
補刻或敷泥重塑，已非原貌。二窟的
坐佛肩部圓渾，身軀結實。身著通肩

▲圖102　塔形龕　北齊　河北邯鄲峰峰礦區
北響堂山石窟北洞　南壁

式的袈裟，衣褶繁密，線條流暢，衣褶襞面微凸，有時尚出現陰刻雙線，裙襬短，平鋪
於座上（圖103）。依據菩薩服飾的特徵，可分為兩類。第一類菩薩肩披天衣與長瓔珞
於腹前相交，扣以環飾，披帛搭於手肘自然下垂及座；下著長裙，衣紋較繁，裙襬微向
外展，仍見北魏菩薩像的遺緒，如中洞中心柱正面龕的脇侍菩薩。第二類上身全袒，斜
披瓔珞，胸肌柔軟，微微起伏，小腹圓凸，肌肉富有彈性，身軀豐圓。下著雙層裙裳，
一件長及腳踝，衣紋繁密，一件僅及膝蓋，不刻衣紋。全身重心置於一腿，另一隻腿
的膝蓋微屈，抬足踮腳，富有動感，北響堂山北洞中心柱兩側面龕的脇侍菩薩像（圖
104）即屬此類。這種姿態生動菩薩像與北魏造像迥然不同，可謂開北齊風氣之先。南
洞的造像則是晚期風格的代表，該窟的坐佛（圖105）肩平而寬，胸部飽滿，身著敷搭
雙肩的袈裟，下襬短，平鋪於座上。脇侍菩薩身體多呈柱狀，腹部突鼓，姿勢僵直，缺

乏動感，披帛多沿體側下垂。造像衣紋疏朗簡潔，衣褶多為階梯式，有的也採陰刻雙線的表現手法，甚至於不刻衣紋。

▲圖 103　佛坐像　北齊　河北邯鄲峰峰礦區
北響堂山石窟中洞　中心柱正面龕

▲圖 104　脇侍菩薩立像　北齊
河北邯鄲峰峰礦區　北響堂山石
窟北洞　中心柱南向面龕

　　石窟刻經的觀念在北魏時已經萌芽，龍門蓮花洞鐫刻《般若波羅蜜多心經》即為一例，不過到了北齊石窟刻經蔚為風氣。北響堂山南洞洞內前壁刻《無量義經》，前廊壁面和窟外右壁，唐邕費時四年刊刻了《維摩詰所說經》、《勝鬘經》、《孛經》和《彌勒菩薩下生經》等多部佛經，南洞窟外左壁刻《無量義經‧優婆提舍願生偈》等，南響堂山第 1 窟內刻《大方廣佛華嚴經》的四品，第 2 窟內又刻《文殊師利所說般若波羅蜜經》卷下節文、《摩訶般若波羅蜜經》的節文，以及《妙法蓮華經‧化城喻品》的十六佛名，第 4 窟刻《妙法蓮華經‧觀世音菩薩普門品》。北響堂南洞外的〈晉昌郡公唐邕

刻經碑〉明確記載了唐邕刻經的動機,云:「……鎌緗有壞,簡策非久,金牒難求,皮紙易滅。於是發七處之印,開七寶之函;訪蓮華之書,命銀鉤之跡,一音所說,盡勒名山。」清楚表明,人們深感若遭法難,紙絹經冊有焚毀之虞,為了劫火不燒,唯有在石窟摩崖鎪刻佛經,始能使佛經傳之久遠。這種危機意識應與北齊流行的末法思想息息相關。

▲ 圖 105　正壁龕　北齊　河北邯鄲峰峰礦區　北響堂山石窟南洞

　　此外在圖像上,響堂山石窟亦出現了一些新穎的題材,美國弗利爾美術館所藏的一幅西方淨土變浮雕(圖 106),原在南響堂山第 2 窟的前壁入口上方,該浮雕中無量壽佛右手作施無畏印,趺坐於綴滿瓔珞的寶蓋下講經說法,聽法菩薩中比例最大的兩位乃阿彌陀佛的兩位脅侍菩薩,左脅侍菩薩冠有化佛,當為觀音,右脅菩薩冠有寶瓶,是為大勢至。兩旁各有一棟樓閣,佛座下有一蓮池,內有化生童子。類似的作品亦見於南響堂山第 1 窟入口的上方。南響堂山石窟的西方淨土變的布局較小南海的西方淨土更有組織,是唐代大鋪西方淨土變的先驅。

▲圖 106　西方淨土變　北齊　原在河北邯鄲峰峰礦區南響堂山石窟第2窟前壁入口上方
美國華盛頓特區弗利爾美術館藏

• 敦煌石窟

　　武周聖曆二年〈李君莫高窟修佛龕碑〉言：「樂傳、法良發其宗，建平、東陽弘其
跡。」文中的「東陽」指的是北魏宗室東陽王元榮。北魏晚期孝昌元年（525）之前，
元榮就任瓜州刺史。他去世之後，直至大統十一年（545）左右，其子元康和女婿鄧彥
前後繼任為瓜州刺史，所以元榮自洛陽所帶來的中原文化對北魏末至西魏的敦煌藝術產
生了相當大的影響。

　　敦煌莫高窟現存七座西魏窟，包括第 247、248、249、285、286、288 和 432 窟，
數量雖然不多，可是它們的窟形卻變化多端。第 248、288 和 432 窟仍採北魏流行的中
心塔柱窟的形式，但都有前室，主室內人字披下部的空間變小，中心柱與壁面間繞塔走
道較北魏狹窄。其中，第 288 和 432 窟沿襲北魏中心柱的傳統，中心柱的正面開一大
龕，左、右和背面仍分上下兩層，而第 248 窟的中心柱四面均開單層龕，這種形制為北
周敦煌中心塔柱窟的主流。另外，中心柱兩側面上部的闕形龕也不再出現。第 247 和
286 窟規模較小，為人字披窟頂，西壁開一龕的形式。第 249 窟為覆斗頂，西壁開一大
龕的佛殿窟；第 285 窟則是覆斗頂方形的禪窟。除了中心塔柱窟外，其他的窟形皆為西
魏首見，而其中又以第 249 和 285 窟的保存狀況最好，可謂敦煌西魏的代表窟。

　　第 249 窟與北魏的第 251 和 254 窟毗鄰，鑿造的時間應在西魏初。該窟平面呈方形，覆斗頂，東壁大部坍毀，不知原來是否有前室。窟內西壁（圖 107）開一大龕，內塑倚坐佛一尊，南北兩壁的壁面分為四層，最上層畫天宮伎樂及大頭仙人；其下畫千佛，千佛的中央畫說法圖（圖 108）一鋪；第三層畫供養人；最下層畫藥叉。覆斗式窟頂藻井畫斗四蓮花井心，四披下部表現各種動物在山林中的活動，上部代表天界，佛教與中原傳統的神仙圖像雜陳，西披畫阿修羅、忉利天宮、雷公、雨師等，東披畫摩尼寶珠、飛天、羽人等，北披畫身著漢服的神祇、持節方士、人頭龍身的開明、飛廉等，南披畫身著漢服的神祇（圖 109）、烏獲、仙人等，人物形象生動飄逸，類似的表現在第 285 窟的四披上亦有發現。敦煌石窟中身著漢服的神祇、羽人、開明、飛廉等漢地神話圖像，最早出現於西魏時期，與中原文化的影響有著密切的關係。至於兩披所見的漢服神祇，宿白稱北披為帝釋天，南披是帝釋天妃；段文杰認為北披為東王公，南披是西王母；賀世哲則主張北披為帝釋天，南披是梵天。各家的看法不一，尚無共識。

　　敦煌第 249 窟的主尊倚坐佛像（圖 107），不再穿覆肩袒右式或通肩式佛衣，而著雙領下垂式袈裟，露出裡面的僧祇支和結帶。寬肩細腰，胸部較平，腰部拉長，身軀不若北魏健碩，形象較為清瘦，與中原造像風格特徵相近。唯此像仍採取敦煌北朝第一、二期窟貼泥條的方式來表現衣紋，尚見北魏餘風。

▶ 圖 107　西壁　西魏　甘肅敦煌　莫高窟第249窟

上承北魏傳統，第249窟的四壁還是以赭色為地，說法圖（圖108）中的立佛、脅侍菩薩以及飛天等依然以凹凸法繪出，並在鼻眼之處特別施加白粉，呈現人體的立體效果。不過，人物的頭身比為一比八，顯得清瘦纖長，受到中原人物秀骨清像造型的啟發。另外，此窟的窟頂、說法圖皆以白色作為底色，顯然也受到中原壁畫的影響。在說法圖的畫面中，同時出現了上身全祖、身軀壯碩的印度式飛天和身著交領寬袍、衣帶飄舉、體態輕盈的漢式飛天，具體反映了敦煌本地風格與中原新風共存互融的現象。

▶圖108 說法圖 西魏 甘肅敦煌莫高窟第249窟 北壁中央

▲圖109 西王母 西魏 甘肅敦煌 莫高窟第249窟 窟頂南披

　　第 285 窟由前室與主室兩部分組合而成，前室經過歷代重修，原貌已失，然而主室保存完好。正中有一方形低壇，西壁鑿三個圓券龕，中間一龕較大，內塑善跏倚坐佛三尊像，左右兩龕較小，各有一尊禪定比丘塑像，南北兩壁各開四個禪室，從功能來看，此窟應是僧人修禪的禪窟。南壁上沿畫飛天一列，其下作五百強盜成佛因緣故事畫，西端繪釋迦多寶二佛並坐說法圖。下部四個禪室的龕楣之間穿插化跋提長者姊緣、度惡牛緣、沙彌守戒和捨身聞偈的故事畫，最下方畫藥叉。北壁最上方畫垂帳，其下畫七鋪說法圖，西端一鋪畫二佛分別坐在須彌座上說法，兩側各有一菩薩侍立。東壁入口兩側各畫一鋪大型無量壽佛說法圖（圖 110）。覆斗頂的藻井畫蓮花井心，四披畫與佛教有關的摩尼寶珠、飛天、力士以及中國傳統神仙題材，如伏羲、女媧、烏獲、雨師、霹電、開明、羽人、飛廉等，下部沿窟繪三十餘位在山林禪窟中禪修的僧人。窟頂中央出現一華蓋式藻井，藻井四面飾垂幔，垂幔四角畫獸首銜玉佩、流蘇。第 285 窟不但是莫高窟西魏窟中最大的一窟，也是最華麗、內容最豐富的一窟。更重要的是，該窟是莫高窟北朝時期唯一的紀年窟，窟內北壁上方七鋪佛說法圖中發現兩則墨書紀年題記，分別題寫著大統四年（538）和大統五年（539）的年款。由於東陽王元榮篤信佛教，廣施佛經，是一位虔誠的佛教徒，一般推測此窟為東陽王元榮所開。

▲ 圖 110　無量壽佛說法圖　西魏　甘肅敦煌　莫高窟第285窟　東壁北側

在壁畫表現上，西壁以赭色為底，菩薩乃採印度式的服裝樣式，或上身全袒，或著右袒式、通肩式袈裟，以凹凸法表現人物的立體感。除此之外，其他的壁畫皆以白色為底，在人物的造型和服裝上，漢化色彩濃郁。以東壁北側的無量壽佛說法圖（圖110）為例，主尊無量壽佛身著褒衣博帶式袈裟，胸前有結帶，結跏趺坐於須彌座上，衣褶懸垂於臺座之前，頭上有中原式、垂流蘇羽葆的雙龍華蓋。面形清瘦，五官清秀，形體拉長，為典型的秀骨清像造型。兩側的脅侍菩薩的天衣在腹前交叉，長裙曳地，裙褶向兩側外展，天衣末端形成尖角，向外飄揚如翅，具裝飾效果。無量壽佛兩側的脅侍菩薩還著交領廣袖衣袍，並穿雲頭履。此外，這些菩薩皮膚白淨，畫家僅在面頰、眼瞼、下頜等部位微加塗染，這種暈染的方式也與敦煌本地流行的凹凸法大異其趣，顯然受到中原畫風的影響。在繪畫技法上，通過線條的變化來表現人體肌膚和衣服、裝飾的質感，對眼、眉等特徵表現細膩。南壁上層的飛天（圖111）頭梳雙髻，上身袒露，僅著下裙，額方眼細，體態輕盈，衣帶飄舉，在布滿流雲、天花的空中飛翔，頗具南朝風韻，中原風格影響明顯。

▲ 圖111　飛天　西魏　甘肅敦煌　莫高窟第285窟　南壁上層

西魏時期，莫高窟的主尊仍以倚坐的釋迦佛為主，在第248與288窟中心塔柱的四面龕中，還發現苦行佛的塑像。西魏彌勒菩薩塑像的數量銳減，顯示彌勒信仰的重要性減弱。在壁畫中，本生故事僅出現一例，而出現較多的是新的因緣故事，如五百強盜成佛、化跋提長者姊緣、度惡牛緣、捨身聞偈等。第285窟南壁的五百強盜成佛，場面宏偉，故事情節採直線橫卷式的進行，環節相扣，布排緊湊。另外，根據題記，在第285窟說法圖中，發現了兩鋪無量壽佛說法圖，顯示西方淨土的思想已在敦煌萌芽。最引人注意的是，第285窟西壁倚坐佛龕北側由下而上繪二大天王、象首人身的毗那夜伽天、乘坐孔雀且具四

▲圖112　諸天　西魏　甘肅敦煌　莫高窟第285窟　西壁正龕北側

臂的鳩摩羅天、三頭六臂騎乘青牛的摩醯首羅天（圖112），南側由下而上畫二大天王、二尊交腳菩薩和三頭八臂的毗瑟紐天（圖113）。此龕兩側所畫的四天王，是敦煌壁畫最早的四天王形象。至於毗瑟紐天、摩醯首羅天、毗那夜伽天和鳩摩羅天等雜密神祇是由何處傳入？並無定論。這些圖像雖源於印度，但早在北魏的雲岡石窟即有摩醯首羅天和鳩摩羅天浮雕（圖58、59）的發現，因此在考慮敦煌這些雜密圖像的淵源時，東傳與西傳這兩條路線都有可能。在二禪定僧龕的上方又畫乘馬車的日天、乘鵝車的月天、

諸星和外道等形象，日天、月天的圖像與克孜爾石窟的壁畫以及印度造像彷彿，說明西魏時期，敦煌固然從中原汲取豐厚的文化養分，但與印度和中亞文化的關係並未斷絕。

莫高窟現存第 290、296、428 等十四個北周窟洞，主要的窟形有三類：（一）中心塔柱窟、（二）覆斗頂窟和（三）前部人字披頂、後部平棊頂窟。第一、二類的石窟一般皆有前室，第三類的窟形可能是由西魏的人字披頂、西壁開龕的石窟形制變化而來，是北周新創的窟式。在莫高窟這十四個北周洞窟中，覆斗頂窟的數量最多，中心塔柱窟僅有第 290、428 和 442 三窟而已，數量銳減，此一現象表示敦煌地區中心塔柱窟的發展到北朝晚期已漸入尾聲。由於第 294、296、439、442 等窟有些壁畫僅以赭線鉤稿，尚未設色或設色不全，顯示匆忙停工，顯見敦煌石窟的開鑿亦受到周武廢佛的波及。

▲ 圖 113　諸天　西魏　甘肅敦煌　莫高窟第285窟　西壁正龕南側

在布局上，莫高窟北周石窟的主尊除了第 428 窟外，皆為善跏倚坐的釋迦佛，不過在塑像的題材上，增加了阿難和迦葉二位弟子像，形成了一佛、二脅菩薩和二弟子的五尊像的組合。石窟的壁面分成數層，畫天宮伎樂、千佛、說法圖、本生因緣故事、供養人、藥叉或三角垂幔紋等。和前期石窟不同的是，除了石窟的壁面，千佛和本生故事有時還出現於窟頂。此期

的故事畫多採橫卷式構圖，細節增加，幅面增大，出現了大量的山水、樹木、建築等，這些山巒、樹木和房屋既是人物活動的場所，又分隔出一個個場景，作為串連故事的背景，使得故事通俗易懂，這正是對漢式山水表現形式的繼承。在構圖上，除了橫卷式的連環圖畫外，上下橫卷數層並列，故事鋪排或採上下交錯發展，或呈 S 形的走向。第290 窟窟頂前部的人字披東、西兩披各分三層，連續描繪佛傳中乘象入胎至成佛的八十七個情節，內容繁多，乃一鴻篇巨製。

北周的塑像風格與西魏的秀骨清像迥然不同，人物造型（圖 114）面相豐圓，臉短頤方，五官較為集中。佛與菩薩的頭部較大，不完全合乎比例，兩肩寬厚，下身粗短，形體敦實。北周造像一改西魏清瘦秀麗造型，而趨向質樸厚重。主尊坐佛衣褶貼泥條的方式銳減，一般採取階梯式的表現手法。第

▲ 圖 114　中心柱正面　北周　甘肅敦煌　莫高窟第290窟

290 窟中心柱正面龕二脅侍弟子中的阿難像，五官清秀，為一溫文儒雅的青年僧侶；迦葉像則面帶風霜，身體羸弱，是一位中年的苦行僧。北周的藝匠利用人物五官和身體的特徵，掌握了阿難和迦葉在年齡和性格上的差異，顯示北周時寫實意識已逐漸抬頭。另外，有些石窟，如第 290 窟中心柱正面龕、296 窟的西壁龕，在佛像兩側、二脅侍弟子的身後壁面，繪八大弟子，塑繪結合表現了釋迦佛的十大弟子，開隋唐風氣之先。

北周壁畫的人物造型基本上與塑像相似，面相豐圓，身體壯健，但服裝樣式更加豐富。除了褒衣博帶式袈裟外，第 428 窟的說法圖的主尊還穿覆肩袒右式袈裟，第 461 窟西壁的釋迦多寶並坐像還穿通肩式袈裟。脅侍菩薩（圖 115）多著印度式服飾，或

上身全裸，或著僧祇支，體態略呈 S 形彎曲。飛天則變化多端，或作僅著下身裙裳，上身全裸的印度天人形象，或為頂有雙髻、身穿長袖襦服漢式飛天的樣貌。北周的壁畫風格上承西魏傳統，同一石窟的壁畫底色赭色與白色兼用，中原式的暈染以及西域式凹凸與高光法並現的狀況屢見不鮮。畫師在白毫、鼻梁、雙眼、牙齒、下頜五處以白粉點畫（圖116），呈現了北周特有的「五白」畫法。第 290 窟的飛天（圖117）還把額部、兩顴、頸部、胸部、腹部、臂部塗白，來表現人體肌體的立體感，風格獨具。第 461 窟正壁的脅侍弟子和菩薩面部的暈染由兩頰中心向四周暈染，則採用中原式染高不染低的暈染法，和第 428 窟說法圖、涅槃圖等西域式的染低不染高的暈染方式有所不同，類似的表現手法亦見於第 290、428 窟供養人像的面部。北周後期，畫家們將兩種暈染法結合在一起，形成一種混合式暈染法，如第 297、299、301 等窟壁畫中的佛、菩薩、弟子以及飛天等，又呈現了一種新的面貌。

▲圖 115　菩薩二身　北周　甘肅敦煌　莫高窟第428窟中心柱東向龕內南側上部

▲圖 116　盧舍那佛三尊像　北周　甘肅敦煌　莫高窟第428窟　南壁中層

▲圖117　飛天　北周　甘肅敦煌　莫高窟第290窟　中心柱東向面上方平棊頂

　　北周的壁畫內容豐富，傳統神話題材的內容仍然出現在一些洞窟中，如第296窟西壁龕南側上部畫身著漢服的神祇乘鳳車，前有烏獲開道，車旁有眾多天人護衛；龕北側上部繪身著漢服的神祇乘龍車，也有烏獲開道、飛天護持，佛龕下沿描繪青龍與白虎，但幅面較西魏時期縮小許多。此時尚出現了大量的故事畫。其中，須達拏太子本生、獨角仙人本生、須闍提太子本生、善事太子本生、睒子本生、微妙比丘尼緣和梵志夫婦摘花墮死緣這七種本生、因緣圖，在敦煌皆第一次出現。須闍提太子本生、善事太子本生和睒子本生這三則故事，又都是在講述孝子和善兄惡弟的佛教故事。它們的出現可能與北周武帝重儒術，沙汰釋道之舉有關，表明佛教思想與中國固有的孝悌觀念並不相悖，反映了佛教在中國發展過程中，與中國傳統思想調和的傾向。此外，在第428窟中還發現莫高窟最早的盧舍那佛（圖116）和涅槃圖（圖118）。這尊盧舍那佛是依《華嚴經》所繪，身著通肩式的袈裟，袈裟上描繪六道的圖像，上部有坐佛、飛天，是為天道；胸前畫須彌山，山頂的五座宮殿內各坐一人，山前繪雙臂上舉、手托日月的阿修羅；袖及腹部畫山巒，山間有許多房舍，人物或坐或立，表示人道；再下方則畫鳥、猴、馬等動物，是為畜生道；在衣裙下襬畫刀山和六位裸體人物，刀山象徵地獄道，裸體人物則代表餓鬼道。涅槃圖中釋迦佛臥於床上，兩足後畫大迦葉跪地撫足畫面。釋迦佛背後有四棵樹，樹下的佛弟子們面露哀戚，有的甚至呼天搶地，驚愕悲慟。較特別的是，此幅涅槃圖中釋迦佛雙手平伸躺在床上，不作右脅而臥的姿勢，和經典記載以及常見的涅槃圖有所出入。研究發現，第428窟的須達拏太子本生、盧舍那佛和涅槃圖的圖像特徵，都和北魏至北齊的中原圖像系統相似，所以這些初次在敦煌出現的圖像，推測是從中原傳入的，可能與建平公于義（活動於558～578）出任瓜州刺史有關。于義河南洛陽人，在未至瓜州以前，為邵州刺史，活動於洛陽、關中一帶。出任瓜州刺史後，很自然地將其熟悉且流行於中原的佛教圖像帶到敦煌，無怪乎〈李君莫高窟修佛龕碑〉有「建平、東陽弘其跡」之語。

▲圖 118　涅槃圖　北周　甘肅敦煌　莫高窟第428窟　西壁中層

•麥積山石窟

　　麥積山現藏宋代〈秦州雄武軍隴城縣第六保瑞應寺再葬佛舍利碑〉記載：「西魏大統元年（535），再修崖閣，重興寺宇」，可知西魏初開窟造像活動興盛。大統四年（538）蠕蠕（亦稱柔然）寇邊，宇文泰為安撫蠕蠕，挾文帝廢善良賢慧的文皇后乙弗氏，娶蠕蠕可汗長女郁久閭氏為妻，乙弗氏被迫出宮，削髮為尼。六年（540），由於蠕蠕的壓力，文帝迫不得已賜死乙弗氏。乙弗氏死後，「鑿麥積崖為龕而葬」，號為「寂陵」，麥積山石窟顯然受到當時朝野的重視。

　　麥積山現存 20、43、44、127、135 窟等西魏石窟近二十座，大部分為北魏流行的方形平頂式窟，主要為三壁三龕和三壁無龕兩種形式，少數的石窟僅在正壁開設一龕。此外，也出現了前代未見的方形四角攢尖頂窟和廡殿頂崖閣窟。其中，廡殿頂崖閣窟

的設計最引人注意，第43窟（圖
119）即為麥積山西魏廡殿頂崖閣
窟的代表之作。這座石窟在崖面
上雕出單檐廡殿頂的三間四柱式
窟廊，柱為八角形，上雕大斗，
下作圓礎，大斗上承額枋。屋頂
上半部雕出筒瓦、瓦壟，脊上雕
出疊瓦，正脊兩端平行線腳上翹
形成鴟尾，建築華麗。主室的正
中開一圓形穹窿頂大龕，現有一
宋代泥塑坐佛五尊像，龕後鑿一
後室，盝形頂，雕壁柱、橫楣、
梁枋，作佛帳形式，似擺放靈柩
之處。據此，學者推測此窟即史
書所載乙弗氏所葬的寂陵。

西魏的造像有兩種不同的風
格，一種沿襲北魏晚期秀骨清像
的特點，佛著褒衣博帶式袈裟，
裙襬覆座外展，面相清瘦，頸細
肩削，造型清俊。菩薩的面相與
佛相類，或欠身而立，或托盤而
侍，天衣飄動，姿態生動，較北
魏晚期的菩薩接近現實人物。另
一種佛像（圖120）高肉髻，髮
紋呈旋渦狀，五官秀美，兩頰圓
潤，眼細眉長，嘴角含笑。身軀
較為豐腴，肌膚刻畫細膩。自雙
膝垂落的衣襬兩半下垂，層層疊
疊，衣紋流轉如波，線條流暢，
質地柔軟，但較北魏造像厚重。

▲ 圖119　外觀　西魏　甘肅天水　麥積山石窟第43窟

▶ 圖120　佛坐像　西魏　甘肅天水
麥積山石窟第44窟　正壁

西魏的造像題材，除了北魏常見的三世佛外，在第 102 和 123 窟中又出現了以釋迦佛為主尊，左右兩壁分塑維摩詰居士和文殊菩薩的新組合形式，說明西魏時麥積山維摩詰信仰的重要性。第 123 窟的維摩詰居士頭梳小髻，身穿雙領下垂寬博外衣；第 102 窟的維摩詰居士像（圖 121）頭戴巾幘冠，身著雙領下垂大袍，胸前繫帶，原來面有鬍鬚，因年代久遠皆已脫落，但仍可見下巴的毛根。這兩窟的維摩詰居士眉目清秀，宛若溫文儒雅的士人。麥積山所在的秦州地處河西走廊的東端，地近關中，又位於南北交會之處，受到中原和南朝文化的薰染，維摩詰居士的造型頗具南朝文人風韻。

　　麥積山一帶陰濕多雨，地震頻繁，大部分的壁畫剝蝕嚴重。早期的壁畫僅限於背光的裝飾紋飾、伎樂飛天等，到了西魏，如第 127 和 135 窟，則保存了內容豐富的大幅面壁畫。第 127 窟是一座橫長方形的盝頂窟，天井畫借用身著漢服乘龍車的人物，左、右披以橫卷連環圖畫的方式繪薩埵太子本生；前披則作睒子本生。正壁三尊佛的上方和兩側畫涅槃經變，描繪了釋迦佛涅槃、弟子舉哀、為迦葉現足和八王分佛舍利等情節；左壁龕上畫維摩詰經變，表現了文殊問疾、天女散花和帝王問疾等畫面；右壁龕上則畫西方淨土變，畫中無量壽佛在殿中說法，菩薩、弟子雲集，七寶樓臺和七寶樹分列兩側，殿前尚有舞樂與七寶池，池中蓮花綻放，水鳥嬉戲，內容細節比響堂山石窟的北齊淨土浮雕（圖 106）還要豐富。前壁上方畫七佛，入口兩側又繪十善十惡圖。這些作品的內容豐富，線條精準，技法成熟，構圖嚴謹，藝術造詣傑出。其中，維摩詰經變和西方淨土變在畫面構圖及人物場景的描繪上，已具有唐代規模，雖然這些壁畫保存狀況並不太理想，可是在中國經變畫的研究上，卻彌足珍貴。

▲ 圖 121　維摩詰居士坐像　西魏　甘肅天水　麥積山石窟第102窟　左壁

　　北周期間，經略秦州的北周宗室宇文導、宇文廣父子崇信佛教，麥積山開窟造像的活動極為蓬勃。秦州大都督李允信在麥積山為亡父營造七佛龕，當時著名的文學大家庾信撰寫〈秦州天水郡麥積崖佛龕銘〉盛讚此事，七佛龕因此名噪一時。據研究，該文所說的七佛龕即俗稱「散花樓」的第4窟（圖122）。如今，麥積山北周窟龕的遺存較多，周武帝滅佛似乎對麥積山的影響不大。

　　麥積山的北周窟在西魏窟的基礎上繼續發展，方形平頂窟和覆斗頂窟仍偶有所見，不過前者的數量銳減，重要性已大不如前。廡殿式的崖閣窟前廊的規模則更宏偉，第4、9兩窟的前廊都面闊七間，在離地數十公尺的崖壁上，氣勢壯觀。西魏方形四角攢尖頂窟僅有二例，到了北周時期四角攢尖頂窟已成為石窟形制的主流。這類石窟平面方形，頂為攢尖頂，窟內四角雕八角壁柱，柱頂束蓮，各柱頂間雕楣梁和斜枋，窟頂的四角和中心均飾蓮花，狀似錐頂方形佛帳。第4窟廊後並列七個四角攢尖頂佛帳大型龕，立面橫梁上雕如意寶珠，下有鱗片狀垂幕、三角垂飾，並懸帳帷，這種龕形與西安草灘出土的十七件白玉大理石龕像的帳形龕設計類似，當受到長安的影響。

▲圖122　前廊　北周　甘肅天水　麥積山石窟第4窟

北周時，大部分的石窟在正壁開設一龕，但也有的石窟為三壁三龕或三壁七龕的布置。除了一佛二菩薩或二弟子的三尊像外，北周時期又出現了一佛二菩薩二弟子的五尊像組合。

　　麥積山的泥塑在北周有新發展，佛的肉髻低平，不刻髮紋，穿著褒衣博帶、通肩式袈裟或雙領下垂式袈裟，同時出現了短下襬的新樣式。衣紋表現手法有陰刻、凸起的陽紋線條和階梯式數種，變化多端。與西魏作品相比，北周的佛、菩薩像（圖123）的面相方圓，豐頤短頸，雙肩渾圓，小腹微鼓，形體漸趨敦厚壯實。肌肉起伏的變化表現極為細膩，自然而寫實。菩薩頭戴華麗寶冠，披帛經身前和膝部橫繞一道或二道，瓔珞自肩垂落，長及膝部。部分塑像身形修長，頭身不合比例，一膝彎屈，扭腰擺臀，姿態自然，神情溫婉，氣韻內歛而典雅，與敦煌的質樸作風大異其趣。

▲ 圖123　正壁　北周　甘肅天水　麥積山石窟第62窟

更值一提的是，北周的麥積山藝術匠師巧妙地結合了泥塑和繪畫，別具新意地在麥積山創造出「薄肉塑」的技法。第4窟前廊正壁一至五龕龕楣上的牆面，保存了五幅大型「薄肉塑」翩翩飛舞的飛天，計二十身，共三十餘平方公尺。作品中飛天的顏面、四肢及身體肌膚的裸露部分，全用一層極薄的優質細泥貼塑而成，浮塑極薄，但大有脫壁欲出之勢；而其餘部分，如衣裙、披帛、瓔珞、流雲、飛花、樂器、供花等，則用彩繪表現（圖124），構思獨特。人物造型各不相同，姿態優美，動感極強，藝術水準高超，令人讚嘆。

▲ 圖124　飛天　北周　甘肅天水　麥積山石窟第4窟　走廊正壁龕上

七佛的題材在麥積山的西魏窟中已經出現，但多安排在次要的位置上，到了北周，七佛一躍為石窟的主尊，且為當時最主要的造像題材。北周時，麥積山石窟的七佛窟最少有十四個，佔北周現存洞窟總數的三分之一。此外三佛和千佛在北周窟中仍時有所見。第4窟長廊正壁浮雕的天龍八部，神情各異，充滿威懾力，表層雖經宋代重修，但應作於北周之時，是中國現存最早的天龍八部像，具重要的研究價值。梁僧佑《出三藏記集》卷十二有「宋明帝、齊文宣造行像八部鬼神記」的記載，唐慧詳《弘贊法華傳》

卷一又云：「宋景平元年（423），瓦官寺沙門帛惠高，造靈鷲寺。有沙門釋惠豪，智見通敏，巧思絕倫，於中製靈鷲山圖，奇變無方，黪似覩真。其山林禽獸之形、天龍八部之狀，歷代未有。自茲始出，龕成之後，傾國來觀。後世造龕，皆以豪為式。」由此看來，天龍八部的題材在南朝的佛教藝術中早有流傳，麥積山第 4 窟的天龍八部是否為南朝佛教文化影響下的產物，值得未來進一步研究。

麥積山的北周壁畫遺存不豐，較重要的有第 26 窟窟頂的涅槃經變，第 27 窟窟窟頂的法華經變，第 4 窟前廊平棊頂的佛傳，由於剝落嚴重，茲不論述。

• 須彌山石窟

須彌山石窟位於固原市城西北約五十五公里處的須彌山東麓，是寧夏境內最大的石窟群，可惜在古代文獻中完全找不到與此石窟有關的任何記載。石窟內題記稀少，又多為晚期的遊人題銘，對須彌山石窟的開鑿年代並未提供任何具體線索。根據石窟形制與造像特色來推斷，須彌山石窟應始鑿於北魏晚期，歷經西魏、北周、隋、唐諸代。現存已經編號的洞窟計一三二個，隨山勢由南向北分為大佛樓、子孫宮、圓光寺、相國寺、桃花洞、松樹洼、三個窟和黑石溝八區。由於該地岩質疏鬆，長期受到自然的侵蝕和大小地震的破壞，許多洞窟與造像都遭到不同程度的風化或損壞。

石窟考古學家的研究指出，須彌山的北魏窟有十三個，西魏窟計二十五個，都是中小型窟，規模不大，保存狀況不佳。北周時期，須彌山開窟造像的活動達到了高峰，現存石窟十一個，除了第 51 窟，在相國寺區內外，須彌山的北周窟大部分集中在圓光寺區的陡峭崖壁上。須彌山石窟的北周窟數量雖然不多，但規模宏偉，雕鑿華麗。其中，第 51 窟主室進深 13.2 公尺，寬 13.5 公尺，高 10.6 公尺，是須彌山石窟中規模最大的洞窟。依石窟形制，北周窟可分為方形窟、中心塔柱窟兩大類。方形窟的規模較小，窟內沒有造像和裝飾，多為僧房窟或禪窟，主要開鑿在中心塔柱窟周圍，與以禮拜為主的中心塔柱窟組合成一個整體，因此中心塔柱窟可謂北周的代表窟形。北周的中心塔柱窟現存第 45、46、47、48 和 51 窟五個，第 47、48 和 51 窟皆尚未完成便停工了，停工的原因很可能與建德三年（574）周武帝下詔毀佛的事件有關，因此建德三年當可視為北周窟絕對年代的下限。

北周中心塔柱窟中保存最好的為第 45、46 窟，這兩窟毗鄰，布局雷同，面積相近，為一組雙窟。二者雕鑿華麗，造像精美，可管窺須彌山北周石窟的藝術成就。這兩窟的平面為方形，四披頂，窟頂雕斜枋，梁架、角柱、櫨斗等。中心塔的柱身近方形，

四角雕立柱，下有蓮花柱礎，上有櫨斗承接中心柱頂的梁架及窟頂的斜枋，和麥積山石窟的北周窟一樣，同為仿木構建築帳形窟的設計。只是這種仿木結構和中心柱有機結合的形制，在其他石窟中不曾發現，當為須彌山北周窟獨有的特點。中心柱不分層，四面各開一龕；窟內三壁各開三龕，除了少數尖楣圓拱龕外，大部分為帳形龕，龕楣上浮雕帳褶、三角垂飾、蓮瓣、寶珠、瓔珞等，兩側雕龍首或鳳鳥口銜流蘇，裝飾華美細緻（圖125），與西安草灘出土白石坐佛三尊像龕（圖126）的帷帳龕樣式類似。兩窟的中心柱下都有基座，第45窟的基座上雕伎樂天，第46窟基座的南面浮雕四伎樂，東面為供養人，西面和北面則為神王像，這些圖像亦見於中原的鞏縣石窟、天龍山石窟、安陽石窟和響堂山石窟，但在西北的石窟裡卻從未見過，顯示須彌山的北周窟可能受到中原文化的影響。窟頂四披浮雕飛天、香爐、化生等，但風化嚴重，模糊不清。

▶ 圖125　坐佛三尊像龕　北周　寧夏固原須彌山石窟第45窟　後壁

第 45 和 46 窟中心柱的四面龕，每龕皆雕一坐佛和二脇侍菩薩像，南壁入口兩側各開一帳形龕，龕內各雕一坐佛三尊像，只是第 45 窟南壁的兩龕造像已經後代重妝。第 45 窟的東西兩壁各開三龕，東壁龕內分別雕一坐佛三尊像、一立佛三尊像和一倚坐佛三尊像；西壁龕內分別雕一坐佛三尊像、一立佛三尊像和一倚坐菩薩三尊像；北壁三龕內雕一坐佛三尊像、一立佛三尊像和一坐佛三尊像。第 46 窟的東壁三龕內分別雕坐佛三尊像、一立佛和一倚坐佛三尊像；西壁三龕則雕一坐佛三尊像、一立佛和一交腳菩薩三尊像；北壁三龕內雕一坐佛三尊像、一立佛和一坐佛二尊像。倚坐和交腳坐姿都是未來佛彌勒重要的圖像特徵，所以從這兩窟的布局看來，三世佛仍是該地北朝窟流行的題材。第 51 窟西壁開一大龕，龕內雕三尊坐佛，雖然沒有完工，但從該窟的遺跡分析，當初開窟計畫應在南、北兩壁各開兩個大龕，內雕一佛二菩薩，如此看來，第 51 窟的西、北、南三壁尊像構成七佛。同時，第 46 窟的北壁龕楣和中心柱南面龕楣上方，也都雕有七佛。可見，和麥積山石窟一樣，三世佛和七佛都是須彌山北周窟的重要題材。

▲ 圖 126　坐佛三尊像龕　北周　陝西西安草灘出土　陝西歷史博物館藏

在造像風格上，第45和46窟的佛像肉髻低平，臉形渾圓，頭大肩窄，雙肩豐厚，身軀健壯敦實，小腹微鼓，略顯矮胖。坐佛著通肩式或雙領下垂式袈裟，內裙和袈裟的下襬寬博，內外三層懸垂臺座前，懸裳內收，衣紋流暢自然（圖125）。立佛皆著領口較低的通肩式袈裟，露出右袒的僧祇支，上身和腿部的衣紋作U字形布排，兩腿間的衣褶呈寬帶狀（圖127），這些特徵與長安佛像（圖94）一致。菩薩上身袒露，頸飾項圈，瓔珞或自兩肩垂掛，長過膝蓋，或相交於在腹部的圓形飾物處，呈X狀；菩薩所披的天衣或於腹前交叉穿環，或橫於膝部一道，這些風格特徵在長安的北周菩薩像上亦時有發現。

綜上所述，須彌山北周窟的佛帳窟設計、佛與菩薩像敦實的形象、袈裟樣式、菩薩裝束、衣紋處理方式等都反映了長安造像的特點，這當然與須彌山特殊的地理位置有關。須彌山的所在地固原，是關中通往河西走廊、大漠南北的交通樞紐和戰略要地，又是絲綢之路由長安到河西走廊最短路線的必經之地，有「關中咽喉」之稱。東西、南北往來的商旅、官員多經此路，長安造像風格隨之北傳自是意料中事。此外，固原北周時稱為高平，乃原州州治所在。原州是宇文泰的發跡之地，他執掌西魏政權期間，曾多次至固原巡狩，與原州人李賢（504～569）相交甚篤。李賢原為原州豪強，後來成為宇文泰手下的大將，因屢有戰功，大統八年（542）被擢拔為原州刺史。依據《周書·李賢傳》記載，宇文泰將其子宇文邕（後為周武帝）和宇文憲（後為周齊煬王）寄養在李賢家長達六年之久。「因賜李賢妻吳姓宇文氏，養為姪女，賜與甚厚。」武帝即位之後西巡，還曾「幸賢第」。李賢一族與北周執政者宇文家族過從甚密，對長安風格影響固原也應有推波助瀾之功。

▲圖127　佛立像　北周　寧夏固原須彌山石窟第46窟　右壁

第六章

隋唐佛教美術

🪷 歷史背景

　　北周大定元年（581），集軍政大權於一身的隋王楊堅接受北周靜帝的禪位，國號隋，是為隋文帝（581～604 在位）。開皇九年（589），文帝滅陳，虜陳後主，結束了二百餘年南北朝對峙的局面，天下一統。大業十四年（618），宇文化及等人發動兵變，弒殺隋煬帝（604～618 在位）；隋恭帝楊侑（617～618 在位）禪讓李淵，李淵正式稱帝，建立唐朝。次年（619），王世充擁立的隋恭帝楊侗也被廢，隋朝遂亡。

　　隋文帝楊堅出生於一個佛教家庭，少時由尼師智仙養育，自幼深受佛教的薰陶，奠定深厚的信仰基礎。即位後，抱持著闡揚大乘，護持正法的理念，積極復興佛法。北周武帝廢佛後，北方大部分的僧尼被勒令還俗，因此建國之初，隋文帝便普詔天下任聽出家，重建僧寶。開皇三年（583），文帝又下詔修復北周所廢的寺院及經像等。五年（585），文帝從法經法師受菩薩戒。仁壽年間（601～604），他更仿照阿育王，三度詔敕各州建造舍利塔，總計營建一百一十三座。此一舉措是基於佛教的布施思想，欲使皇室和國民皆受功德，所以造塔費用均來自每人十文以下的布施，使得一般百姓也得以參與造塔之事，加速了佛教在民間的流傳。佛教在隋文帝的大力護持下，儼然已成為隋代的國家宗教。此外，文帝又四處訪求高僧大德，一時南北名僧薈萃於京師。文帝時，入住長安大興善寺的名僧就有曇延（516～588）、彥琮（557～610）、寶貴等五十三位，長安很快地取代鄴都，成為隋代的佛教中心。

　　隋文帝諸子全係佛教徒，隋煬帝楊廣也不例外。平陳之後，他被任命為揚州總管。

當時，楊廣有感於佛教經像受到嚴重的破壞，於是命令眾軍廣收佛書，此舉對當時的佛教恢復貢獻良多。他又優禮名僧，揚州慧日寺江南宗教界德高望重的高僧雲集。開皇十一年（591），他延請智顗到揚州傳戒。智顗不但為楊廣授菩薩戒，並授予「總持菩薩」的法號，晉王楊廣也賜智顗以「智者大師」的稱號。晉王對智顗極為推崇，智顗所言楊廣無不允從。開皇十七年（597），智顗圓寂，楊廣得知訃告後，不但撰〈答遺書文〉以答智者大師的遺囑，並常為智顗設齋追福。開皇二十年（600），晉王楊廣被立為太子，於長安大興城建日嚴寺，許多揚州慧日寺的高僧移居該寺，後來這些名僧又遷居到煬帝在東都洛陽內建立的慧日道場，弘宣佛法。此外，煬帝對譯經一事也十分注重，大業二年（606）於洛陽置翻經館，搜羅譯學名僧譯經。

據《辯正論》記載，隋文帝時，下敕所度僧尼多達二十三萬人，抄經四十六藏，十三萬二千零八十六卷，修治故經三千八百五十三部。隋煬帝敕令所度僧尼為六千二百人，雖然在人數上無法與文帝相提並論，可是他修治新舊佛書計六百一十二藏，二萬九千一百七十三部，九十萬三千五百八十卷，數量是文帝時期的十餘倍，顯示隋煬帝更重視佛教經典的保存和經論的修撰。

南北朝時，南北方的佛教風習各不相同，隨著隋代的統一，這些高僧在彼此切磋的過程中，逐漸打破舊日南方重義理與佛學清談、北方重修持和建寺造像互有偏尚的局面，佛教發展趨於統一，且融入了漢民族文化的成分，本土特色的佛教宗派天臺宗、三論宗、三階教等也隨之應運而生。

隋末天下群雄並起，大業十三年（617），唐國公李淵於晉陽起兵，次年（618）稱帝建立唐朝，是為唐高祖，以長安為京師。唐太宗（626～649在位）繼位後，開創貞觀之治，為盛唐奠定基礎。天授元年（690），武則天改國號為周，稱聖神皇帝，以洛陽為國都。神龍元年（705）經神龍革命後，恢復唐的國號。唐玄宗（712～756在位）即位後，締造全盛的開元盛世。安史之亂（755～763）後，藩鎮割據、宦官專權，國力漸衰。唐僖宗在位期間發生的黃巢之亂（875～884），長達十年之久，轉戰近半唐朝江山，並禍延關中地區，造成的死亡人數難以估計，民生凋蔽，國力大衰。天祐四年（907），朱全忠篡唐，唐朝覆亡。

唐代李氏建國，因與老子同姓，嘗自謂為老子後裔，宗教政策大抵為道先佛後，但在宗教信仰上，除了黜佛的唐武宗外，其他的君主多佛、道並重。唐高祖早年亦信佛法，大業（605～618）初，曾為子李世民之疾祈福造像。即位不久，又下詔為祖元皇

帝和皇太后，造栴檀等身像於慈悲寺供養。貞觀三年（629），唐太宗捨家舊宅通義宮
為興聖寺，並數度下詔為戰亡將士設齋行道，並在不同的戰場上建立伽藍。貞觀十九
年（645），太宗還為自印求法歸來的玄奘（602～664）組織大規模的譯場。並應玄奘
之請，親製〈聖教序〉，敕令天下度僧尼計一萬八千零五十人。高宗（649～683在位）
為太子時，即優禮玄奘。玄奘逝世，高宗嘆言：「朕失國寶。」玄奘弟子慈恩大師窺基
（632～682）也深受高宗信任。女皇武則天（690～705在位）崇佛更篤，與華嚴宗和
禪宗的高僧法藏（643～712）、神秀（606～706）等時有往來，淨土教大師善導（613～
681）還奉武后之命，擔任洛陽龍門奉先寺盧舍那佛像檢校一職。垂拱四年（688），薛
懷義與法明等作《大雲經》讖文，稱武后為彌勒轉世。載初元年（690）七月武后頒布
《大雲經》於天下，同年九月改國號為周，改年號為天授，稱「聖神皇帝」，十月兩京
及諸州各設大雲寺一所。天冊萬歲元年（695），她又自加「慈氏（即彌勒）越古金輪
聖皇帝」的尊號。神龍元年（705）武則天退位，唐朝中興。中宗（705～710在位）、
睿宗（710～712在位）均信佛法。玄宗、肅宗（756～762在位）和代宗（762～779在
位）尊奉天竺沙門不空（705～774）為帝師，不空不但為三位皇帝灌頂，並為皇室與國
家多次建壇修法，甚為靈驗。他圓寂時，休朝三日，是唐代宮廷中最有威勢的沙門。唐
室帝王對佛教的護持，自然促進了唐代佛教的隆盛。

唐武宗（840～846在位）崇信道教，目睹僧尼教團的腐敗，又深感佛教寺院經濟
的蓬勃發展造成國家經濟困頓，於是在道士趙歸真的慫恿下，下詔拆毀佛教寺宇，勒令
僧尼還俗。武宗在會昌二年至六年（842～846）的毀佛期間，總計拆毀大寺四千六百餘
座、招提蘭若四萬餘所，勒令還俗的僧尼有二十六萬餘人，是中國佛教史最大的浩劫，
此即歷史上著名的「會昌法難」。會昌六年（846），武宗逝世，信奉佛教的宣宗（846～
859在位）即位後，即廢止武宗的滅佛政策。雖然繼宣宗之後的懿宗（859～873在位）、
僖宗（873～888在位）、昭宗（888～904在位）都虔心信佛，不過會昌法難使得佛教的
元氣大傷，勢力銳減。

唐代國力雄厚，疆土遠及西域，與天竺接觸頻繁，玄奘、義淨（635～713）自印求
法，攜回不少印度原典，天竺僧侶東來，也帶來大批的印度佛經，這些梵本經典的傳譯
都為中國佛教注入了新的活力。尤其是開元年間（713～741）入唐的善無畏、金剛智和
不空不但攜來大批的密教經典，並積極宣揚密教，奠定和鞏固了中國密宗發展的基礎。

唐代傑出的高僧輩出，在隋代行、理並重的基礎上，進一步發展出法相宗、律宗、
淨土宗、華嚴宗、禪宗、密宗各大宗派，以適應不同信徒的需求。中國佛教呈現百家爭

鳴、百花齊放的局面。同時，在發展的過程中，佛教不斷地與中國固有的思想融合。六朝以來，佛教徒曾將仁、義、禮、智、信五常與佛教的五戒相結合，撰著了疑偽經典《父母恩重經》。到了唐代，律宗道世的《法苑珠林》中，更列有〈忠孝篇〉、〈不孝篇〉、〈報恩篇〉等儒教色彩濃厚的篇章；華嚴宗的宗密（784～841）也指出，《盂蘭盆經》是孝子酬恩的重要經典，並為這部佛典注疏；淨土教的善導大師也在《觀無量壽經疏》中，強調孝養父母的重要性。此外，庶民百姓又糅合了佛教與固有傳統的冥界思想，產生了引路菩薩與地藏十王的信仰。中唐以後的社邑活動，除了舉行齋會、念經、抄經等佛事活動外，還舉行俗講，佛教信仰已滲透到人民大眾之中。總之，唐代佛教已經脫胎換骨，脫離印度佛教的拘囿，與漢民族文化緊密結合，澈底中國化了。

❧ 佛教美術

　　隋唐佛教鼎盛，佛教藝術也發展至巔峰狀態。以量來說，隋文帝時修治故像一百五十萬八千九百四十餘軀，並新造金銅、木石等大小造像十萬六千五百八十餘軀，宮內更製造大量的刺繡織成像、畫像、五色珠旛、五彩畫旛等。隋煬帝時期，修治故像十萬一千軀，鑄新像三千八百五十軀。在隋文帝和煬帝積極復興佛教的政策下，民間的造像數量當然更不可勝計。貞觀時期（627～649），全國寺院多達三千七百一十六所。會昌法難拆毀大寺四千六百餘座、招提蘭若四萬餘所，足見九世紀四〇年代，佛教寺院的發展蓬勃。不少隋唐佛寺「制過宮闕，窮奢極侈，畫繢盡工」。又有許多畫塑名家，如隋的董伯仁、展子虔，唐的閻立本（約 601～673）、吳道子（活動於 713~756）、楊惠之（活動於 713～756）等，參與寺院的壁畫或佛像的製作，創造了無數風格獨具的藝術精品。所以隋唐時期，特別是唐代，誠可謂中國佛教藝術的黃金時期。以下就分別從隋唐的畫塑名家、佛教雕刻和石窟藝術三方面，來認識隋唐偉大的藝術成就。

❀ 畫塑名家

　　隋代著名的佛畫大家有：生長在北地的展子虔、鄭法士、楊契丹；來自於南方的孫尚子、董伯仁等；尚有西域畫家尉遲跋質那。他們群聚於長安和洛陽，彼此觀摹學習，促進了南北和中西畫風的融合。張彥遠在《歷代名畫記・敘師資傳授南北時代》中提到，鄭法士師張僧繇；孫尚子法顧愷之、陸探微、張僧繇和鄭法士；楊契丹和董伯仁又祖述顧愷之、陸探微以及張僧繇。由此看來，隋代的佛教繪畫基本上仍延續著南朝齊、梁繪畫的傳統，以細密精緻的臻麗風格見長。同時，善畫佛像的尉遲跋質那，是于闐

人，又帶來新穎的西域風格。

根據《歷代名畫記》，展子虔曾作〈法華變〉，鄭法士畫〈阿育王像〉、〈隋文帝入佛堂像〉，董伯仁繪〈彌勒變〉，楊契丹作〈涅槃變〉、〈維摩變〉等。隋代佛教繪畫中，依據大乘佛經所繪的經變畫數量激增，這種現象與現存隋代的石窟壁畫相呼應，顯示經變畫的重要性在隋代大幅度地提高。

唐代的名畫家大多參與佛寺壁畫的繪製工作，奇藝駢羅，風格多變。初唐佛釋畫壇上承隋代遺緒，一方面承襲顧陸以來的中原繪畫傳統；另一方面則延續尉遲跋質那的西域風格。前者以閻立本為代表，後者則以尉遲乙僧（活動於639～710左右）執牛耳。

閻立本的父毗、兄立德都以畫事著稱，閻立本自幼受到家學薰染，也以丹青馳響當時，擅畫人物、車馬、臺閣。唐太宗時嘗奉詔畫〈職貢〉、〈凌煙閣功臣〉等圖，並參與慈恩寺的壁畫工作。雖然閻立本在慈恩寺所作的壁畫目前已經不存，但從文獻的記載和他傳世的畫蹟來推測，閻氏所作的佛畫應設色沉著，以粗細一致、強勁有力的鐵線描來完成的。

初唐與閻立本齊名的尉遲乙僧，于闐人，尉遲跋質那之子，善畫佛、菩薩和外國人物。貞觀初，因其善畫，于闐國推薦乙僧來華。尉遲乙僧在長安和洛陽的寺院繪製大量的壁畫，晚唐朱景玄、張彥遠、段成式所見尉遲乙僧的作品有長安光宅寺的〈降魔變〉、慈恩寺塔下南門的〈千缽文殊〉、興唐寺和安國寺的壁畫、洛陽大雲寺兩壁的〈鬼神〉、〈菩薩像〉、〈淨土經變〉、〈婆叟仙〉等，數量相當可觀。

尉遲乙僧的畫蹟皆蕩然無存，我們只能從文獻記載上，一探他的藝術風貌。張彥遠稱尉遲乙僧「善畫外國」，朱景玄也說他所畫的人物、花鳥「皆是外國物像，而非中華威儀」。僧悰又提到他所畫的「外國鬼神，奇形異貌，中華罕繼」。可見，尉遲乙僧畫中的人物與漢人士迥然不同，當作深目大鼻的西域人形象。至於他的繪畫技法，也與眾不同。《歷代名畫記》稱，尉遲乙僧「小則用筆緊勁，如屈鐵盤絲，大則灑落有氣概」，顯示他雖然也用勁健有力的鐵線描來作畫，但與閻立本不同的是，尉遲乙僧注意到人體結構的變化，以「屈鐵盤絲」的繁複衣紋線條來表現人體肌肉起伏的變化。湯垕《畫鑑》又言，尉遲乙僧「設色沉著，堆起絹素而不隱指」，說明他的畫不但色彩豐富，而且利用顏色層層疊染來彰現物體的體量感，此即西域流行的凹凸法。這種結合線條和重彩來描繪人體結構的繪畫方式，立體性強，與中土的繪畫傳統大相逕庭，風格獨具，所以他

在光宅寺所畫〈降魔變〉的三魔女「身若出壁」。

　　盛唐國勢強盛，經濟繁榮，繪畫藝術飛躍發展。此時最富盛名的畫家當屬活躍於開元、天寶年間（712～756）的吳道子，朱景玄稱之為「國朝第一」，又將他的作品列為「神品上」。吳道子一生主要從事於道釋人物畫的創作，對日後道釋壁畫的發展影響深遠。據載，他所作的天女「竊眸欲語」，菩薩「轉目視人」，力士「虬鬚雲鬢，數尺飛動，毛根出肉，力健有餘」。顯然吳道子不但具體地描繪了這些佛教人物的形貌，更重要的是，他充分掌握人物內在性格和神韻特色。此外，他的想像力豐富，人物造型奇蹤異狀，故他的〈白畫地獄變〉「筆力勁怒，變化陰怪，睹之不覺毛戴」。《唐朝名畫錄》也言，吳道子在景雲寺作〈地獄變相〉時，「京都屠沽漁罟之輩，見之而懼罪改業者，往往有之，率皆修善。」由此看來，吳道子所畫的〈地獄變〉，鬼怪形象恐怖，氣氛陰森驚悚，以至於觀者一見即毛骨聳然，不寒而慄，馬上改過遷善，其藝術感染力之強可見一斑。這種令人讚佩以形寫神的藝術表現能力，應是吳道子被尊為「畫聖」的原因之一吧！

　　吳道子曾隨賀知章、張旭學書法，米芾談到吳道子的用筆時說：其「行筆磊落，揮霍如蒪菜條，圓潤折算，方圓凹凸」。可以想見吳道子的用筆特別講求筆的抑揚轉動，這種波動起伏，粗細變化多端的線條，與早期用筆勻整的鐵線描效果大不相同，不但韻律性強，也豐富了線條本身的結構性和生命力。朱景玄說他「施筆絕蹤，皆磊落逸勢」，《太平廣記》稱他在下筆之時，「風落電轉」，《宣和畫譜》又言：「張顛觀公孫大娘舞劍器，則草書入神，道子之於畫，亦若是而已。」這些評語皆在強調，吳道子不但筆力勁健，自由奔放，而且下筆迅速，有如狂風電掣。吳氏利用這種奔放迅捷、起伏多變的筆描技法，繪製了無數「天衣飛揚，滿壁風動」的作品，改變了六朝顧、陸以來巧密細潤的繪畫作風，也為他取得了「吳帶當風」的美譽。除了線條之外，吳道子在設色上也有突破。郭若虛言：「嘗觀所畫牆壁卷軸，落筆雄勁，而賦彩簡淡。」湯垕也說吳道子的畫，「其傳彩也，於焦墨痕中薄施微染，自然超出絹素，世謂之吳裝。」這種輕成色的作法更突顯了吳氏筆描線條的表現力。

　　吳道子在長安、洛陽兩地繪製的壁畫即多達三百餘堵，可惜都沒有流傳下來，但從敦煌莫高窟第 103 窟東壁盛唐時期所作的維摩詰經變（圖 128），或可一窺「吳家樣」的風貌。畫中的維摩詰居士身體前傾，目光炯炯，嘴唇微啟，正在滔滔不絕地與文殊菩薩展開激烈的論辯，以至於外罩的大袍自右肩滑落也不在意。臉部的線條繪製精謹，鬚髯細若游絲，但是衣紋以蒪葉描畫成，用筆勁利，流傳隨心，線條磊落，奔放流暢，一

氣呵成。此作的落筆穩，壓力大，速度快，線條勁健有力，造成了滿壁生風的效果；此外，這鋪維摩詰像又敷色簡淡，這些都與文獻記載吳道子的畫風相符。這鋪形神兼備的維摩詰經變，當屬「吳家樣」一系的作品。

開元、天寶以後，大部分的道釋壁畫家都宗衍吳道子的畫風，民間畫工更翻印他的畫稿作為定格，「吳家樣」便成了中國佛教壁畫的主流。直到宋、元（960～1368），吳道子對中國寺觀壁畫的影響仍十分顯著。

精於鞍馬的韓幹（約 706～783），善畫人物，也參與寺觀壁畫的繪製工作，長安千福寺北廊堂的〈傳法二十四弟子〉、寶應寺的〈毗沙門天王〉和〈彌勒下生幀〉等皆出自他的手筆。段成式《寺塔

▲圖 128　維摩詰經變（局部）　盛唐　甘肅敦煌莫高窟第 103 窟　東壁南側

記》稱：韓幹在寶應寺中所畫的釋梵天女，「悉齊公妓小小等寫真也。」顯示此鋪壁畫的釋梵天女造型與當時名妓小小的寫真相彷彿，這種將真實人物融入佛教壁畫中的作法，促進了宗教畫與現實生活的連繫，也反映了盛唐佛教藝術已有世俗化的傾向。

中、晚唐時，雖然在佛畫技法上沒有太大的突破，但在創作題材上卻有新意。周昉（活動於 766～785）以畫貴遊人物、綺羅仕女著稱，偶爾也繪佛釋畫作。根據畫史，他畫過〈天王圖〉、〈九子母圖〉、〈五星〉等；不過最值得注意的是他「妙創水月之體」。《歷代名畫記》載長安勝光寺塔東南院，「周昉畫水月觀自在菩薩掩障，菩薩圓光及竹，併是劉整成色。」由此看來，周昉所創的「水月觀音」身後有一個大圓光，並有

竹子為背景。這種觀音形象並沒有經典根據，是畫家匠心獨運的創作。從周昉綺羅仕女的風格來推測，他所作的水月觀音應是一幅工筆重彩的作品，與敦煌藏經洞出土天福八年（943）〈千手千眼觀音〉帛畫左下方的水月觀音（圖129）應屬同一體系，此幅水月觀音冠有阿彌陀佛，右手持楊柳，左手捧一水瓶，身後有圓形的大月輪，左足下垂踏蓮花，右小腿橫置於左膝膝頭，閒適自在地坐於磐石之上，磐石上畫二竹筍和三竿似棕櫚樹的竹子，周圍為綠波蕩漾的蓮池，畫幅右側尚見「水月觀音菩薩」的榜書。這種觀音形貌平易可親，也是唐代佛教世俗化的一個表徵。

在佛雕名家方面，雖然資料不如釋畫大家豐富，但與其他各代相比，隋唐兩代的記載仍然較多。韓伯通在隋代已享盛名，有「相匠」之譽，據傳，長安大雲寺內就有他所塑的佛像。乾封二年（667）律宗宗師道宣坐化後，唐高宗詔令韓伯通塑繪道宣之像。

《歷代名畫記》又載，隋文帝時來華的天竺僧人曇摩拙叉，至成都雒縣大石寺，在空中看到十二神形，便雕刻了十二尊木質神像，以狀這十二位神祇的形貌。由於文獻記載簡略，我們無法具體鉤勒這兩位隋代雕塑匠師的藝術特色，不過曇摩拙叉為天竺匠師，故而推測隋代部分造像可能受到西域風格的影響。

唐代官府作坊的工匠逐漸由「勞役制」改變為「工役制」，同時獨立手工業作坊興起，這些都激發了雕塑匠師的積極性和創造性，因而唐代在雕塑藝術上有很大的突破，產生了不少雕塑名家，如初唐

▲ 圖 129　水月觀音　五代天福八年 (943)　甘肅敦煌莫高窟藏經洞出土　法國巴黎吉美博物館藏

的宋法智、吳智敏、竇弘果、安生、孫仁貴，盛唐的楊惠之、王耐兒、張愛兒等。

宋法智為塑造妙手，最長於傳神。貞觀十七年（643），宋法智以塑繪巧匠的身分，隨著李義表和王玄策所率領的使節團出使天竺，圖寫的天竺聖容道俗競摹，影響初唐佛教造像甚鉅。吳智敏與宋法智齊名，也是初唐著名的「相匠」，唐高宗命他為玄奘等十位高僧塑製肖像，可見他的傳神功夫也令人稱道。

雖然文獻記載初唐相匠的數量較盛唐為多，但盛唐雕塑名家的成就卻較初唐更為卓越。據傳，畫聖吳道子也擅長雕塑，汴州相國寺的文殊和維摩詰像即出自於吳道子之手，而他的弟子張愛兒、王耐兒也工捏塑，善石雕。不過，盛唐最具代表性的雕塑名家，當為人稱「塑聖」的楊惠之。劉道醇（活動於十一世紀中葉）稱：「惠之之塑抑合相術，故為古今絕技。」所以將其列為塑作門的神品。《五代名畫補遺》言道：

> 楊惠之，不知何處人。唐開元中，與吳道子同師張僧繇筆跡，號為畫友，巧藝并著，而道子聲光獨顯，惠之遂都焚筆硯，毅然發憤，專肆塑作，能奪僧繇畫相，乃與道子爭衡。時人語曰：「道子畫，惠之塑，奪得僧繇神筆路。」

楊惠之早年曾和吳道子同門學畫，師法張僧繇，雖具有相當高的成就，但因他在繪畫上無法超越吳道子，遂決定棄畫學塑，終於在雕塑藝術上出類拔萃，而與畫聖吳道子齊名。楊惠之一生塑造了無數的宗教造像，人稱「形模如生」、「精絕殊勝，古無倫比」。他又首創山水塑壁的表現手法，洛陽廣愛寺的楞伽山景和五百羅漢像即他的代表之作，這種在牆上堆塑出山水、樹石，羅漢活動其間的作品，對後世的宗教塑像影響深遠。據說，他尚作有《塑訣》一卷行於世。

❦ 佛教雕刻──單尊碑像與金銅佛像

從現存的單尊碑像與金銅佛像觀之，開皇年間，隋代的造像就已出現了兩個體系：一為因襲北齊和北周的保守樣式，例如紐約大都會博物館藏開皇三年（583）秦光先造觀音三尊像、大英博物館藏開皇五年（585）的立佛、東京國立博物館藏開皇五年的菩薩立像（圖130）、日本永青文庫藏開皇二十年（600）賈子寬造觀音立像，這些造像身軀，渾圓如柱，兩手貼近身體，量感十足，與北朝晚期的雕刻彷彿。另一則是寫實性較強的隋代風格，如開皇四年（584）董欽造阿彌陀佛龕像（圖131）、開皇十三年（593）范氏造阿彌陀佛龕像（圖132）、上海博物館藏阿彌陀佛三尊像等。其中，以范氏造阿彌陀佛龕像最為精美，該組龕像為九尊像的組合，裝飾華美的寶樹龕下，主尊阿彌陀佛

趺坐於仰覆蓮臺之上，神情莊嚴，兩側各有一菩薩、一比丘及一辟支佛為脅侍，座前有一香爐、兩隻獅子和兩身金剛力士，布排主從分明，配置井然有序。和董欽造阿彌陀佛龕像一樣，范氏造像的主尊身著右袒式袈裟，兩肩削斜，袈裟質地柔軟，衣褶襞面微隆，疏密隨著右手的動作變化，自然流暢，袈裟下襬平鋪於蓮座座面。不過其和董欽造阿彌陀龕像主尊纖細瘦長的身軀不同，肩胸圓潤豐實。脅侍菩薩頂戴華冠，瓔珞嚴身，神情溫雅。其中一尊兩手合十，頭部向右略傾，姿態較董欽造阿彌陀龕像的脅侍更為自然。座前的兩尊力士或握拳扭腰，或叉腰轉頭，挑眉怒目，胸腹肌肉凸鼓飽滿，富有彈性，寫實性強，較董欽造阿彌陀龕像的力士形象更為威猛，動感十足。

▶ 圖130　菩薩立像　隋開皇五年 (585)
日本東京國立博物館藏

▲圖131　董欽造阿彌陀佛龕像　隋開皇四年 (584)　陝西西安市雁塔區八里村出土　西安博物院藏

▲圖132　范氏造阿彌陀佛龕像　隋開皇十三年 (593)　美國波士頓美術館藏

　　臺北私人收藏的一尊觀音菩薩立像（圖133），身軀挺直，瓔珞繁縟華麗，仍見北周餘韻。可是其臉形長圓，額圓頰豐，曲眉秀目，眼形和嘴唇輪廓優美，五官結構刻畫細膩，神情端莊。頭、身和四肢的轉接自然，軀體結實，比例合度。胸腹肌肉自然起伏，不但顯示了肌肉的圓潤感，也表現了肌膚的彈性。雕刻此像的匠師不但仔細刻畫菩薩像正面的每個細節，對背後的細節也不輕忽，肩背的結構、衣褶的布排，以及瓔珞衣

帶結繫的方式，均交待得一絲不苟，背部衣紋線條流利，和身體的結構相呼應，處理合宜。全作已擺脫早期正面式雕刻的觀念，是一件立體性強的圓雕。波士頓美術館所藏的一尊觀音菩薩立像（圖134），原在西安古石佛寺，高249公分，為一尊大像。這尊觀音菩薩臉型方圓，冠住阿彌陀佛，左手持蓮花，身著右袒式僧祇支，外披天衣，腰腹前挺，右膝微屈，立於仰覆蓮臺上。胸前衣服的褶縐和流暢的衣褶，表現了衣服質地的柔軟。天衣和瓔珞前後層疊的複雜關係，交待得一絲不苟。兩手與身體分開，中間鑿空，較上述的菩薩立像（圖133）更為生動寫實。

◀圖133　觀音菩薩立像
隋代　臺北私人藏

▶圖134　觀音菩薩立像
隋代　原在陝西西安古石佛寺
美國波士頓美術館藏

　　唐代造像的數量豐富，分布地區最廣，內容題材最博，藝術風格變化多端，為中國佛教造像史的黃金時代。

　　初唐之世，佛教造像雖上承隋代遺風，但已有明顯的改變。貞觀十三年（639）的馬周造佛坐像（圖 135），頭大肩窄，雖與隋代的石佛造像一樣，並未完全脫離石塊的拘囿，仍有幾分僵硬，但這尊坐佛額方頰豐，眉彎眼長，兩肩厚實，身軀飽滿，量感增加，身軀各部分的連接流暢。袈裟衣褶呈圓弧形自肩上滑落，時疏時密，衣襞有深有淺，展現了袈裟質地的柔軟。懸裳座部分的褶紋隨著仰蓮花瓣的形狀，呈 U 字形垂落，線條流利，富韻律感。這種既表現雕塑的量感，又具有繪畫線條美的表現方式，正是唐代雕塑的一大特色。實際上，唐代不少雕塑名家，如吳智敏、竇弘果、楊惠之等，都精通繪事，因此唐代雕塑中融入繪畫的成分，自不足為怪。

▲ 圖 135　馬周造佛坐像　唐貞觀十三年（639）
日本京都藤井有鄰館藏

　　貞觀十九年玄奘自天竺返唐，除了大批的經卷外，尚攜回摩伽陀國前正覺山龍窟留影、婆羅疤斯國鹿野苑初轉法輪像、憍賞彌國出愛王思慕如來刻檀寫真像、劫比他國如來自天宮下降寶階像、摩伽陀國鷲峯山說《法花》等經像、那揭羅曷國伏毒龍所留影像、吠舍釐國巡城行化像七件天竺聖像的模刻。貞觀十七年隨李義表和王玄策出使天竺的宋法智、參禮天竺佛跡的運禪師（七世紀），以及證聖元年（695）返唐的義淨，都曾將他們在摩伽陀國摩訶菩提寺所臨寫的菩提瑞像帶回京師，這些天竺聖像的稿本道俗競摹，很快地便在長安、洛陽一帶流傳開來，「印度佛像」的雕造之風盛行一時，對唐代佛教造像的題材和風格均影響深遠。

西安大慈恩寺大雁塔、西明寺、實際寺、禮泉寺等寺院遺址，以及西郊土門村等地出土了許多小型模壓的磚佛，從風格來看，應為七世紀中葉至八世紀初的作品。由於有些模製磚佛的背後有「大唐善業泥壓得真如妙色身」的銘文，所以又有人稱這些磚佛為「善業泥」。

　　這些磚佛的大小規格不一，樣式有長方、方形及馬蹄形數種。陝西歷史博物館收藏中有一件蘇常侍造磚佛像（圖136），居中為一尊頂有小螺髮的坐佛，身著右袒式袈裟，右手作觸地印，左手平放腹前，結跏趺坐在疊澀束腰的方座上。頭後有圓光，身後有靠枕和方形背靠，在圓光兩側和背靠兩邊各浮雕一座舍利塔。這尊坐佛寬肩細腰，胸腹微隆，除了在左上臂和軀體之間有衣紋的刻畫外，身上並無衣紋的表現。兩側的脅侍菩薩頭後有橢圓形頭光，皆一手持花，另一手執拂塵，身軀纖長，腰臀向內側擺動，薄衣貼體，婀娜多姿。這件善業泥背後的陽刻題記云：「印度佛像大唐蘇常侍普同等共作」。據肥田路美教授考證，蘇常侍活動於西元650年代至670年代，因此蘇常侍造磚佛應作於七世紀中葉。值得一提的是，其造像風格與馬周造佛坐像（圖135）迥然不同，題記清楚表明，當時人們視蘇常侍造磚佛的佛像造型為「印度佛像」。

▲ 圖136　蘇常侍造磚佛像　唐代　陝西西安西郊原機場出土　陝西歷史博物館藏

在西行高僧、使者所攜回的聖像稿本中，最重要的乃為摩伽陀國的菩提瑞像，又稱金剛座真容像、摩訶菩提樹像。此像不但為中國多位高僧和藝匠所描摹，當義淨攜此像的摹本回國時，武則天還親迎於神都洛陽東門之外，並下令將其安置在洛陽佛授記寺中，對摹刻菩提瑞像的風潮更起了推波助瀾的作用。根據《王玄策行傳》和玄奘《大唐西域記》的記載，菩提伽耶摩訶菩提寺的菩提瑞像，是彌勒菩薩化現為婆羅門，依釋迦牟尼真容塑造的聖像。此婆羅門意欲造像之初，即告訴寺僧：「吾須閉門營造，限至六月，慎莫開門，亦不勞飲食。」由於人們對婆羅門的告誡心生懷疑，還差四天即滿六個月時，他們便打開塔門。當時塔中不見匠人，只見這尊聖像，而像的右乳上方尚有少許未竟之處，於是信眾便填塞諸寶，並奉珠瓔寶冠以為裝飾。《大唐西域記》言：「精舍內佛像儼然，結加趺坐，右足居上，左手斂，右手垂，東面而坐，肅然如在。」又說：「垂右手者，昔如來之將證佛果，天魔來嬈，地神告至，其一先出，助佛降魔。如來告曰：『汝勿憂怖，吾以忍力，降彼必矣。』魔王曰：『誰為明證？』如來乃垂手指地，言：『此有證。』是時第二地神踊出作證，故今像手傚昔下垂。」由此看來，菩提瑞像應是一尊頭戴華冠，身佩瓔珞，右手作觸地印（又稱降魔印）的釋迦降魔成道像。

菩提瑞像的稿本傳入中國後，很快地成為道俗競相摹寫的對象。麟德元年（664）玄奘臨終前，法智於嘉壽殿曾為玄奘塑造了一尊菩提瑞像。次年，在王玄策的指導下，巧匠張壽、宋朝等於東京洛陽大敬愛寺內也塑了一尊菩提瑞像。如今在四川的蒲江飛仙閣、廣元千佛崖、巴中石窟等摩崖石窟中，以及長安光宅寺七寶臺武周（690～705）末年所造的龕像、龍門石窟研究院庫藏的石雕裡，均有菩提瑞像的發現。洛陽龍門石窟擂鼓臺南洞的主尊（圖137）為一圓雕，清末時從龍門附近的寺院移來。這尊坐佛神情儼然，肩平胸厚，寬肩細腰，肌肉緊實，約鑿刻於武周晚期。祂頂戴高冠，冠下有螺髮，飾環頸項圈，右臂佩臂釧，身穿右袒式袈裟，在金剛座上結跏趺坐，右足在上，右手下垂，作觸地印，左手平張仰置腹前，是一尊法相莊嚴的菩提瑞像。

▲ 圖137 菩提瑞像　唐代　河南龍門石窟研究院藏

西安碑林博物館藏有一件造像碑（圖 138），碑高 71.5 公分，寬 41.5 公分，正面浮雕釋迦牟尼佛立像，身著右袒式袈裟，右手上舉，手掌向上，空中懸有一圓輪，圓輪內浮雕著坐著馬車、手執飄帶的日神；左手下按，左下角浮雕坐在鵝車上、手執飄帶的月神。臺座上陰刻著「釋迦牟尼降伏外道時」數字，故此像有「釋迦降伏外道像」之稱。類似的圖像在敦煌藏經洞出土的〈瑞像圖〉和敦煌莫高窟第 231、236、237、449、53 等窟西壁龕覆斗龕頂四披所畫的瑞像圖中，都可見到。第 231 窟主室龕內南披這種瑞像的榜題為「指日月像」，第 53 窟主龕北披指日月像的榜題又作「指口月瑞像」。張小剛的研究指出，指日月瑞像可能與釋迦牟尼在迦夷羅國手把口月的神異傳說有關。只是與敦煌繪畫有別的是，敦煌繪畫裡的日輪、月輪中分別繪中國傳統的圖像三足烏和一樹，而此件造像碑上的日輪和月輪中則浮雕著西域式的日神和月神，據此推測，西安碑林的這件釋迦降伏外道像很可能是依據西域的稿本所刻製。

▲圖 138 釋迦降伏外道像 唐代 西安碑林博物館藏

隨著初唐天竺圖像與稿本的傳入，中國的佛教造像也從外來的傳統中吸收養分，孕育出一種嶄新的風貌。長安七寶臺的雕刻中長安年間（701～705）雕造的十一面觀音菩薩（圖 139），頂有高髻，上有十個佛頭，分三層排列。菩薩臉如滿月，頰頤豐潤，曲眉秀目，眼帘低垂，嘴角含笑，神情嚴肅，五官女性化。此尊造像的頭頸、胸腹等部分作有機性的結組，初唐造像的生硬感已蕩然無存。上身袒露，僅斜披絡腋，下著長裙，薄衣透體。身軀修長，腰肢纖細，輪廓線條優美。胸部與小腹微隆，肌體豐腴柔潤，仍見印度笈多雕刻影響。可是，這件作品又不是笈多菩薩像的翻版，菩薩五官秀美，彷彿唐朝美女，身軀輪廓與衣紋線條流利。整件作品既表現印度雕刻所重視的立體感，又兼

具中國造像特有的流利線條，巧妙地融天竺造像風格於中國的藝術傳統之中，呈現出令人耳目一新的藝術面貌。

西安碑林博物館的收藏中，有一尊禮泉縣出土的佛立像（圖140），通高198公分，立於覆蓮座之上，臺下尚有八角形淺臺和一方座。頂有小螺髮，額圓頰豐，臉如滿月。曲眉細眼，嘴無笑意，神情端嚴。肩膀厚實，胸部微隆，小腹略鼓，大腿粗壯飽滿，反映了盛唐人物尚豐肥的審美意趣。身著通肩袈裟，衣褶較淺，大衣質地較為輕薄，身體輪廓畢現。胸前的衣紋作U字形垂落，線條流利，衣紋簡潔，大腿的衣紋以橢圓形線條表現，將大衣包覆兩腿的圓潤感展露無遺。全作雍容大度，氣宇堂堂，為盛唐佛教造像的佳作。

唐代特別流行寫真，或塑或繪，其中不乏高僧肖像。日本奈良唐招提寺開山堂中，有一尊鑑真和尚（688～763）的夾紵像（圖141），是一件珍稀的八世紀遺存。鑑真為唐代律學大師，聲名遠播。天寶元年（741），他受日本留學僧之邀，決定遠渡重洋，赴日傳法。但連續東渡五次，均因人為的阻撓或遭遇颶風而受挫，第五次東渡失敗後，鑑真由於水土不服與旅途勞頓，又被庸醫所誤，導致雙目失明。天寶十三年（754）第六次嘗試時，始成功抵日，受到日本天皇與佛教界盛大的歡迎。鑑真赴日時，有二十四位弟子同行，其中不乏精通造像與建築的能人。根據日人元開《過海大師東征傳》，這尊夾紵像是鑑真過世不久，一同赴日的弟子忍基等依鑑真法師的形貌塑造完成。所以該像雖在日本完成，卻可視作唐代之作。該像結跏趺坐，手結禪定，雙目翕合，嘴唇緊閉，神情寧靜，表現鑑真進入禪定三昧的澄澈境界。其形貌清瘦，頭顱微隆，雙眉稍蹙，嘴角向下，氣宇高邁，成功地顯示了其堅毅不拔的精神特質。此像五官塑造細膩，衣紋寫實，形象生動，為唐代肖像雕塑的經典之作。

▲ 圖139　十一面觀音立像　唐代　美國華盛頓特區弗利爾美術館藏

▲圖 140　佛立像　唐代　陝西禮泉縣　　▲圖 141　鑑真和尚坐像　唐代　日本奈良唐招提寺藏
衛生院出土　西安碑林博物館藏

　　陝西歷史博物館收藏的一件仁王像（圖 142），身著緊身鎧甲，扭頭舉手，腰臀左
擺，左腿直立，右腿屈膝，足踏被降伏的兩個小鬼。仁王怒髮蹙眉，瞋目咬唇，臉部肌
肉呈塊狀凸起，面部表情誇張，充分表現仁王英武勇猛、威風凜凜的氣勢。而其足下被
降伏的小鬼，呲牙裂嘴，表情苦楚，刻畫入微，這種栩栩如生的寫實作風，正是盛唐造
像的精髓。

　　盛唐晚期，密教興起，長安出現了許多密教的寺院，如青龍寺、大興善寺等。只是

會昌法難時，唐武宗推行嚴酷的毀佛政策，拆毀數以萬計的寺院和蘭若，以至於這些密教寺院皆未能倖存。1959 年西安市西北隅安國寺遺址出土了十一尊與密教有關的石雕造像，包括了寶生如來、文殊菩薩、不動明王、降三世明王、馬頭明王（圖 143）等，根據風格特徵，這些造像約雕於盛唐晚期至中唐初期（八世紀下半葉），是現存難得的唐代密教造像。

▲ 圖 142　仁王立像　唐代　陝西寶雞市徵集　陝西歷史博物館藏

▲ 圖 143　馬頭明王坐　唐代　陝西西安市安國寺遺址出土　西安碑林博物館藏

明王為佛、菩薩的教令輪身（「輪」是指破除一切煩惱的寶輪），祂們的內心雖與佛、菩薩一樣，充滿著悲憫仁慈，但為了降伏外在各種邪魔和眾生的貪、瞋、痴，故以凶忿的面容和手持各式器杖的形象示現，達到護持和嚇阻的效果。馬頭明王，又稱馬頭觀音，是密教蓮花部的忿怒明王。安國寺出土的馬頭明王，三面八臂，正面冠有化佛，頂上原有一馬頭，今已殘損。三面均蹙眉怒目，作忿怒狀。正面三眼，犬牙上出。上身全袒，肩披天衣，身佩瓔珞，在下為岩石、上為仰蓮的臺座上散盤而坐。主二手在胸前結印契，右側其他三手分別執斧鉞、持念珠和作與願印；左側其他三手分別執持棒、淨瓶和蓮花。唐菩提仙譯《大聖妙吉祥菩薩祕密八字陀羅尼修行曼荼羅次第儀軌法》言：「東北角畫馬頭明王而有三面，六臂各執器杖。左上手執蓮華，一手執瓶，一手執棓當心；二手結印契；右上手執鉞斧，一手執數珠，一手執索，輪王坐在蓮華中。」安國寺出土馬頭明王的圖像特徵大抵與經軌所述相同，除了以手作與願印取代一手執索外。

　　安史亂起，玄宗倉皇南逃，中原的佛教受到嚴重的摧殘，佛教藝術的發展也受到重挫。會昌法難，更是中國佛教的一大浩劫，被摧毀的佛教造像更是不計其數，佛教造像遂趨式微。因此，中、晚唐的佛教藝術在風格上，大都因襲盛唐舊規，較乏生命力。以上海博物館所藏的天王像（圖144）為例，這尊天王雖然也身著鎧甲，足踏兩個惡鬼，但其臉形寬長，身軀臃腫，腹部圓鼓，手腳不合比例，足下惡鬼甚大，面部並無苦不堪言的表情，與威武有力的盛唐仁王像（圖142）已不能相提並論。

▶圖 144　天王立像　唐代
上海博物館藏

🌷 石窟藝術

隋唐兩代龕窟分布地區甚廣，造像數量最多。甘肅有敦煌石窟、永靖炳靈寺、天水麥積山、慶陽北石窟寺等，陝西有彬縣石窟、麟游石窟等，山西有太原天龍山石窟，河南有洛陽龍門石窟、安陽寶山大住聖窟等，山東有歷城神通寺千佛崖、益都駝山、雲門山、東平白佛山、長清五峰山等，四川有廣元、巴中、大足、安岳、蒲江、夾江等，廣西有桂林石窟，構成了佛教藝術傳播的網路。這些石窟無論在表現風格，或題材選取、內部布局上，皆各有特色。今僅舉寶山大住聖窟、龍門石窟、四川石窟和敦煌石窟數處介紹於下，以明瞭隋唐石窟藝術發展的梗概。

●寶山大住聖窟

大住聖窟位於安陽寶山靈泉寺西的石灰岩斷壁上，此窟的兩則開窟造像題記指出，其開鑿於開皇九年（589）。《續高僧傳・靈裕傳》載，靈裕（518～605）「後於寶山造石龕一所，名為金剛性力住持那羅延窟，面別鐫法滅之相」。經學者考證，大住聖窟即靈裕所開的「金剛性力住持那羅延窟」。它不但是中原地區極少數保存完整，且刻具年款的隋代石窟，同時又具體地反映了齊、隋高僧靈裕法師的教學內容，是中國佛教史與石窟史上一座重要的洞窟。

靈裕，定州鉅鹿曲陽（今河北曲陽）人，十八歲（535）出家。一生精研華嚴、涅槃、地論以及律部，在義理思想上，時能推陳出新，屢有突破。北齊文宣帝時，他曾多次在鄴都講說《十地論》和《華嚴經》，論理精闢，聽講者紛紛皈依，遐邇馳譽，人稱「裕菩薩」。隋開皇十一年（591），文帝楊堅召靈裕進京，遂至長安，住大興善寺。旋被立為「國統」，靈裕固辭不受。

該窟窟門呈圓拱狀，上方刻「大住聖窟」四字。窟外鐫刻大量文字，包括〈造窟題記〉、〈歎三寶偈〉、《妙法蓮華經・如來壽量品》、《勝鬘師子吼一乘大方便方廣經・一乘章》、〈廿五佛名〉、《大方等大集經・月藏分・法滅盡品》、《妙法蓮華經・分別功德品》、〈五十三佛名〉、〈卅五佛名〉、〈十方佛名〉、〈懺悔文〉、以及〈无常偈〉（圖145）。門外兩側分別開一圓拱淺龕（圖146），東側神王面有長鬚，上身赤裸，下著長裙，頭戴寶冠，身披天衣，足踏臥牛，右手持三叉戟，左手執劍。此龕右上方隸書題名：「那羅延神王」。西側的神王亦面有長鬚，持物皆與那羅延神王相似，不過身穿甲冑，雙腳下踏著一隻似鹿的動物。此龕左上方隸書題名：「迦毗羅神王」。這兩位神王皆是中國佛教的護法大將。

▲圖 145　大住聖窟外觀　隋開皇九年 (589)　河南安陽　寶山

▲圖 146　窟門　隋開皇九年 (589)　河南安陽　寶山大住聖窟

　　該窟的規模不大，屬一中型窟，平面略呈正方形，窟頂作淺覆斗狀，和北齊洞窟一樣，中心刻一朵大蓮花，在北、東、西三披的底部，各有一組飛天，中間有一如意寶珠，南披僅作一如意寶珠。窟門南向，北、東和西三壁各鑿一大圓拱龕（圖147），龕內三尊像的臺座皆設置在一低壇之上。北壁龕的一佛一弟子和一菩薩組成的三尊像頭部已殘，主尊坐佛坐於金剛寶座上，頭光的右上方隸書題名曰：「盧舍那佛」。該佛的法衣上刻畫了五道的形象，胸前的袈裟上作一飛天，其下為一人，在交疊雙足部分刻一頭牛，右膝附近有一餓鬼，左膝附近作一在地獄受苦的人物。

▲ 圖 147　內景　隋開皇九年 (589)　河南安陽　寶山大住聖窟

　　西壁龕的形制與布局與北壁龕相仿，主尊坐佛坐於仰蓮之上，上方題名曰：「阿彌陀佛」，兩側各有一脇侍菩薩。東壁龕的狀況和北壁龕極為相似，也是一佛一弟子和一菩薩三尊像的組合，主尊坐佛坐於金剛寶座上，上方題名云：「彌勒佛」。每龕兩側各刻七佛，分別為《佛說決定毗尼經》所錄的三十五佛和過去七佛。入口內壁西側刻《大方

等大集經‧月藏分‧分布閻浮提品》和《摩訶摩耶經》中與末法思想有關的文句，東側則依據曇曜的《付法藏因緣傳》雕二十四位傳法聖師像（圖148）。全窟造像的布排井然有序，而刻經的內容又是經過刻意選擇，大住聖窟顯然是經過靈裕法師精心規劃的窟洞。

　　《續高僧傳‧靈裕傳》提到，靈裕於寶山開鑿金剛性力住持那羅延窟時，「面別鐫法滅之相」，此一記載清楚說明，靈裕開鑿大住聖窟的動機與當時流行的末法、法滅的思想有著密切的關係，這點可由窟內鐫刻與末法和希冀佛法永住世間有關的經文得到證實。入口東側壁的二十四位傳法聖師則是延續佛法命脈的代表人物。大住聖窟的布局，清楚地表達了靈裕積極護法的熱忱。此外，刻題的經文中，佛名的比例甚高，所以推斷除了禮佛、禪觀之外，在大住聖窟中還可以進行稱念佛名、懺悔諸罪等宗教儀式。

▶圖148　二十四傳法聖師像　隋開皇九年 (589)
河南安陽　寶山大住聖窟　入口東側壁

　　根據 1920 年代的舊照片，大住聖窟的佛或菩薩皆額方頰豐，姿態端嚴，毫無動感。菩薩頭戴低冠，衣紋作平階狀，保存北齊的餘韻。不過，大住聖窟的坐佛（圖149）雙肩寬闊，胸部厚實而不圓鼓，軀幹結構與北齊圓渾的柱狀迥然不同。菩薩的上身也較北齊菩薩像短，小腹不再圓鼓突出，身體各部分呈有機組合，較北齊作品更形圓熟柔順。衣紋疏朗簡練，佛的袈裟自然垂落於須彌座或蓮臺之上，裝飾性減少。菩薩所披之帔帛不再採北朝流行的腹前交叉形式，而是在胸前或在大腿部位，自然垂落，形成優美的弧線。該窟最精彩的部分還是以減地雕刻法作成的二十四傳法聖師像（圖148）與門外的兩位魁梧雄健的神王像（圖146）。前者二僧一組，作相對談話狀，二人間或雕蓮花寶珠，或以山石相隔。浮雕極淺，人物姿態自然，眉目畢具，雕製精巧。窟外的那羅延神王和迦毗羅神王像也是以減地法雕成，祂們不但在狹隘的空間中，或轉頭，或舉足，姿勢靈活生動；更在有限的深度中，將胸腹肌肉鬆軟的質感盡表無遺。這種寫實能力的提升，是隋代造像的一大突破。

▲圖 149　盧舍那佛龕　隋開皇九年 (589)　河南安陽　寶山大住聖窟　正壁

●龍門石窟

　　北魏分裂以後，洛陽迅速沒落，龍門的開窟造像活動沉寂下來，北朝晚期僅開鑿了少數的洞窟與小龕。隋代沒有開窟，有紀年的小龕也僅發現三例，皆在賓陽南洞內外。貞觀四年（630），唐太宗詔治洛陽宮，洛陽始得以恢復和發展。顯慶二年（657），高宗以洛陽為東都；光宅元年（684），武則天又稱之為神都。高宗、武周、中宗和玄宗時期，是洛陽史上空前繁榮的時期，政治安定，經濟發達，在帝室和貴族積極護持下，洛陽佛事活動再度興隆，一般僧尼、百姓等各個階層也相繼不絕地在龍門鑿龕造像，龍門石窟的開鑿又再度蓬勃起來。

　　龍門石窟刻具唐代年款的銘文，迄今尚未發現唐高祖武德年間（618～626）的造像，顯然該地石窟的開鑿並未與唐朝建國同步。目前龍門石窟發現最早的唐代紀年造像記為貞觀十一年（637）的〈洛州鄉城老人造像記〉。太宗貞觀和高宗永徽年間（627～655）紀年造像的數量很多，大抵集中於賓陽南洞和老龍洞裡。高宗永徽元年至總章二年（650～669），繼續營造北魏廢棄的賓陽北洞外，又開鑿了敬善寺洞、潛溪寺洞等。高宗咸亨元年至武周長安四年（670～704）所造石窟多為大、中型的洞窟，雕刻成就斐然，圖像意涵豐富，無論在數量、規模、藝術或宗教上，都為龍門開窟造像的鼎盛時期。唐中宗至玄宗時期（705～756），一方面東、西兩山的開窟鑿龕的場所幾乎用盡；另一方面玄宗崇道，開元十年（722）正月，玄宗敕命兩京及諸州置玄元皇帝廟與廣祀老子，龍門石窟的造像活動遂逐漸緩慢下來。天寶十四年（755），安祿山攻陷東京洛陽，此後該地戰亂不斷，「東都離破，百戶無存」，民生凋敝，洛陽一片荒涼，龍門石窟窟龕的開鑿活動幾乎停止。代宗收復洛陽之後，國家元氣大傷，無力推動龍門石窟的開鑿工作，民間所開的窟龕也十分稀少，八世紀末龍門石窟的開鑿遂走入歷史。位於東山萬佛溝西段北崖上方、貞元七年（791）戶部侍郎盧徵所開的救苦觀世音菩薩龕，為龍門石窟最晚的紀年作品。

　　龍門現存唐代的大窟計三十五個，分布於西山與東山兩地，其中七個是利用以前的舊洞改造而成，賓陽南洞即是一例。賓陽南洞為賓陽三洞之一，初鑿於北魏宣武帝時，不過北魏時並未完成，便遭廢棄。目前前壁及兩側壁上營造大小佛龕一百五十餘個，紀年最早的是北壁中部的隋大業十二年（616）七月十五日河南郡興泰縣人梁佩仁所造釋迦像二龕。

　　賓陽南洞布局與賓陽中洞十分類似，平面也成方形，穹窿頂的中央浮雕蓮花藻井，

正壁及兩側壁的地面上，留有安置造像的低壇。壁腳有十神王的浮雕，其中南壁東側壁腳的山神王和北壁東側壁腳的神王，係北魏雕刻。根據〈伊闕佛龕碑〉，賓陽南洞正壁的坐佛五尊像，是貞觀十五年（641）魏王李泰為追悼亡母長孫皇后所造。這五尊像的脅侍菩薩和比丘姿勢挺直，造型古拙。兩尊脅侍菩薩頭戴三面蓮瓣寶冠，瓔珞於膝部交叉，均手持桃形物，無論在服裝或瓔珞樣式上，都與賓陽中洞的脅侍菩薩像相彷彿，這組尊像的雕鑿顯然參考了賓陽中洞正壁的造像。主尊坐佛（圖150）結跏趺坐在疊澀束腰方形臺座上，右手作施無畏印，左手食指下伸，手印與

▲ 圖 150　佛坐像　唐代　河南洛陽　龍門石窟賓陽南洞　正壁

賓陽中洞的主尊（圖64）相同。不過這尊坐佛方額廣頤，圓柱狀的頸項、厚重塊狀的身軀、結跏趺坐的雙腿仿若平臺、身體各部分的結組生硬，未能有機地連繫在一起，這些特徵都與隋代造像相似。不過這些造像兩頰飽滿，雙唇豐厚，頸有弦紋，身著雙領下垂式袈裟，但左肩下有吊鉤固定袈裟的衣端，弧線的衣紋流利，衣服間層疊的關係交待明確，頭光分為內外兩層，由波狀唐草紋和蓮花紋組成，凡此種種皆展現唐代匠師創新的企圖心。

　　在龍門石窟眾多的造像題材中，尚發現他處罕見的優填王像。李文生的調查指出，龍門石窟有七十餘尊優填王像，主要分布在賓陽洞和敬善寺洞區，另外則散刻於其他洞窟中。除一部分為摩崖造像外，許多優填王像為可以移動的圓雕作品。根據造像記，紀年最早者為高宗永徽六年（655），最晚者為調露二年（680）。貞觀十九年玄奘帶回七尊天竺聖像的摹刻中，擬憍賞彌國出愛王（又稱優填王）的如來檀像受到京洛雕刻匠師的

重視，龍門石窟優填王像最早的紀年又距玄奘的歸國時間僅有十年，龍門石窟優填王像的流行應與玄奘帶回的粉本有關，是中印佛教文化交流的見證。

優填王像是「優填王造像」的略稱。佛教典籍的記載，釋迦牟尼應帝釋天之請，前往忉利天，為生母摩耶夫人與諸天眾說法，長期未還，憍賞彌國優填王與舍衛城波斯匿王，思慕佛陀，憂愁成病。優填王遂請巧匠鑿刻牛頭栴檀作釋迦形象，高達五尺，以解思念之苦。波斯匿王聽說後，也找來國內能手，以紫磨金作五尺高如來像。根據這個傳說，優填王命匠人所雕刻的釋迦牟尼佛像，即被視為佛教製造偶像的肇端。

優填王像（圖151）形象千篇一律，外貌程式化，皆右手作說法印，左手仰置左膝上，善跏倚坐。肉髻平滑，臉作橢形，神情肅穆莊嚴，雙肩寬厚，上身短碩，軀幹粗壯。頭部、軀體與腿保持垂直，正襟危坐。身著右袒式袈裟，緊貼身體，不刻畫衣紋，風格獨具，顯然受到印度雕刻的影響，與中國傳統的造像大不相同。此外，不少龍門的優填王像後的壁面上，還有線刻的笈多式背障，方形的椅背上方刻六連弧，兩側刻摩羯魚、怪獸、童子等形象。

▲圖151　優填王像　唐代　河南洛陽　龍門石窟賓陽南洞附近

潛溪寺洞位於龍門西山北部，開鑿於七世紀的五〇年代中葉至六〇年代的高宗早期，是初唐開鑿的一個大洞。此窟平面呈方形，穹窿頂，窟頂刻有蓮花藻井。正壁雕一佛、二弟子、二菩薩、二天王的七尊像一鋪，此窟以

天王像作為主尊脇侍，是龍門石窟的首例。主尊坐佛（圖152）右手作施無畏印，左手作與願印，結跏趺坐於束腰方座之上。這尊坐佛有渦狀髮紋，面相渾圓，嘴角略帶微笑。和賓陽南洞的主尊（圖150）相比，這尊坐佛兩手不再緊貼身體，已擺脫筒狀或塊狀的組合方式，身體各部分比例均衡，頭、頸、胸、腹的連接自然，膝頭也不似賓陽南洞主尊那麼方硬，肌理顯得圓柔。衣紋時疏時密，上半身的衣紋形成多條流麗的曲線，垂懸在臺座前衣襬的褶紋也富於變化。左脇侍菩薩冠上有立化佛，左手握寶瓶，右手持蓮花，當為觀世音菩薩。右脇侍左手捻寶珠，右手持桃形物。兩尊脇侍菩薩面相圓潤豐滿，曲眉秀目。整體而言，潛溪寺洞的造像寫實性提高，為唐代造像的新風格奠定基礎。

▲ 圖152　正壁　唐代　河南洛陽　龍門石窟潛溪寺洞

　　敬善寺洞為一中小型的洞窟，位於賓陽南洞與摩崖三佛的中間，開鑿年代與潛溪寺洞相近。洞口北側刊刻一則宣德郎守記室參軍事李孝倫撰寫的〈敬善寺石像銘并序〉，

由此可知，此窟為紀國太妃韋氏所開。韋氏為太宗之妃，紀王之母，卒於麟德二年（665）。敬善寺洞窟口上方有一方形龕，兩側為二飛天相對。窟口外側各雕一金剛力士，兩側壁各有一尊菩薩立像。石窟窟頂為穹窿頂，淺浮雕蓮花藻井，環以七身飛天，形象生動。洞內布局新穎，造一坐佛、二弟子、二菩薩和二天王，並在主尊和兩脇侍弟子間，各刻一體形較小的供養菩薩，在脇侍弟子和脇侍菩薩間刻體形較小的供養比丘（圖153）。周壁刻蓮莖，上有數十尊化身菩薩或坐或立於連莖蓮花上，姿態萬千，奇趣橫生。

此窟主尊坐在八角束腰蓮臺之上，身著雙領下垂式袈裟，衣襬覆座，座底覆蓮有兩隻小護法獅子。坐佛造像身軀厚實，具圓柔感，不過姿態仍顯拘謹。該窟內外的菩薩像、天王像和力士像的寫實性則大幅度提高。菩薩的身材停勻，瓔珞、天衣、裙裳的層疊，衣紋線條流暢。窟內的兩尊天王皆穿鎧甲，雙手合持長劍，各踏二邪鬼，其頸部的頸當、肩膀下吊著的皮甲、胸甲、腹甲與腰當以及腳部的脛當等，皆刻畫仔細；同時，北壁天王的雙眼圓睜，太陽穴的血管和兩頰的肌肉隆起，充分展現了天王威猛的護法特質。

▲ 圖153　北壁　唐代　河南洛陽　龍門石窟敬善寺洞

武則天於永徽六年（655）封后，並於麟德元年（664）代替病痛纏身的高宗執政，咸亨五年（674）改稱高宗為「天皇」，自己為「天后」。弘道元年（683）高宗駕崩後，

政事全由武后主宰。顯慶二年（657）高宗以洛陽為東都，光宅元年武后又改稱神都，即實際的首都。武則天篤信佛教，掌政之後，與宮廷相關的石窟在龍門陸續營建起來，奉先寺的大盧舍那像龕、惠簡洞、萬佛洞即這類石窟的代表。其中，最富盛名的當是奉先寺大盧舍那像龕（圖 154）。

▲ 圖 154　正壁　唐咸亨三年至上元二年十二月 (672～676)　河南洛陽　龍門石窟奉先寺大盧舍那像龕

　　奉先寺大盧舍那像龕位於龍門石窟西山南部的山崖上，是龍門石窟群中規模最大的一組群雕。依據盧舍那像佛座北側開元十年（722）的〈河洛上都龍門山之陽大盧舍那像龕記〉，此龕是由唐高宗主持營造，咸亨三年（672）武后還拿出二萬貫脂粉錢，贊助此龕的鑿刻，歷時近四年，至上元二年十二月（676 年 1 月）始大功告成。整個工程的檢校僧為西京實際寺的善導法師和法海寺的惠暕（惠簡）法師，可見長安的高僧也參與了大盧舍那像龕的營建。

此龕平面呈ㄇ字形，寬約 33 公尺，深約 40 公尺，高約 35 公尺。在正壁及左右壁下部，環以高 53 公分的低壇。低壇上鑿刻了九尊大像。主尊盧舍那佛結跏趺坐於八角束腰蓮座之上，佛座束腰部分尚刻出神王，通高 10.65 公尺，左右分別有阿難、迦葉、二菩薩、二天王和二力士為脅侍，高度都在 10 公尺以上。南北兩壁的菩薩與天王之間，還刻有高約 6 公尺的供養人像。

　　此龕的盧舍那佛（圖 155）肉髻較高，髮紋如波，方額廣頤，面相豐潤，眉彎眼長，俯視眾生，下頷內收，嘴角含笑，容貌慈祥而莊嚴。身著質地柔軟的通肩大衣，衣褶簡潔，襞面微隆，胸腹部分出現疏朗的弧形衣紋，薄衣下的軀幹量感一覽無遺。二位脅侍比丘中，迦葉殘毀嚴重，阿難的保存大體完好，眉清目秀，年少文雅。脅侍菩薩衣飾華麗，頭冠、胸飾、瓔珞等皆雕刻細緻精美，儀態雍容。這兩尊菩薩腰略向內側輕移，姿勢不再僵直。上身全袒，肌肉起伏有致，富有彈性。天衣及下裳自然流瀉，寫實性高。與靜態的比丘和菩薩像相映成趣的是，兩側的天王與力士像（圖 156），祂們動感十足。左壁的毗沙門天王，眉頭緊鎖，雙目圓睜，表情凶忿。身穿鎧甲，腿綁脛當，右手托塔，左手插腰，扭腰屈膝，腳踏夜叉，姿勢威猛而生動。身側的力士像上身袒露，身披天衣和瓔珞，與天王像一樣，動作誇張，身體彎曲成ㄑ形，跨步而立，瞋目張口，

▲圖 155　盧舍那佛坐像　唐咸亨三年至上元二年十二月（672～676）河南洛陽　龍門石窟奉先寺大盧舍那像龕正壁

喝然有聲，頸筋暴突，鎖骨突起，全身肌肉緊繃，迸發出咄咄逼人的雄強氣勢。這種形神兼備的表現手法，顯示唐代的寫實風格已趨成熟。整體而言，此龕造像的技藝精湛，規模恢宏，氣魄非凡，是初唐雕刻的經典之作。

▲圖 156　天王與力士像　唐咸亨三年至上元二年十二月 (672～676)　河南洛陽　龍門石窟奉先寺
大盧舍那像龕　北壁

　　大體來說，此龕的九尊造像皆頭大頸短，立像部分更因上身短碩，而有上重下輕的
感覺，身體結構的處理似乎不盡合理，這一方面固然反映了初唐造像頭大身小的風格特
色，但另一方面則是雕刻家考慮到觀者在禮拜這些立像時，必須抬頭瞻仰，為了讓觀者
清楚地看到這些尊像的表情與神韻，特別誇張了上半身的結果。

　　奉先寺洞大盧舍那像龕西壁、南壁及北壁的大像之間，尚開不少小龕，內有一至五
尊不等的佛立像。此洞北壁外側刻著一方〈大唐內侍省功德之碑〉記載，這些立佛是
開元十八年（730）內侍高力士等一百六十人，為唐玄宗所造的四十八尊無量壽佛像，
其雕刻的年代較晚，風格上與大龕的九尊不盡相同。這些立佛（圖157）的造型十分相
似，身著通肩大衣或雙領下垂式袈裟，襟口或開或閉。頭若圓球，髮紋如渦，眼睛細
長，嘴形優美，浮現微笑，身體比例勻整，胸肌鬆軟，小腹微突，量感十足，衣紋的弧
線自胸腹垂落，覆滿下半身。這些立佛飽滿圓渾，氣度堂堂，與長安盛唐的造像同風。

▲ 圖 157　阿彌陀佛立像　唐開元十八年 (730)　河南洛陽　龍門石窟奉先寺大盧舍那像龕　北壁

　　萬佛洞位於西山中部，因該窟刻有一萬五千尊佛像，故名「萬佛洞」，是另一座與唐代宮廷有關的重要洞窟。紀年銘文刊刻在窟頂蓮花藻井之間，云：「大唐永隆元年（680）十一月卅日成。大監姚神表、內道場運禪師，一万五千尊像。」洞口甬道北側的造像記亦言：「沙門智運奉為天皇、天后、太子、諸王，敬造一万五千尊像一龕。」龍門瘞窟惠燈洞的銘記提到，惠燈姊妹十餘歲時，即「事內供奉禪師尼智運」，故知萬佛洞內兩則題記中講到的「運禪師」及「沙門智運」，應指比丘尼智運，她是內道場（設於宮廷的道場）的比丘尼。文中「大監」則是掌管宮內事務的女官官職。由此看來，萬佛洞的營造工程是在兩位女性的主持下，為天皇高宗、天后武則天、太子李顯，以及諸王等祈福而進行的，而背後強有力的操縱者很可能就是當時掌政的武后。

　　萬佛洞的正壁（圖158）中央雕坐佛一尊，右手作施無畏印，左手撫膝，結跏趺坐
於束腰八角蓮座上，束腰部分刻四身負座力士，左右各有一脇侍比丘和菩薩侍立。在兩
側比丘和菩薩間，又浮雕一尊高及菩薩腰際、雙手合十的供養人像，供養人體態豐潤，
腹部隆起，頭梳半翻髻，身著襦衫，帔帛垂肩，長裙曳地，穿雲頭履，乃唐代典型的貴
族婦女形象。左右壁雕滿排列整齊的一萬五千尊小坐佛，在兩壁的小佛中央又各雕一尊
優填王像，壁腳浮雕二十六身伎樂和舞伎，全窟規劃統一，布局嚴謹。前壁的入口兩側
各配一尊足踩邪鬼的天王像，窟外尚有兩尊力士像，其旁又各刻一頭獅子。

▲ 圖158　正壁　唐永隆元年 (680)　河南洛陽　龍門石窟萬佛洞

　　萬佛洞正壁五尊像的上方，刻二飛天、二化生童子和五十尊坐姿不一的菩薩，五十
尊菩薩皆坐在蓮莖相連的五十個座蓮臺之上，代表西域天竺的瑞像——阿彌陀佛五十菩
薩。道宣《集神州三寶感通錄》（麟德元年［664］撰）記載：

相傳云：昔天竺雞頭摩寺五通菩薩，往安樂界請阿彌陀佛，娑婆眾生願生淨土，無佛形像願力莫由，請垂降許。佛言：「汝且前去，尋當現彼。」及菩薩還，其像已至，一佛五十菩薩各坐蓮花在樹葉上。菩薩取葉所在，圖寫流布遠近。

四川梓潼臥龍山千佛崖第 3 龕外留存〈阿彌陀佛五十二菩薩傳〉碑記一則，內容與《集神州三寶感通錄》所述雷同，該則碑記的紀年為貞觀八年（634），足見阿彌陀佛五十菩薩瑞像的傳說在初唐十分流行。據道宣的記載，北齊著名的畫家曹仲達曾摹寫此像，京邑推崇。隋文帝時，沙門明憲也曾從北齊道長法師處得到一本。《續高僧傳》卷十二〈慧海傳〉又提到，慧海（551～609）「常以淨土為期，專精致感。忽有齊州僧道詮，齎畫無量壽像來云：是天竺雞頭摩寺五通菩薩，乘空往彼安樂世界圖寫尊儀。既冥會素情，深懷禮懺，乃覩神光焰爍，慶所希幸。於是模寫懇苦，願生彼土，沒齒為念。」顯然道詮送給慧海的也是一幅阿彌陀佛五十菩薩圖。可惜，北齊、隋代的阿彌陀佛五十菩薩圖皆未保存下來，目前發現的都是初、盛唐之作。

唐代宮廷、顯貴、庶民在龍門開窟鑿龕蔚為風潮，七世紀末西山的壁面已不敷使用，部分人士遂轉往東山發展。龍門的東山石窟群主要分布在擂鼓臺、香山寺和萬佛溝三個區域。擂鼓臺的三洞連成一氣，擂鼓臺中洞窟門上方有四角形題額，刻二行楷書「大万伍千佛像龕」，故此窟又稱「大萬伍千佛洞」，開鑿於武周時期。該窟的設計新穎，平面呈馬蹄形，窟頂中心浮雕八瓣大蓮花，蓮花周圍刻伎樂天、祥雲寶塔、瑞鳥、蓮花、寶珠，以及凌空飄揚的琵琶、箏、細腰鼓、鈸等樂器。正壁起一高壇，壇上雕彌勒佛倚坐三尊像（圖 159）。洞內四壁中部至藻井周圍密刻小坐佛，左右壁及正壁下部壁腳刻有高約 80 公分的傳法比

▲ 圖 159　正壁　唐代　河南洛陽　龍門石窟擂鼓臺中洞

丘二十五身，全窟的設計整齊劃一。窟門內的南側下方刻有《佛說阿彌陀經》、《金剛般若波羅蜜經》、《六門陀羅尼經》和《般若波羅蜜多心經》的經文。窟門外的兩側各刻一力士，通道側壁及門券上方也遍刻小千佛。

　　主尊彌勒佛（圖 160）身著通肩式袈裟，左手撫膝，善跏倚坐於須彌座上，足踏兩朵蓮花。正壁浮雕笈多式背障，長方形背障區分成幾個方格，兩側飾有一騎獅童子、一騎羊童子和摩羯魚，椅背上部還有六個連弧，刻有日、月等左右對稱的圓形圖樣，外側則描繪雲及飛天。這樣的形式，在咸亨四年（673）惠簡洞的彌勒像（圖 161）上已有發現。擂鼓臺中洞主尊坐佛的頭部已遭破壞，現藏於美國舊金山的亞洲美術館中，其頭髮作大旋渦紋，雙眼細長略微上揚，臉頰豐圓，嘴小而秀。和惠簡洞的彌勒像比較，擂鼓臺中洞的主尊身軀飽滿，小腹微鼓，兩腿開張，四肢舒展，身軀結構的處理更具官能性。此外，菩薩身軀纖長，微扭腰身，體態婀娜多姿。

▲ 圖 160　彌勒佛坐像　唐代　河南洛陽龍門石窟擂鼓臺中洞　正壁

▲ 圖 161　彌勒佛坐像　唐咸亨四年 (673)河南洛陽　龍門石窟惠簡洞　正壁

天井蓮花的周圍鐫刻隸書「上方壹切諸佛」六大字，窟頂與壁面交接處，刻有六處隸書榜題：「南方壹切諸佛」、「北方壹切諸佛」和「東北方壹切諸佛」、「東南方壹切諸佛」、「西南方壹切諸佛」、「西北方壹切諸佛」諸字。毫無疑問播鼓臺中洞窟頂和壁面上的這些小佛代表著三世十方一切諸佛，這樣的設計可能與道場中行道禮佛的儀式有關。正壁和左右兩壁下部壁腳刻有二十五位祖師像，其間刻有摘自曇曜、吉迦夜合譯《付法藏因緣傳》的文字，逐一說明其像的名號，代表釋迦入滅後，繼續在閻浮提弘傳佛法的天竺二十五位祖師，從南壁西端經後壁到北壁西端，依序排列。這些祖師像的雕刻理念應與安陽大住聖窟雷同，具有護持法藏的意圖，窟門內南側下方的刻經，也清楚地表達了同樣的想法。

　　看經寺洞位於東山萬佛溝北側，是龍門石窟東山規模最大的一座洞窟，約開鑿於開元初期。窟門高大，兩側各雕一力士像。平面呈長方形，窟頂為四面起坡的平頂，正中刻八瓣蓮花，外有飛天翱翔。看經寺洞空間開闊，南北兩壁除了數列小坐佛和數尊供養菩薩外，大片壁面素淨無飾，正壁和南北兩壁的下部共雕二十九尊高達 170 餘公分的祖師像。這些祖師像或老年持重，或年輕溫雅，或深目大鼻，或眉目清秀；或眉頭緊鎖，若有所思；或兩眼圓睜，嘴角下抑，不但年齡有別，形貌也無一相同，形象生動寫實（圖 162、163），而且這些祖師不是孤立的個體，有些祖師似在交談，彼此之間相互呼應。

▲ 圖 162　祖師像（局部）　唐代　河南洛陽　龍門石窟看經寺洞　北壁

▲ 圖 163　祖師像（局部）　唐代　河南洛陽　龍門石窟看經寺洞　南壁

看經寺洞內沒有主像，這二十九尊祖師應是此窟的主題。這些造像既無榜題，也沒有造像記，不過從其布局來看，這些祖師像應與擂鼓臺中洞的二十五尊傳法祖師像有關。看經寺洞的祖師像全體左向，南壁西端為首的兩位比丘手持蓮枝，最前頭的比丘雖然上身殘損，但從殘痕推測，其應胸骨稜層，身後的比丘年紀較輕，推測二者即為《付法藏因緣傳》中所稱的第一祖迦葉和二祖阿難。只是此窟較擂鼓臺中洞多出四尊祖師，共計二十九位。由於大曆九年（774）的《曆代法寶記》在《付法藏因緣傳》的基礎上，列出了迦葉至菩提達摩多羅二十九代禪宗師資傳承的序列，因此看經寺洞的這二十九尊祖師像，可能代表《曆代法寶記》所載禪宗西天傳法的二十九位祖師。換言之，此窟是一座禪宗修行的道場。禪宗五祖弘忍（601～674）的傳法大弟子中，神秀、法如（638～689）等皆在嵩洛傳法。神龍二年（706），禪宗高僧神秀在洛陽天宮寺示寂，禮葬於龍門；禪宗南宗七祖神會（668～706）曾建荷澤寺於洛南，入滅後，也歸葬龍門山的寶應寺。看經寺洞浮雕二十九位禪宗祖師像，是龍門與禪宗淵源甚深的又一證明。

龍門石窟唐代造像的內容豐富，除了上述的優填王像、盧舍那佛、釋迦、彌勒、阿彌陀佛、一萬五千佛、傳法祖師像外，東山的擂鼓臺北洞外尚發現八臂與四臂的菩薩像，在萬佛溝還有千手千眼觀音變龕、千手千眼觀音洞和西方淨土變龕，顯示初唐與盛唐時期，洛陽地區已有華嚴教、淨土教、三階教、禪宗與密教的流傳。

除了皇室貴族所開的窟洞外，尚有無以計數的庶民百姓也在龍門石窟開龕造像，這些龕像的規模不大，多屬供養龕。造像題材以阿彌陀佛和觀音的數量最多，也包括了手持藥鉢藥師佛、聲聞形的地藏菩薩等。這些小龕的取材與大窟造像有明顯的分野，具體地反映了唐代庶民佛教的信仰內容。

• 四川石窟

早在東漢末年，四川即有佛教造像的雕鑿，佛教造像歷史悠久。可是直到北魏晚期四川始有佛教龕窟的鑿造。目前除了在廣元千佛崖、皇澤寺發現數個北朝石窟外，簡陽龍泉驛大佛岩尚存北周閔帝元年（557）強獨樂為文王建佛道二尊像碑。不過四川現存的北朝石窟龕像數量不多，當時四川的石窟藝術尚處於一個初創階段。

初唐時期，四川人富粟多，武周時期的文人陳子昂即稱：「蜀為西南一都會，國家之寶庫，天下珍貨聚出其中。」如此雄厚的經濟基礎為佛教石窟開鑿提供了有利的條件。安史之亂、黃巢之亂，玄宗和僖宗入蜀避難，隨行的從屬人員中有畫師與雕匠，他

們不僅帶來了高度發達的長安文化，也帶來了中原的佛教藝術傳統，對四川匠師產生了相當大的影響，黃休復《益州名畫錄》就有許多來自長安畫家在成都寺院繪製壁畫的記載。武宗滅法，許多高僧來川避居，設席講道，弘宣佛法，因此四川佛教發展的腳步並未因武宗滅法而稍有停歇，佛教石窟的開鑿也更加蓬勃。相形之下，安史之亂以後，中原殘破，華北地區鑿建石窟摩崖的活動幾近絕跡，而四川深處腹地，社會秩序穩定，經濟繁榮，遂使四川在盛唐以來，石窟造像之風更盛北方。唐代四川石窟的異軍突起，是中國石窟發展史上的一個重要轉折。

胡文和在 1994 年出版的《四川道教佛教石窟藝術》書中指出，四川省有石窟的縣五十六個，其中龕窟在十個以上的地點即近三百處，僅安岳縣境內就有一〇五處。可謂星羅棋布，遍布全川。自 1994 年迄今，四川境內又有一些石窟的發現，四川誠可謂中國石窟大省。四川的石窟摩崖中，唐代的窟龕佔一半以上，大多與佛教有關，除了川北的廣元、巴中保存隋代及唐代早期的佛教石窟和龕像外，四川許多窟龕開鑿於唐代中、晚期，以小規模的造像為主，雖然在規模或質量上，這些窟龕不能與龍門石窟由皇室或貴族參與營造的洞窟相提並論，可是卻是瞭解一般民眾佛教信仰的重要素材。

四川唐代的石窟群眾多，較具代表性的有廣元、巴中、安岳、大足數處，以下簡略地介紹這些地區的重要窟龕，以管窺四川唐代石窟藝術的特色。

廣元為川北重鎮，位於嘉陵江上游，地近關中，東北扼秦隴，西南控巴蜀，是長安經漢中入蜀金牛古道上的咽喉城市，也是兵家必爭之地。六世紀，廣元先後為北魏、南梁、西魏和北周所統治，為四川接受中原文化較早的一個地方。到了唐代，關中與廣元的交通頻繁，京華冠蓋雲集，佛事活動興盛。目前廣元主要的石窟群有皇澤寺、千佛崖和觀音崖三處，均在嘉陵江的兩岸。其中，皇澤寺和千佛崖位於廣元城邊，是廣元石窟的代表。

皇澤寺位於廣元市城西一公里的嘉陵江畔，據說武則天出生於此，後人為了紀念她，便在此地建皇澤寺。皇澤寺的窟龕始鑿於北朝晚期，下迄唐代。現存窟龕五十七個，大小造像一千二百餘尊。始鑿於北魏晚期，歷經北周、隋代、唐初不斷開鑿，至高宗、武周時期達到全盛，之後則趨於衰落。

皇澤寺第 28 窟（圖 164）位於大佛樓上，俗稱「大佛窟」，是該石窟群中規模最大、造像最精美、內容最豐富的一窟。此窟敞口，平面呈馬蹄形，穹窿頂，龕高 6.86

公尺，寬 5.55 公尺，深 3.6 公尺。龕內
雕一佛二弟子二菩薩五尊像，窟口有二
力士，後壁浮雕人形化天龍八部，右側
弟子與菩薩腳部空隙處，尚見胡跪男供
養人像一軀，頭戴低平襆頭，著圓領窄
袖長袍。主尊立佛高 4.8 公尺，立於仰
覆蓮臺之上，右手施無畏印，左手持摩
尼寶珠。其頂有小螺髻，面相方圓，耳
戴耳環，頸有三道紋，外著雙領下垂式
袈裟，內著僧祇支，胸前十字形結帶下
垂於小腹前方，帶末飾三花瓣。這尊立
佛頭大肩窄，腰腹略向前凸，兩手貼近
身體，略顯侷促。這些風格特徵皆與北
周長安造像相似，明顯受到長安北周造
像的影響。兩脅侍比丘姿勢拘謹僵直，
左脅侍比丘顴骨高聳，兩眉緊蹙，年歲
較長，當為迦葉，身著右袒式袈裟，右
手握拳，左手持一長柄香爐和瓶；右脅
侍比丘年紀較輕，乃是阿難，身穿雙領
下垂式袈裟，右手上舉，拇指和食指相
捻，左手執念珠。二脅侍菩薩頭戴三珠

▲圖 164　第 28 窟　隋代　四川廣元　皇澤寺

寶冠，長髮披肩，面相長圓，兩頰圓潤，鼻梁挺直，嘴角內陷，刻下頜線。項戴寬項
圈，中懸鈴鐺，瓔珞於腹前呈交叉，交叉處飾鋪首；另一道瓔珞自雙肩下垂幾至足踝，
中飾二龍搶寶珠，瓔珞樣式亦見北周餘風。不過，此尊立佛和菩薩的下頜皆加刻弧線，
衣褶呈圓弧狀下垂，衣襬較貼近身軀，菩薩的肌理較為柔和，比丘的容貌寫實，則展現
了隋代造像的特質，是四川石窟隋代造像的代表之作。由於左脅侍菩薩頂有立化佛，當
為觀音菩薩，因此推測此窟的主尊為阿彌陀佛。

　　主尊頭部兩側與脅侍比丘及菩薩頭部的上方，有天龍八部的浮雕，自北而南依次
為：第一身已殘毀，第二身為頭上戴盔、上束三珠寶冠的天，第三身是頭戴獅子帽、獅
子兩前爪交於頸下的乾闥婆，第四身為三首六臂，上二手分舉日、月的阿修羅，第五身
是頭戴三珠冠、頭上有一龍的龍王，第六身乃鳥嘴人身的迦樓羅，第七身為頭戴寶盔、
下巴有髭的天，第八身風化嚴重，右手上舉胸前，似握一小兒，應為夜叉。天龍八部的

雕刻在四川石窟十分流行，廣元皇澤寺和千佛崖、巴中南龕與水寧寺以及西龕、梓潼臥龍山、蒲江飛仙閣、邛崍石笋山、夾江千佛崖、安岳圓覺洞和臥佛院以及千佛崖等處都有雕鑿，可以說遍布全川。在時間上看，廣元皇澤寺 28 窟為最早，自此，從唐初一直持續到五代，不斷鑿刻，目前知道最晚的實例是安岳圓覺洞 23 號佛道合龕，時間在五代前蜀時期（907～925）。

千佛崖地處廣元市北五公里的嘉陵江東岸，川陝公路由此通過，窟龕層疊分布多達十三層之多，密如蜂房。千佛崖的窟龕始鑿於北魏晚期，歷經西魏、北周、隋代以迄晚唐，代有鑿造。現存窟龕八百四十八個，造像七千餘軀，大部分為唐代遺存。其中，又以武周至開元十年（690～722）的窟龕最多，窟龕的類型變化多端，是千佛崖最輝煌的時期。這段期間，有許多朝廷重臣在此開窟造像，例如睿宗年間（710～712）利州刺史畢重華開鑿彌勒窟（第 365 窟）和菩提瑞像窟（第 366 窟）、開元三年（715）劍南按察使益州都督府長史韋抗造韋抗窟（第 513 窟）、開元八年（720）玄宗朝宰相、監察御史蘇頲開鑿蘇頲龕（第 211 龕）等。

位於千佛崖中段的蓮花洞（第 535 窟），雖未發現開窟題記，但窟內補鑿小龕裡發現兩則武周萬通天年間（696～697）的造像記，所以石窟主體工程應完成於萬通天元年以前。此窟的平面呈橫長方形，穹窿頂，窟頂浮雕一朵蓮花。窟前部崩塌，窟內三壁鑿ㄇ形壇，壇上三壁各開一個大圓拱形龕，雕一佛二菩薩三尊像。正壁大龕的主尊彌勒佛倚坐像，肉髻低平而平滑，身著通肩袈裟，左手於膝上捧珠，右手撫膝。左壁大龕主尊坐佛下半身殘毀，磨光低肉髻，身著雙領下垂式大衣，右手作施無畏印，左臂殘失。右壁大龕主尊坐佛（圖 165）頂有小螺髮，髻前飾圓珠形寶珠，身著袒右肩袈裟，胸佩七寶瓔珞，

▲圖 165　佛坐像　唐代　四川廣元千佛崖蓮花洞（第 535 窟）　右壁

戴手鐲，右手作降魔印，左手置於腹前，結跏趺坐於一方臺之上。從其造型和服飾特徵來看，當為一件摹刻摩伽陀國釋迦成道像的菩提瑞像，此像是廣元千佛崖最早的菩提瑞像。

　　菩提瑞像窟（圖 166）位在千佛崖中段中層，是廣元千佛崖中規模較大，雕刻精美的一個洞窟。右壁近窟口處刻有〈大唐利州刺史畢公柏堂寺菩提瑞像頌并序〉碑，據此推斷，此窟約於延和元年（712）建成，而主尊即碑文所言的菩提瑞像。該窟的平面為方形，為一敞口平頂窟，窟內中央設一長方形佛壇，壇上雕一佛二弟子二菩薩，佛壇前部左右角各雕一立於岩石座上的力士，佛壇前面雕二供養菩薩。正壁及南、北壁基部鑿窄高壇，上雕十二身弟子和五身伎樂天。主佛與兩位脅侍比丘的身後雕鏤空的七寶雙樹背屏，直通窟頂，枝葉交覆於佛的上方，狀似華蓋，枝幹間對稱刻出兩身飛天及捶擊六連鼓的雷神、右手持錘的電神，以及雙手持風

▲ 圖 166　菩提瑞像窟　唐延和元年 (712)　四川廣元千佛崖第 366 窟

袋的風神。這種中間設壇，像背後有直通窟頂、鏤空透雕雙樹背屏的平頂窟，除了菩提瑞像窟外，千佛崖尚發現彌勒窟、牟尼閣（第 744 窟）等六窟，均開鑿於八世紀前期。這種石窟形制不但在中原不曾發現，即使在四川，也僅見於廣元千佛崖一處，應是當地藝師匠心獨運的設計。

　　菩提瑞像窟的主尊釋迦牟尼佛，結跏趺坐於束腰須彌座上，頭戴寶冠，項飾七寶瓔珞，手佩臂釧、手鐲，身著右袒式袈裟，右手撫膝作降魔印，為一尊菩提瑞像。這尊瑞

像身後的椅靠兩側分別浮雕金翅鳥、摩羯魚、童子騎獸等圖像。前文已述，初唐時菩提瑞像和這種筌多式的椅背在兩京非常流行，廣元千佛崖出現菩提瑞像和筌多式椅背，是廣元與中原文化交流的具體證明。實際上，參與廣元千佛崖石窟開鑿的功德主中，有不少即是從京師被外放到此的京官，如韋抗（666～726）、蘇頲（670～727）等。

值得注意的是，窟口唐代銘刻〈大唐利州刺史畢公柏堂寺菩提瑞像頌并序〉碑的中部，被五代乾德六年（924）的重妝題記所破壞，而該重妝題記云：「府主相公宅越國夫人四十二娘，奉為大王（空二字）國夫人重修裝毗盧遮那佛壹龕并諸菩薩及部從、音樂等。」由此看來，原來代表釋迦牟尼降魔成道的菩提瑞像，到了五代，已被視為華嚴或密教教主毗盧遮那佛。這種圖像認知的轉變，反映了信仰內涵的變化。

千佛崖中段中層有一個敞口方形平頂大窟，名為大雲古洞（第512窟）（圖167），是千佛崖最大的窟洞。窟內左壁頂部靠近窟口處有一個開元十年（722）的補鑿菩薩小龕，乃是大雲古洞主體工程完工的時間下限。窟室後部三分之二處有長方形壇基，壇中前部鑿一尊通頂大立佛。壇後部南、北各鑿一大龕，龕內造一佛二弟子二菩薩坐佛五尊像，龕口的兩側壁各雕一力士，其外側再雕二天王和二供養菩薩。窟室南、北兩壁雕百餘尊的菩薩立像，部分已經殘損。大雲洞的主尊立佛有橢圓形身光，桃形頭光，頭光外尚飾菩提樹葉。此尊立佛肉髻大而低平，面相方圓，兩頰圓潤，頭身比例停勻。身軀渾圓雄健，腹部微鼓，大腿渾圓，通肩大衣貼體，胸前衣紋疏朗，作U字形布排，腿部衣紋的刻畫呈橢圓形，表現手法與長安盛唐造像（圖140）雷同。類似的表現在千佛崖十分常見，如第172、176龕的主尊立佛、第202、216龕的地藏菩薩等，足證長安風格對廣元石窟藝術影響深遠。

巴中市位於四川的東北部，北與陝西省相鄰，在米倉古道上，是漢中平原入蜀的重要門戶。經調查，巴中市境內現存石窟五十九處，五百餘龕，始建於隋，大盛於盛唐。其中，以位於縣城附近的南龕、西龕、北龕，以及縣城東北三十五公里的水寧寺（又名始寧寺）四處較為重要，南龕現存有編號的龕窟有一百七十六個，西龕現存造像九十餘龕，北龕現存造像三十四龕，水寧寺現存造像三十八龕，皆為唐代的作品。

唐代皇室成員，如紀王李慎（628～689）、章懷太子李賢（654～684）等，都曾流放巴州。南龕第1龕龕外左側壁陰刻唐乾元三年（760）嚴武奏表，南龕第87龕為乾元二年（759）嚴武造救苦觀世音菩薩像。嚴武從玄宗入蜀，擢諫議大夫，後坐事貶巴州刺史、劍南道節度使。南龕101窟內壁還發現中和四年（884）尚書右丞張禕「追扈大

駕」入蜀，後於此地「修釋迦像」的題記，巴中石窟與長安關係之密切不言而喻。因此，流行於長安的瑞像題材在巴中石窟中時有發現。南龕第 37、103 龕，西龕第 44、54、73、87 龕，北龕第 12 龕、石門寺第 13 龕等的主尊都是菩提瑞像。和廣元千佛崖一樣，巴中石窟的菩提瑞像的身後也常雕笈多式背屏。

▲ 圖 167　大雲古洞　唐代　四川廣元　千佛崖第 512 窟

　　除此之外，五通菩薩所請的阿彌陀佛和五十菩薩像也是巴中流行的瑞像題材。例如南龕第 62 龕（圖 168）的主尊阿彌陀佛身著通肩袈裟，雙手作轉法輪印，結跏趺坐於蓮臺之上，主尊兩側環壁高浮雕兩身蓮花化生和五十尊聽法菩薩，這些菩薩都坐在下有蓮莖的蓮花座上，菩薩身後浮雕四棵寶樹。觀音和大勢至菩薩分雕於兩側壁，也都坐在蓮臺之上，龕門外兩側各雕力士一身。全作雕刻精緻，保存完好。類似的作品尚有南龕第 33、78、111、116 龕和西龕第 37 龕，顯示該地的西方淨土信仰流行。

　　南龕第 83 龕（圖 169）為一帳形龕，龕內雕三尊佛像。居中者為在蓮座上趺坐著一尊雙頭佛，二佛頭皆螺髮，共一身軀，著左袒袈裟，肩披圓領雲肩，右手手心向上，

置於腹前，左手撫膝。左側立佛著通肩袈裟，左手上指，右手垂按於右腿旁。右側立佛螺髮，雙眼圓睜，有八字鬍，身著通肩袈裟，袈裟衣紋呈U字形，右手上舉握袈裟一角，左手施無畏印。寧強的研究指出，左側立佛除了沒有雕出日、月外，其餘的特徵與敦煌莫高窟的「指日月瑞像」接近，應為指日月瑞像。王劍平、雷玉華認為，右側立佛的圖像特徵又與流行於南朝的阿育王像（圖38）相同，故當是阿育王像。至於中尊則應代表犍陀羅國的分身瑞像。類似的圖像在敦煌莫高窟中唐至歸義軍時期的洞窟，如第231、236、237、53、72、340、9、39、45、108 等窟中均有發現，敦煌遺書中也有關於這種瑞像故事的記載。玄奘在《大唐西域記》卷二〈健馱邏國〉條中，對犍陀羅分身瑞像的傳說記載甚詳，云：

> 大窣堵波石陛南面有畫佛像，高一丈六尺，自胸已上，分現兩身，從胸已下，合為一體。聞諸先志曰：初，有貧士傭力自濟，得一金錢，願造佛像。至窣堵波所，謂畫工曰：「我今欲圖如來妙相，有一金錢，酬功尚少，宿心憂負，迫於貧乏。」時彼畫工鑒其至誠，無云價直，許為成功。復有一人，事同前跡，持一金錢，求畫佛像。畫工是時受二人錢，求妙丹青，共畫一像。二人同日俱來禮敬，畫工乃同指一像，示彼二人，而謂之曰：「此是汝所作之佛像也。」二人相視，若有所懷，畫工心知其疑也，謂二人曰：「何思慮之久乎？凡所受物，毫釐不虧。斯言不謬，像必神變。」言聲未靜，像現靈異，分身交影，光相照著。二人悅服，心信歡喜。

健馱邏，又作犍陀羅，即今巴基斯坦白沙瓦及其附近地區，文中的「大窣堵波」指的是迦膩色迦王在犍陀羅國所建的雀離浮圖。玄奘法師這則雙身佛瑞像的記載，必定引起了當時京邑信徒和匠師的注意，於是開始製作這種瑞像。根據題記，南龕的這尊瑞像側刻有開元年間

▲ 圖168　阿彌陀佛與五十菩薩龕　唐代　四川巴中　南龕第62龕

的題記，製作的年代比敦煌莫高窟的瑞像圖早，是中國石窟中現存最早犍陀羅分身瑞像的遺例。

安岳古稱普州，位居四川中部，屬資陽市，地處成渝古道要衝。唐太宗曾派遣程咬金至普州擔任刺史一職，高升大佛岩太和二年（828）釋迦牟尼龕內還發現「隴西沙門釋子林道」的題名，這些都是中原和安岳交往的佐證。

安岳是四川開窟造像活動繁榮的一縣，據安岳現存唐代碑刻和造像題記的年號統計，最多的為開元，其次為天寶、咸通（860～874）、天復（901～904）等。可見，安岳石窟的開鑿大盛於盛唐，一直延續至唐末，從未中斷。在安岳唐代窟洞中，臥佛院和千佛寨較為重要。

▲圖169 瑞像龕 唐代 四川巴中 南龕第83龕

安岳臥佛院地處安岳與遂寧的交界處，位於距安岳縣城四十公里的八廟鄉臥佛溝內。依窟龕所處的位置，分為南岩、北岩和月亮坪三個區域，現存窟龕一二六個，其中有十五個為刻經窟，四十個空窟。根據題記，臥佛院內刻經為開元年間所鐫刻，有《大唐東京大敬愛寺一切經論目序》、《眾經目錄》、《大般涅槃經》、《妙法蓮華經》、《佛說佛名經》、《佛說父母恩重經》、《合部金光明經》、《維摩詰所說經》、《大方便報恩經》、《佛臨般涅槃略說教誡經》、《般若波羅蜜多心經》、《佛說灌頂經》、《六門陀羅尼經》、《賢愚經》、《佛性海藏經》、《金剛般若波羅蜜經》、《佛頂尊勝陀羅尼經》、《佛說修多羅般若波羅蜜經》、《佛說阿彌陀經》、《大乘大集地藏十輪經》、《佛頂尊勝陀羅尼咒》、《禪密要法經》等二十二部佛教經典，鐫刻經文達三十八萬字之多，是南方規模最大的一處石刻佛經地點。從形制上推測，數量眾多的空窟乃屬刻經窟雛形，只是開鑿了洞窟而尚未刻經。

除刻經外，臥佛院最引人注意的是佔據北岩主要位置的第 3 號龕涅槃變（圖 170A、170B），此龕的龕形近刀形，寬 21.3 公尺，高約 11 公尺，是臥佛院規模最大的一龕。此鋪經變的鑿刻與刻經同時，也是開元年間之作，由涅槃臨終說法和釋迦涅槃圖二者組成。龕內正壁造臥佛一尊，這尊臥佛臉形長方，雙目微閤，戴耳環，肩膀方硬，胸部平坦。祂未依經軌採右脇而臥的姿勢，而是作雙手平伸在身軀的兩側、頭東腳西、左脇而臥的樣貌。這種姿勢雖與經典記載不符，但早在北朝時，就有不少中原的涅槃像已出現這樣的臥姿。此佛在臥佛腿前、背對觀者坐於佛前的是佛陀涅槃前所收的最後一位弟子──須跋陀羅。臥佛肉髻的後方和足前各有怒目握拳的金剛力士一身。臥佛上方浮雕釋迦臨終說法圖，釋迦佛與聽法人物皆為半身像。手作說法印的釋迦佛居中，兩側人物分為前後兩列。右側前列由外而內為一菩薩和四比丘，後列由外而內為髻頂有鳥的迦樓羅、手捧小猴的夜叉、頭頂束髻的緊那羅、三面六臂的阿修羅和一位容貌姣好的年輕比丘。左側前列的五身由外向內為一金剛力士、一尊菩薩和三尊比丘，後列五身自外向內為頭戴獅帽的乾闥婆、頭頂有龍的龍王、頸圍蟒蛇的摩睺羅迦，以及皺眉咧嘴、兩眼下垂、雙手上舉的老僧和一位鎖眉撇嘴、滿臉皺紋、雙手抱拳的老僧。在金剛力士頭的左上方尚存有一頭，可能是天龍八部中的天部。釋迦臨終說法圖中十位弟子或面容平和，或神情哀慟，或哭天搶地，神情生動，表現了釋迦臨終說法和涅槃時弟子悲悽的景象，是一鋪內容豐富的涅槃經變。

▲ 圖 170A　涅槃變　唐代　四川安岳　臥佛院第 3 龕

▲圖 170B　涅槃變（局部）　唐代　四川安岳　臥佛院第 3 龕

　　臥佛院第 45 龕（圖 171）位於第 46 窟窟外左壁上部，壁正中雕十一面千手觀音菩薩立於複瓣蓮臺之上，在蓮臺兩側各雕餓鬼和乞兒一身。觀音的十一面分為四層，最下層為三面，第二層四面，第三層三面，最上層為一面，可惜十一面均殘。六主手以浮雕表現，其餘諸手則用陰線刻畫，圍繞在主尊的兩側。六主手中，除了在胸前合結手印的兩手外，左一手持法輪，左二手下伸，作撒錢狀，手掌中尚有一錢幣，另有三枚錢幣正掉入乞者的袋中；右一手似持法鈴，右二手食指、中指下伸指向餓鬼。因為此鋪十一面千手觀音的發現，說明開元時期四川安岳地區已有密教的流傳。

　　千佛寨位於縣城西北的大雲山，山勢由西向東延伸，分為南北兩岩，造像分布其上。開創於盛唐時期，自此以後代有經營，現存窟龕一〇五個，以唐、宋二代居多。其中，鑿刻於中唐的第 96 龕的藥師經變（圖 172）內容豐富，備受大家關注。千佛寨第 96 龕為平頂方形龕，主尊結跏趺坐於七寶雙樹下的束腰須彌座上，坐佛兩側分立四大菩薩，代表藥師的八大菩薩——文殊師利、觀世音、大勢至、無盡意、寶檀華、藥王、

藥上和彌勒。根據玄奘譯《藥師琉璃光如來本願功德經》，受持八分齋戒、願往生西方極樂世界的善根者，若聽聞藥師琉璃光如來名號，臨終時，這八大菩薩會「乘空而來，示其道路」。龕下正面刻宮毗羅、伐折羅、迷企羅、安底羅、頞儞羅、珊底羅、因達羅、波夷羅、摩虎羅、真達羅、招杜羅和毗羯羅藥又十二大將。右側壁浮雕遇虎、刑戮、毒死、溺水、鬥毆等畫面，描繪《藥師經》所說的九橫死。左側壁浮雕雖然部分畫面風化模糊，但尚見拄棍的盲人、駝背者、女人等，代表《藥師經》所言的十二大願。藥師經變是四川中、晚唐石窟中常見的題材，但唯有此龕的藥師經變描述的情節最多，規模也最大。

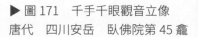
▶圖 171　千手千眼觀音立像
唐代　四川安岳　臥佛院第 45 龕

▲圖 172　藥師經變　唐代　四川安岳　千佛寨第 96 龕

　　與安岳毗鄰的大足現有大小石窟區近百處，造像五萬餘軀，造像活動之蓬勃也不亞
於安岳。雖然在大足尖山子石窟中，發現永徽（650～655）和乾封元年（666）的鑴刻
題記，不過整體而言，直到晚唐，大足才大規模地開鑿佛教窟龕。大足地區最具代表性
的石窟之一就是北山石窟，北山又稱龍岡山，位於縣城西北一公里處，景福元年（892）
昌、普、渝、合四州都指揮使韋君靖在此興建永昌寨，並鑿窟造像，為北山開窟鑿龕之
開端。北山石窟包括了佛灣、營盤坡、觀音坡、北塔寺、和佛耳岩五處，雕像近萬尊。
佛灣位居北山之巔，始鑿於晚唐，經五代至南宋，是北山五處造像最集中的地區，共有
二百六十四龕窟。

　　北山佛灣的造像可分為南、中、北三段，晚唐造像多分布於南北兩段。從南端入口
進入佛灣不久，即看到開鑿於唐末的第 5 龕（圖 173），龕內雕一尊高約 3 公尺的毗沙
門天王像，這尊毗沙門天王兩手已殘，從前臂的位置來推測，其右手持戟槊，左手捧
塔。這尊天王兩眼圓睜，頭戴高冠，身材魁梧，穿著長過膝蓋、于闐式的魚鱗甲，足踏
地天，另有毗藍婆和尼藍婆二夜叉捧足，腹前懸魚形彎刀，圖像特徵與日本京都護國寺
的兜跋毗沙天完全一致。四川地區毗沙門天特別流行，除了大足以外，在通江、巴中、
邛崍、夾江、榮縣、內江、仁壽等地，都可以看到這種面形威猛的毗沙門天龕像。學者
研究指出，四川的毗沙門天造像在中晚唐時的數量最多，且又集中於成都及其以南的地
區。

▲ 圖 173　毗沙門天立像龕　唐代　四川大足　北山石窟第 5 龕

毗沙門天乃北天王多聞天的異名，是一位鎮護國土的武神。傳說，天寶七年（748），吐蕃、大食、康國等兵圍西涼府，玄宗詔不空入宮，設立壇場，乞請毗沙門天救助。不空在壇場中，手持香爐，口誦仁王密語二十七遍後，玄宗即見毗沙門天王第二子獨健領天兵援救安西。後來安西傳來的捷報言道：「二月十一日，城東北三十里許，雲霧間見神兵長偉，鼓角喧鳴，山地崩震，蕃部驚潰。……城北門樓有光明天王，怒視蕃帥大奔。」因此玄宗便下詔，諸道城樓都要奉置毗沙門天王像，毗沙門天也就從四大天王中獨立出來。受到這種風潮的影響，四川各地也廣造毗沙門天王像。資中北崖有一則造像記提到，由於南詔兵入成都，為祈求免遭兵燹，故造毗沙門天王像。中、晚唐時，南詔數度兵寇四川，太和三年（829），南詔曾一度進圍成都，虜掠子女工伎數萬而還。受到盛唐以來毗沙門天王為隨軍護法觀念的影響，中、晚唐時，蜀人為祈願免受南詔兵災之苦，雕造毗沙門天龕像也蔚為風氣。

　　北山佛灣雕製最精美、構圖最複雜、以及內容最豐富的當屬第245龕的觀無量壽經變（圖174），為一晚唐龕像。正壁與兩側壁上方浮雕極樂淨土，西方三聖在中間平臺上的蓮花寶座上端坐，三尊的頂上皆懸珍珠縵網編織的七寶華蓋。其上的七寶樓閣富麗堂皇，殿閣建築的浮雕高度不一，層次變化豐富，其間尚有迴廊相連，望之仿若宮殿一般。主殿殿頂放光，化出五彩祥雲、蓮花、飛天以及不鼓自鳴的琵琶、箜篌、排簫、笙、鐃等樂器，其間尚有大雁、青鳥翱翔。脅

▲圖174　觀無量壽經變　唐代　四川大足　北山石窟第245龕

侍觀音和大勢至菩薩的寶蓋兩側各有一隻迦陵頻伽。在淨土中聽法的菩薩在平臺上或坐或立，姿態各異。龕內左右兩壁刻八功德水，池中荷花盛開，並有兒童划船戲水。平臺的下方作九品往生，化生童子或在八功德水中半隱半現，或坐蓮臺，或欲攀登平臺的欄干，活潑可愛。其下沿和龕外左右兩側的龕柱，分為數個小格，分刻十六觀、未生怨的情節，真可說是鉅細靡遺。兩側壁下方雕坐在下有蓮梗蓮臺上的聽法菩薩。全龕人物多達數百身，刻畫細膩，布局嚴謹，主次分明，將西方淨土的殊勝盡表無遺，是北山佛教造像中內容最多、藝術最精湛的一鋪西方淨土變。

唐代觀音和地藏信仰流行，在四川的唐代石窟中，就發現為數可觀的觀音、地藏菩薩造像。觀音的圖像以一手持楊柳，另一手執淨瓶為多，地藏的圖像則有手持寶珠的沙門形地藏、手持錫杖的披帽地藏，地藏與六道輪迴等數種。另外，還發現一些觀音和地藏菩薩合龕、阿彌陀佛以觀音和地藏菩薩作為脅侍、藥師佛以觀音和地藏菩薩作為脅侍的組合形式。這些新穎的組合形式缺乏經典依據，折射出當時民眾對佛教信仰的新訴求。以觀音和地藏菩薩合龕（圖175）為例，表示民眾一方面信仰在世間為眾生祛除災禍、引領信眾往生西方淨土的觀音菩薩，另一面又尊崇在地

▲圖175　觀音、地藏龕　唐代　四川大足　北山石窟第249龕

獄救濟幽冥眾生的地藏菩薩。換言之，民眾從現實利益的角度出發，希望皈依供養觀音和地藏所獲的功德，可以使他們在世安穩，死後往生極樂世界，若不幸墜入地獄，亦蒙地藏菩薩救度。

觀音和地藏菩薩合龕造像首見於中原地區，在洛陽龍門石窟、彬縣大佛寺、邯鄲響堂山初唐至武周時期的石窟裡皆有發現，但以遺存來看，則以四川地區的遺存最豐，延續的時間也最長。大足北山佛灣區的窟龕中，這類造像就有十五例之多。此外，在廣元、巴中、邛崍、蒲江、丹棱、夾江、資中、內江、安岳等地區也都有發現。時代從盛唐一直延續到晚唐，直到五代和宋都仍有鑿造。

　　四川的石窟眾多，以上所舉之例實不足管窺唐代四川佛教石窟的特色與鉤勒四川佛教石窟的發展概況。簡略地說，四川唐代佛教石窟的發展可以分為早、晚兩期。唐代早期的龕窟多分布在川北，如廣元、巴中等地，而晚期的窟龕則集中於川中。由於川北地近甘陝，又因當地特殊的歷史背景，所以中原影響較為明顯，中原流行的各式瑞像在川北廣為傳寫，不過這不意味著初、盛唐的四川匠師毫無發明。初、盛唐時，四川的匠師常在窟龕之內浮雕天龍八部的形象，這樣的圖像不但在川北的廣元、巴中十分普遍，在川中的安岳、蒲江、忠縣、潼南等地也時有所見，但是在中原的唐代石窟裡卻不曾見到，是四川唐代早期石窟中極具特色的一點。此外，巴中永寧寺第 3 龕出現結跏趺坐的釋迦佛與善跏倚坐的彌勒佛合龕的配置；巴中西龕第 73 龕和巴中石門寺第 13 龕的二佛並坐像中，一尊為菩提瑞像，另一尊則是彌勒善跏倚坐像；巴中永寧寺第 2、3 龕的供養人與脅侍菩薩等大，顯示供養人已不滿足於傳統的附屬地位。上述的這些例子均不見於中原地區。足證，初、盛唐時蜀匠在雕製佛像時，就不一定謹遵儀軌，隨意性強，展現了濃厚的庶民色彩。

　　中、晚唐時，川中地區的鑿窟造龕活動頻繁，上承早期傳統，此時的造像仍繼續刻製中原地區常見的菩提瑞像、釋迦佛、彌勒佛、觀音、地藏、觀音與地藏合龕等。同時，又出現了大批的經變浮雕。由於四川的石質鬆軟，易於雕刻，安岳、大足所見的經變浮雕，刻製細緻精巧，細節繁多，內容豐富，其他地區實望塵莫及。此外，四川又鑿造了許多新的題材，如毗沙門天王像和密教系的千手千眼觀音經變、如意輪觀音等。其中，千手千眼觀音雖然在盛唐即已出現，但到中、晚唐時才普遍流行。

● 敦煌石窟

　　據王邵的〈舍利感應記〉，開皇十三年（593）隋文帝敕令各州建舍利塔時，「瓜州于崇教寺起塔」，而崇教寺就在莫高窟。煬帝即位後，積極向西發展，經營西域，大業三年（607），派黃門侍郎裴矩到敦煌招致西域商人；五年（609），煬帝又親巡河右，高昌王、伊吾王和西域二十七國可汗、使節迎謁道左。自此中西往來頻仍，促進了河西地區經濟的繁榮，奠定隋代敦煌佛教藝術興盛的社會基礎。所以即使隋代僅有三十七年，

可是莫高窟卻興建了一○一個洞窟，並重修了不少前代洞窟，這驚人的數量正是隋代敦煌人民生活富庶的寫照。

隋窟的石窟形制以覆斗頂佛殿窟為主，佔莫高窟隋窟的六成以上。部分覆斗頂窟沿襲北周以來的傳統，或在正面開龕造像，或採用三壁三龕的形式。北朝常見的中心塔柱窟在隋窟中僅發現第 292、302、303 和 427 窟四例，而這四窟的中心柱設計與北朝大不相同。第 302 和 303 窟的中心塔柱作須彌山形，上部作圓形七級倒塔，下部作一方形臺座，臺上有一方塔，四面開龕造像。第 292 窟和 427 窟雖然上承北周餘緒，在中心塔柱的南、西、北向面各開一龕，但在塔柱的正面不開龕，僅置三尊大像（圖 176），並在南北兩側壁的前部，各貼壁塑一鋪立佛三尊大像，高近窟頂，氣勢雄偉。除了上述這些形制外，敦煌的隋代的石窟形制尚有以下四種：（一）前部為人字披頂，後作平棊頂，西壁開龕；（二）前部平頂，後部人字披頂，西壁開龕；（三）人字披頂窟，和（四）覆斗形頂，中設方壇的窟形。第四類僅有第 305 窟一例。從隋窟變化多端的形制來看，敦煌隋代的藝匠不滿足於前代固有的形式，一直努力創新。這種勇於變革的精神，製造出許多充滿活力的新式樣。

▲圖 176　立佛三尊像　隋代　甘肅敦煌莫高窟第 427 窟　中心柱東向面

在莫高窟第 302、305 和 282 三個窟洞中，分別發現開皇四年（584）、開皇五年（585）和大業九年（613）的題記，為敦煌隋窟斷代的依據。根據考古分期研究，莫高窟隋代洞窟可分為三個時期：第一期為開皇初年，代表洞窟有第 302、303、304、305

等窟；第二期自開皇九年（589）隋代統一中國開始，下迄大業九年（613），代表性洞窟有第 292、404、412、417、419、420、427、433 等窟，第三期則為大業九年以後至武德六年（623）唐王朝鎮壓沙州張護、李通的叛亂之間，代表洞窟主要有 244、276、388、390、392、396 等窟。

　　莫高窟第一期的隋代窟與北周窟的關係較為密切。造像多為一佛二菩薩二弟子的五尊像組合，塑像的五官集中，頭大肩寬，下肢的比例較短，敦實厚重。壁畫仍採北朝流行的三段式布局，上段畫飛天和凹凸憑臺，中段畫千佛，千佛中常繪一鋪說法圖，下段畫供養菩薩、供養人、藥叉及三角垂帳紋。不過，北朝窟常畫在四壁的本生故事畫，到了隋代多繪於位置較高的窟頂斜披上，本生圖在石窟中的重要性明顯減弱。在第 303 窟的人字披上，出現了法華經普門品變相（圖 177，又稱觀音經變），是莫高窟發現最早的大乘經變。這鋪經變分成上下兩段，作橫幅長卷式展開，始自無盡意菩薩向佛請問觀世音菩薩名號的因緣，接著描繪觀世音菩薩解救眾生於各種災厄苦難、觀世音菩薩化現為三十三種不同的形象度化眾生，最後畫觀世音菩薩將無盡意菩薩供養祂的瓔珞分為二份，分別供奉釋迦佛和多寶佛塔。全作畫面的布排基本上依經文順序鋪陳。

▲ 圖 177　法華經普門品經變（局部）　隋代　甘肅敦煌　莫高窟第 303 窟　人字披頂東披

　　在繪畫技法方面，除了上承北周的人物染暈方式外，隋代第一期又出現了以中原手法為主並融合凹凸特點的暈染手法，是隋代畫師的新嘗試。同時，一般來說，畫家已不再使用以白粉點染兩眼和鼻梁的高光法。

第二期的石窟無論在造像題材、壁畫內容、製作風格上，均令人耳目一新。在主龕造像方面，早期流行的倚坐佛像數量減少，多為結跏趺坐的佛像。出現了重層龕口的新形式（圖178），這種龕形的平面呈凸字形，內層龕中塑一佛二弟子和二菩薩五尊像，外層龕的兩側又各塑菩薩立像一身，形成北朝石窟未見的七尊像組合。第427窟的前室還發現北朝窟所不見的四大天王和力士塑像。第427窟中心柱正向面的立佛三尊像（圖176），

頭部偏大，面形較方，上半身寬厚，下半身短，形體健碩，衣紋簡潔，呈現北周質樸厚重的餘韻。不過，佛的袈裟和菩薩衣裙貼體，身軀輪廓清晰，這種風格特徵與北齊的山東、河北一帶的佛教雕刻近似，顯示隋代統一以後，敦煌的造像風格也融入了北齊造像的成分。第420窟壁龕內南側的脅侍菩薩（圖179）五官清秀，眉棱、鼻棱、頤棱轉折清晰，形體結實，比例勻稱，身體重心置於右腳，左腿膝蓋微彎，姿勢自然。腰際的結帶、小腹下翻轉的天衣和長裙的衣褶互相疊壓，層次分明。塑像衣飾華麗，菩薩的瓔珞和衣服上多貼金箔，長裙上飾有波斯錦綾的狩獵連珠紋。當時絲路暢通，西域文化的傳入無疑豐富了隋代的敦煌藝術。此外，隋代匠師又在塑像的面頰、下頷等處以銀朱色淡染，開敦煌在塑像上施暈染風氣之先。

▶ 圖179　脅侍菩薩立像　隋代　甘肅敦煌
莫高窟第420窟　西壁龕內南側

在壁畫方面，除了傳統的三段式布局外，隋代的莫高窟又出現了上段畫千佛，下段畫供養人的兩段式安排。壁畫題材也有重大的轉變，雖然北涼以來千佛就是莫高窟重要的壁畫題材，可是有些隋代第二期窟的四壁和窟頂都畫滿了千佛，進入該窟，就彷彿置身佛國世界一般，千佛的重要性顯著增加。本生故事圖僅發現六幅，比例大幅度的縮減，退居次要地位，而經變畫增多，共發現二十幅。主要的表現方式有兩種：其一為長卷式，如第 420 窟窟頂的法華經變，採三段長卷式的構圖，西披和北披繪〈序品〉，東披畫〈觀世音普門品〉，南披繪〈譬喻品〉，情節豐富、鴻篇巨製。只是在畫面的鋪陳上，不是完全依循經文次序。此外，畫面沒有明顯的界格，多處打破了分段的界限，且多採俯視的手法來描寫建築，向後延伸之字形的牆壁增加了空間的縱深感。其二為單幅式，表現經中的重要情節或最典型的場面，如彌勒上生經變、阿彌陀經變、維摩詰經變（圖 178）、藥師經變（圖 180）和涅槃經變。根據畫史記載，隋代的展子虔、董伯仁、楊契丹等名家，在京城寺院中繪有〈法華經變〉、〈維摩詰經變〉、〈涅槃經變〉、〈彌勒經變〉等。隋窟這些大乘經變的出現，當與隋代積極經營河西，中原文化西漸有著密切的關係。

▲圖 180　藥師經變　隋代　甘肅敦煌　莫高窟第 433 窟　人字披頂東披

第二期洞窟壁畫色彩豐富而穠麗，有些菩薩的頭光、寶冠、瓔珞等皆貼金箔，華麗異常，金碧輝煌。人物的比例與同期的塑像相同，頭部略大，下身稍短。衣裙貼體，有些隋代的脅侍菩薩或低頭，或轉首，或挺腹，姿勢自然，彼此之間互相顧盼，關係較為密切。在暈染方面，中原與西域結合的暈染手法使用普遍，畫家一方面依循中原的方式，以圓形色塊塗染兩頰；另一方面又運用凹凸法，以紅色暈染額、鼻、眼等部分，以突顯人物的立體感（圖181）。

第三期出現了敞口龕，為唐前期覆斗頂敞口龕窟的先驅。此時還出現了無龕窟，主室平面呈方形，不開龕，或沿正壁和南北兩側壁築土壇，壇上塑像，如第279、244窟；或正面塑像，如280窟；有的甚至於不塑像，如281、298、313、393、429窟。在塑像方面，第二期頭大身短、比例不當的現象發生變化，造像（圖182）的兩肩和胯部變窄，身材變得協調勻稱；面部作橢圓形，五官線條柔和，軀體豐腴適中，肌理處理細膩。菩薩的衣飾趨於複雜，上身著雙肩或一肩繫帶的右袒僧祇支，肩披天衣，長裙垂於腳面，胸前至兩腿垂掛長瓔珞，衣紋流暢圓潤，疏密虛實交錯，較第二期的表現更為寫實。

第三期壁畫中，本生故事畫已經消失，說法圖成為主要的題材，不僅數量增加，且畫面增大，在一個壁面上，安排一幅、兩幅，甚至於數幅或數十幅不等。有的主室正

▲ 圖181　菩薩立像　隋代　甘肅敦煌莫高窟第420窟　西壁北側

壁龕龕外兩側壁面上方，還繪動勢十足的乘象入胎和逾城出家。壁面布局多作上、下兩段，上段畫經變、說法圖、菩薩等內容，下段則繪供養人和藥叉，這樣的配置與初唐已相當接近。

▲圖 182　立佛三尊像　隋代　甘肅敦煌　莫高窟第 244 窟　南壁

　　此外，隋末又出現了一種疏朗、素淨的繪畫風格，如第 276 窟的文殊菩薩（圖 183）和維摩詰像（圖 184），畫面色調淡雅，僅以流暢穩定的赭色線條在粉白為底的壁面上繪出，面部和身體完全不施暈染，只用赭紅線條描寫，然後彩繪，筆力暢達，線條流利簡練。第 276 窟文殊菩薩身後的山石，以土紅線鉤勒出山勢結構和紋理，和北朝與隋代第一、二期相較，已能較準確地把握山石的質感。

　　唐代成立之初，便十分重視河西走廊。武德六年（624）鎮壓了沙州張護、李通的叛亂，控制了整個河西。貞觀十四年（640），唐大將侯君集吞滅高昌國，揭開了唐室經營西域的序幕。自此，唐帝國不斷地在西域開疆闢土，直到安史亂起以前，唐室一直在天山南北兩路設立都護府，派遣駐屯軍隊，主控著西域的霸權。為了鞏固在西域的政權，唐室更積極經營絲綢之路的咽喉——河西走廊，河西州郡空前繁榮，地扼河西走廊

要衝的敦煌自然也迅速地成為政治、軍事重鎮。當時首都長安及洛陽等大都市的最新文化訊息，很快地傳入敦煌，而從西傳來的宗教文化也首先進入敦煌，再傳入中原。在這樣的政治、宗教環境下，敦煌以其地理優勢造就了無比輝煌的佛教石窟藝術。

▲ 圖 183　文殊菩薩立像　隋代　甘肅敦煌莫高窟第 276 窟　西壁龕外南側

▲ 圖 184　維摩詰立像　隋代　甘肅敦煌莫高窟第 276 窟　西壁龕外北側

安史之亂以後，不但唐朝在西域的霸權被吐蕃所取代，吐蕃大軍也乘唐朝將河西精銳調往中原平定叛亂之機，佔領河西各州。雖然敦煌人民強烈反抗，建中二年（781）敦煌仍不幸淪為吐蕃屬地。自此，敦煌遂與中原漢地隔絕。大中二年（848），張議潮趁吐蕃內亂，率眾起義，以歸義軍之名，先後佔領敦煌、晉昌等地，又陸續收復河西十一州。咸通八年（867），張議潮被敕封為河西節度使，河西始重歸唐王朝的管轄。但由於

當時唐室已衰，無力顧及千里以外的邊城，所以敦煌的軍政、經濟、宗教、文化等，均由張氏家族把持。開平四年（910），張氏歸義軍時期最後一任節度使張承奉自立「西漢金山國」，四年之後，張承奉卒，政權乃轉移曹氏家族手中。

　　唐代敦煌的統治政權屢經變易，中唐統治敦煌的吐蕃本就信佛，晚唐掌政的張氏家族也都尊禮佛教，因此敦煌的佛教信仰並未因改朝易主而停滯，敦煌石窟的開鑿也從未中斷。學術界把敦煌唐代的歷史大體分為初唐（626～704）、盛唐（705～781）、中唐（781～848）和晚唐（848～907）四個時期。其中，初唐和盛唐時期，敦煌石窟（包括莫高窟以及鄰近的西千佛洞、榆林窟）新建洞窟達一百五十多個，其中還出現了幾座規模宏偉的大佛窟和涅槃窟，是敦煌石窟藝術發展的鼎盛時期。

　　初唐時期，莫高窟僅有少數窟洞仍沿襲前代的中心柱和人字披頂的樣式，或別有新意地在覆斗頂的殿堂窟中央設立方形佛壇，或鑿建大像窟、涅槃窟，但大部分的石窟仍為西壁開龕的覆斗頂殿堂窟。實際上，覆斗頂殿堂窟是唐代各期窟中最常見的一種典型。初唐的主龕或為方形龕，或作敞口龕，深度比隋龕更深，規模也較大。龕中多置一佛二弟子二菩薩，但也出現了一佛二弟子四菩薩和一佛二弟子二菩薩與二天王七尊像，以及一佛二弟子六菩薩、一佛二弟子二菩薩二天王二力士九尊像的組合形式。主龕造像出現了劉薩訶瑞像、涅槃佛、善跏倚坐佛等隋代所不見的題材。第96窟的彌勒倚坐佛高35.5公尺，俗稱「北大像」，建於延載二年（695），正值武周時期，其營建的動機和武則天詔令各州建大雲寺，積極推動彌勒信仰當有關連。

　　初唐早期的塑像仍保存隋代餘韻，尚有幾分拘謹，晚期造像則作風圓熟。第328窟的主龕彩塑保存大體完好，可為初唐晚期造像的代表。此窟正壁的敞口龕，塑一佛二弟子二菩薩和四身供養菩薩。在佛兩側的脅侍菩薩均半跏垂足而坐，四身供養菩薩則作胡跪的姿勢。在這組塑像像中，主佛（圖185）右手作施無畏印，左手撫膝，結跏趺坐於仰蓮之上。頂有小螺髮，面相長圓，兩頤飽滿，眉彎眼細，神貌端嚴。身體比例協調勻稱，寬肩細腰，胸部肌肉挺實，腰部緊束，具體量感。衣褶褻面隆起，線條圓潤流暢，疏密變化寫實自然。長垂的衣襬覆蓋蓮臺，衣褶或聚或散，蓮臺仰蓮蓮瓣的輪廓依稀可見，處理手法細膩。龕內的彩塑菩薩（圖186），雲髻高聳，曲眉秀目，形貌端美典雅，雍容華貴，腰部拉長，胸部緊實，腹部微隆，富有彈性，風格與長安七寶臺的十一面觀音菩薩（圖139）相彷彿。左側脅侍弟子迦葉鎖眉垂眼，張口露齒，面容悲苦，而與之相對的阿難則眉清目秀，一派怡然。全龕造像寫實而生動。

▲圖 185　佛坐像　唐代　甘肅敦煌
莫高窟第 328 窟　西壁龕內

▲圖 186　菩薩坐像　唐代　甘肅敦煌
莫高窟第 328 窟　西壁龕內北側

　　初唐窟頂畫華麗團花藻井，四披繪千佛。石窟壁面多分為上、下兩段，上段作主要繪經變、千佛、說法圖等，下段畫供養人。早期流行的本生、因緣故事畫在初唐已經完全絕跡。龕外兩側繪大菩薩和千佛，少數洞窟延續隋代的作法，在龕外兩側壁面上方畫乘象入胎與逾城出家兩個佛傳情節，或在南北兩壁於千佛圖中畫說法圖一鋪。此時出現了許多新穎的壁畫題材，第 323 窟圖繪了敦煌最早的佛教史跡畫和戒律畫；第 332 窟中心柱北向面畫劉薩訶瑞像，東壁南側畫阿彌陀佛與五十菩薩圖。另外，在第 321、331、334 窟又發現了十一面觀音的圖像，說明初唐時敦煌已有密教的流傳。本期所出現構圖對稱的大幅經變畫，尤引人們注意。莫高窟中現存初唐的主要經變有九種：阿彌陀經變、觀無量壽經變、彌勒經變、藥師經變、涅槃經變、維摩詰經變、法華經變、十輪經變與勞度叉鬥聖變。其中，以阿彌陀經變和彌勒經變的數量最多。十輪經變、觀無量壽經變和勞度叉鬥聖變都是初唐時新出的經變題材，在莫高窟皆僅發現一例，顯示這

些題材的繪製在敦煌尚處於草創期。其他六種經變與隋代作品相比，不但內容更加豐富，構圖也更為完整，畫面更加宏偉。這種壯觀的大幅經變，是前期所不見，為敦煌藝術的重要突破。

第 220 窟是莫高窟最重要的初唐窟之一，在該窟的東壁和北壁發現了兩則貞觀十六年（642）的墨書題記，為此窟的壁畫和開鑿提供了確鑿的斷代依據。此窟南壁畫阿彌陀經變一鋪（圖 187），寶池中央的阿彌陀佛手作轉法輪印，坐在大寶蓮花之上，脇侍菩薩觀音和大勢至分坐左右。全作採對稱式布局，將四周聽法菩薩、化佛、蓮花化生、天人等眾多的人物，條理井然地組織起來。經中所言西方淨土所有的八功德水、七寶樓臺、七寶華樹、蓮池等無一不備。天空中畫諸佛赴會、寶塔、不鼓自鳴的樂器等，寶池前方地面繪吹奏各式樂器的樂伎，以及隨著樂曲聲翩翩起舞的舞伎，場面熱鬧。這種規模宏大、結構完整、內容豐實的阿彌陀經變，將西方淨土的盛況一表無遺，與莫高窟第393 窟隋代阿彌陀經變簡約的布局迥然不同，是阿彌陀西方淨土變成熟的樣式。

▲ 圖 187　阿彌陀經變　唐貞觀十六年 (642)　甘肅敦煌　莫高窟第 220 窟　南壁

　　第 220 窟北壁畫藥師經變，以東方藥師淨土的七佛和八大接引菩薩為主體，兩旁畫十二藥叉大將。除此之外，在最外側兩尊菩薩的身後尚有兩支五色彩幡，畫面下部還有菩薩在點續命燈。畫面下方也繪吹奏各式樂器的樂伎和跳胡旋舞的舞伎。此圖與隋代的藥師經變（圖 180）也截然不同，不但是敦煌新出的圖樣，而且在莫高窟僅此一例。

　　此窟東壁還畫大鋪的維摩詰經變，佔據了入口兩側的壁面，除了隋代已見的〈問疾品〉外，尚繪出〈方便品〉、〈不思議品〉、〈觀眾生品〉、〈香積佛品〉的情節，情節豐富許多。在文殊菩薩和維摩詰居士的下方，還表現了中國君臣和外國人物禮佛的畫面。其中，中國帝王的造型、人物神態與美國波士頓美術館藏傳為閻立本的〈歷代帝王圖〉十分近似，其頭戴冕旒，身穿青衣朱裳，上飾《周禮》所載帝王禮服上繡繪「十二章」紋樣中的七章——日、月、山、龍、藻、粉米和黻，雙臂張開，昂首闊步而行，氣度不凡。

　　由此看來，第 220 窟南、北和東壁氣勢雄偉的經變圖，在此前的敦煌壁畫中都未曾出現，必定是摹寫自長安傳來的新畫樣所成，是中原文化與敦煌交流的結果。

　　此外，隋代的彌勒經變均為彌勒上生經變，描寫彌勒菩薩在兜率天宮說法的場面，可是初唐出現了彌勒下生經變，圖繪的內容包括了彌勒佛下生人世，成道之後，轉輪王穰佉王和他的大臣以及穰佉王寶女舍彌婆帝與她的綵女跟隨彌勒佛剃度出家，彌勒佛主持龍華三會，說法開示，化度數十億人等。更值得注意的是，莫高窟的初唐畫匠還將彌勒上生經變繪於彌勒下生經變的上方，合成一幅彌勒經變（圖 188）。這種彌勒上、下生經變的組合方式在四川成都萬佛寺出土的蕭梁造像上已有發現，顯示隨著隋代的統一，這種彌勒經變形式可能先傳到中原，初唐時隨著中原與敦煌頻繁的往來，進而影響了敦煌。

　　初唐的敦煌藝匠對線條的掌握純熟，常以淡墨線起稿，鉤畫人物的輪廓，賦彩後，再用深墨色線定形，有時還在人物面部鉤一次紅線，或在衣裙、飄帶的轉折處描上流暢的白線，以達提神的效果，手法變化多端。初唐石窟的色彩粉底、土黃和土紅並用，顯得特別清新明快，石窟色彩豐富。第 321 窟東壁門上畫倚坐佛說法圖一鋪，兩側畫趺坐佛說法圖各一鋪（圖 189），由於這兩幅趺坐佛說法圖大體沒有變色，提供了我們認識敦煌初唐畫師精湛技藝的素材。其設色妍麗，主尊坐佛面如滿月，眼大而長，身軀飽滿結實，疊暈和渲染法兼施，表現了五官的起伏和頸項、手足的豐腴圓潤。袈裟質地柔軟，透過或疏或密的衣紋，身軀結構若隱若現，寫實性強。脅侍菩薩上身袒露，斜披絡

腋，下著薄紗透明長裙，上飾小花，曲線畢露。或一腿微彎，將身體的重心放於另一腿上，或扭腰擺臀，作 S 狀的三折扭，體態婀娜。這種薄紗透體、強調人體曲線美的菩薩形象，雖源自印度，但明顯地經過中土人士的潤色，推測這種菩薩像的稿本亦當來自中原。

▲ 圖 188　彌勒經變　唐代　甘肅敦煌　莫高窟第 329 窟　北壁

　　盛唐洞窟形制有覆斗頂一龕窟、覆斗頂三龕窟、覆斗頂無龕窟、佛壇窟、中心塔柱窟、大像窟、佛壇雙龕券頂窟七類，但以覆斗頂的殿堂窟為主流，大像窟和佛壇雙龕券頂窟均只有一例。在龕形的設計上，以敞口龕為主，到了盛唐後期，又出現了盝頂龕。龕中塑像組合大抵與前期相同。

▲圖189　佛說法圖　唐代　甘肅敦煌　莫高窟第321窟　主室東壁

　　盛唐時期，敦煌與中原的接觸益加頻繁，佛教藝術的風格發展幾乎與內地同步，以形寫神的作品比比皆是。莫高窟第45窟西壁龕的七尊像（圖190），主尊頂有小螺髮，頭若圓球，面圓頰豐，神情端嚴，肩胸厚實而富彈性，造型比前期造像的更為豐腴，胸肌部位向下延伸，使得腰部相應變短。袈裟輕薄柔軟，衣紋舒展流利，衣褶襞面起伏，寫實性強。脇侍菩薩頭束高髻，上身袒露，胸佩瓔珞。寬肩細腰，身軀輪廓線條柔美。頭部微傾，曲眉細目，雙眸俯視，嘴角隱約含笑。腰肢擺動，全身略作S形，婀娜多姿，意態婉約，無怪乎當時人有「宮娃如菩薩」的說法。位於主尊坐佛兩側的阿難和迦葉的造形明顯不同，前者年輕俊秀，雙手合攏於腹前，溫文儒雅，儼然是一位飽學之士；後者年紀較長，雙眉微蹙，鬍髭未剃，胸部肋骨清晰可見，一望即知為一練達的苦修之人。兩位天王足踏小鬼，怒目而視，叉腰握拳，力感十足，威攝勇猛。在此龕中，

敦煌匠師將佛的莊嚴、菩薩的慈悲、阿難的睿智、迦葉的精進、天王的威猛盡表無遺。全作不僅準確地把握了人體的結構和形體的特徵，更重要的是，匠師利用了這些尊像的面部表情和肢體語言，清楚地傳達了這些佛教人物內在的性格。這種高度的寫實技巧，不但超越前朝，後代藝師也望塵莫及。這龕彩塑群像彼此互相呼應，整體形象氣宇恢宏，是宗教性和人間性、理想性和現實性的完美結合，所謂楊惠之「形模如生」的技法大概也不過如此吧！

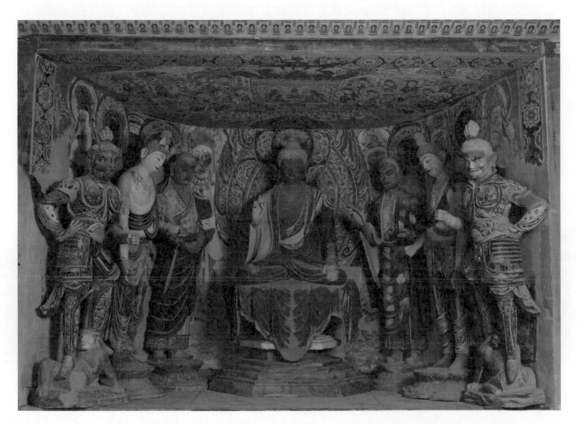

▲ 圖 190　西壁龕　唐代　甘肅敦煌　莫高窟第 45 窟

　　盛唐石窟的窟頂多繪千佛，到了盛唐晚期個別的洞窟畫經變畫。壁畫仍作上下兩欄或通壁一欄布局，經變題材沿襲初唐傳統，除了勞度叉鬥聖變外，說法圖、阿彌陀經變、觀無量壽經變、彌勒經變、藥師經變、十輪經變、法華經變、維摩詰經變、涅槃經變繼續流傳。另外，又出現了觀音經變、文殊變和普賢變、佛頂尊勝陀羅尼經變、華嚴經變、報恩經變和天請問經變六種新的經變題材。報恩經變是依據《大方便佛報恩經》所繪製的，此經是中國僧侶結合佛經和儒家《孝經》的內容，所撰著的一部疑偽經典。敦煌報恩經變的出現正是盛唐時期佛教中國化的一個例證。

　　盛唐時期，經變畫的形式發展成熟，一些初唐尚未定型的經變，到了盛唐發展成規模宏偉的巨製。例如，初唐第 431 窟的觀無量壽經變，於北壁、西壁和南壁下層畫釋迦佛為韋提希說法、十六觀與九品往生，圖像一列排開，構圖簡單。盛唐的觀無量壽經變則發展為以西方淨土世界為中心，畫面的左右兩側圖寫未生怨和十六觀的大型經變，有些還在西方淨土的下方繪九品往生的畫面，形成內容完整、結構宏偉的新穎形式。莫高第 217 窟開鑿於唐中宗神龍年間（705～706），北壁畫觀無量壽經變（圖 191），畫面中部為阿彌陀淨土，阿彌陀佛與四尊脇侍菩薩居中，兩側平臺分別繪以觀音和大勢至菩薩為首的菩薩群像。上部畫宏偉的大型建築，由佛殿、迴廊、樓閣等組成。透過兩側的樓閣、平臺上的欄干以及說法圖中排列成八字形的脇侍菩薩等，引導觀眾將目光集中於主尊。西側上部畫佛在靈鷲山說法圖，下部畫未生怨故事，描寫阿闍世王的惡行。東側畫十六觀，圖寫憶念西方淨土教主阿彌陀佛身相與淨土的十六種觀想法門。全作設色明豔，布排主次分明，井然有序，經變細節繁多，令人目不暇給。又，第 172 窟南壁、北壁均畫觀無量壽經變一鋪，二者的東側畫未生怨三十二小幅，西側繪十六觀十八小幅，彼此互相映照。第 171 窟南、北和東壁均繪觀無量壽經變，西壁龕內畫阿彌陀佛與五十菩薩圖，儼然為一淨土堂。凡此種種在在說明，盛唐阿彌陀信仰在敦煌的廣泛流行。

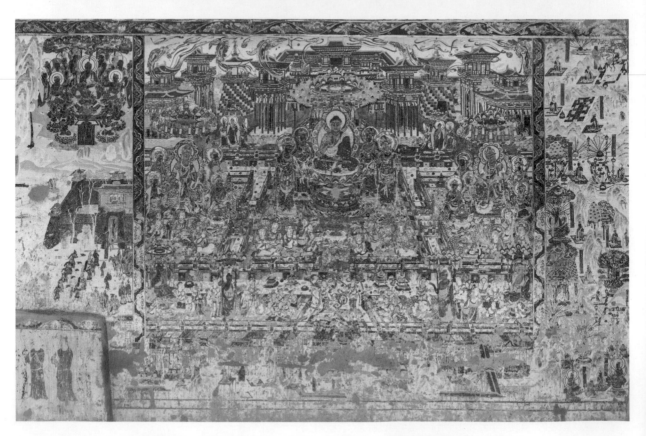

▲ 圖 191　觀無量壽經變　唐代　甘肅敦煌　莫高窟第 217 窟　北壁

雖然隋代莫高窟中即有觀音經變的發現（圖177），但盛唐的觀音經變不再採取敘事性的手法，而以大畫面經變形式出現。第45窟南壁觀音經變（圖192）的中央畫觀音菩薩立像，頂有華蓋，冠有化佛，長髮披肩垂至手肘，身佩珠串瓔珞，左手持淨瓶。在祂的兩側畫面分為五層，下畫觀音菩薩解救諸難的情節，如水難、火難、牢獄難、盜賊難等，上畫觀音菩薩三十三應化身，如毗沙門天、大將軍、大自在天、童男、童女等，為眾說法的畫面，每個畫面旁均抄錄《妙法蓮華經‧觀世音菩薩普門品》的經文作為榜題。畫中的山石、河流不但是觀音菩薩為救濟諸難和化度眾生的場景，也發揮了統合整幅經變的功能。

▲圖192　觀音經變　唐代　甘肅敦煌　莫高窟第45窟　南壁

　　盛唐除了使用早期常見的鐵線描外，還出現了吳道子式的蓴葉描（圖128），落筆迅捷，變化多端。總之，敦煌的畫師已深得運筆三昧，筆描的運用純熟。壁畫所用的顏料有石青、石綠、赭石、土紅、石黃等十餘種之多，種類增加，各種顏色又具有許多不同的色度，還有許多調合色。盛唐的用色比初唐更為富麗堂皇、斑斕華麗。安史之亂以後的盛唐晚期，因為河西各州相繼淪入吐蕃之手，東西阻隔，交通不暢，顏料來源匱乏，壁畫色種減少，用色雅淡。

　　中唐，敦煌與中原隔絕，二者的關係日漸疏離，敦煌佛教藝術只能在前期的基礎上尋求發展，再加上吐蕃佛教與藝術的傳入，敦煌藝術不再直接反映中原佛教藝術的風貌。

　　莫高窟中唐的洞窟形制有三種：（一）殿堂窟，平面呈方形，覆斗頂，有些正壁開龕，有些中央設壇。分前、後室。（二）涅槃窟，平面呈橫長方形，盝形頂，正壁下為通壁寬的佛床，上塑臥佛。（三）隧道窟，平面呈橫長方形，圓券頂，正壁下有佛床，佛床後鑿與人等高的隧道，供佛教徒們旋繞禮佛。後二者皆為大型窟，僅各有一例。由此可見，中唐石窟形制仍以覆斗頂殿堂窟為主。中唐早期還偶見盛唐的敞口龕，但逐漸地被模仿帷帳形的盝頂龕所取代。這種龕的龕頂作盝頂，上畫平棊，四面披畫藥師佛、瑞像圖、裝飾圖案等，壁面多繪屏風畫。龕內常設 ㄇ 字形基壇，上置塑像。塑像的組合一般為一鋪七身，少數窟為九尊。雖然中唐龕內的造像大多不存，但由於此期洞窟龕頂四披幾乎均繪藥師佛，龕內的屏風畫又多為藥師經變的十二大願與九橫死。依據龕內壁畫乃塑像補充的原則來推測，中唐的許多洞窟應以藥師佛作為主尊，說明中唐開始敦煌的藥師信仰日趨流行。

　　從風格來說，中唐的塑像已經失去初唐和盛唐豐沛的創造力和生命力。塑像（圖 193）的姿勢較為生硬，肌肉的表現趨於形式化，缺乏敦煌早期造像的細膩柔美。莫高窟中唐第 205 窟北側的天王像，按劍而立，內著鎧甲，外披虎皮，這種裝束為唐前期所不見。虎皮，吐蕃稱為大虫皮。依吐蕃制度，凡有戰功者，得披大虫皮，以旌其勇。此窟出現這種天王像，有明顯的時代特點，中唐時敦煌文化顯然也受到了吐蕃的薰染。

　　中唐窟的窟頂四披千佛中央新出現了說法圖，壁面的布局均為上、下兩段。常見的壁畫題材有經變、瑞像圖、密教圖像、供養人數類，四類之中仍以經變為主。除了早期已出現的經變外，中唐時期又出現了金剛經

▲ 圖 193　脇侍菩薩與弟子立像　唐代　甘肅敦煌莫高窟第 159 窟　西壁龕內北側

變、金光明經變、楞伽經變和思益梵天請問經變。吐蕃佔領初期，主要在繼續盛唐「圖素未就」洞窟的鑿造，一般仍採盛唐時一壁一鋪經變的格局，但逐漸出現兩側壁各繪兩鋪經變的布局，經變四周以條帶圖案間隔，彷如畫框。到了中唐後期，一壁增加到三、四鋪，甚至更多。在經變下方皆繪製數扇屏風，畫上部經變配合的各品細節（圖194）。石窟內經變畫增多和經變下方出現屏風畫，為中唐經變畫的重要變革。中唐的經變畫雖然構圖嚴密緊湊，但經變的幅面變小，氣勢上已不能和初唐和盛唐時一壁一鋪的經變相提並論。此外，由於寺院俗講流行，有些畫師不再根據佛經，而是依據變文來繪製經變，這類經變畫的戲劇性強，世俗色彩濃厚，也是中唐經變的重要特色。此期維摩詰經變中維摩詰帳下方各國王子群像裡，常出現吐蕃贊普及其侍從的形象，是河西地區社會政治形勢的直接反映。

▲圖194　金光明經變　唐代　甘肅敦煌　莫高窟第158窟　東壁北側

　　瑞像圖（圖195）是中唐晚期新出現的嶄新題材，畫在西龕內盝頂的四披，每披分為若干小格，每一格僅畫出一幅瑞像，大多表現佛教傳說的靈驗、神異故事，如憍賞彌

國優填王旃檀瑞像、摩伽陀國放光瑞像、犍陀羅國分身瑞像、波羅奈國鹿野苑瑞像、指日月瑞像、于闐故城瑞像、于闐媲摩城瑞像等。如前所述,指日月像和犍陀羅雙頭瑞像在長安(圖 138)和四川巴中(圖 169)皆有發現,所以敦煌瑞像圖的稿本是從西域來敦煌的僧人和行旅所留下的?抑或是由中原傳入的?目前無法確認。但值得注意的是,敦煌的瑞像圖中也包括了張掖郡佛影像、酒泉郡釋迦牟尼像、番禾縣(今甘肅永昌縣西)的劉薩訶瑞像,這些都是與河西地區流傳佛教感通故事有關的圖像,足證敦煌的匠師在自外傳入的瑞像圖基礎上,又增添了一些當地的地方元素。

▲ 圖 195　瑞像圖(局部)　唐代　甘肅敦煌　莫高窟第 237 窟　西壁龕頂南披

中唐時期,敦煌密教圖像急劇增加,不但發現了不空羂索觀音、千手千眼觀音、如意輪觀音、千手千鉢文殊等作品,在榆林窟第 25 窟還看到八大菩薩曼荼羅(圖

196A），這鋪曼荼羅是根據不空所譯的《八大菩薩曼荼羅經》所繪製的，屬純密系的圖像。榆林窟位於甘肅瓜州縣（原名安西縣）西南七十五公里的山谷中，是敦煌石窟藝術的一個分枝。第25窟約鑿於大曆十一年至建中二年間（776～781），即吐蕃佔領瓜州初期。主室平面呈方形，窟頂已損壞，有千佛殘存，窟中央設方形佛壇。主室西壁門南畫普賢變，門北畫文殊變，南壁作觀無量壽經變，北壁繪彌勒下生經變，東壁的南半部已毀，現存中央主

▲圖196A　八大菩薩曼荼羅　唐代　甘肅瓜州榆林窟第25窟　東壁北側

尊、北側的四尊菩薩和一尊由裝飾帶隔開的藥師佛立像。八大菩薩曼荼羅的主尊（圖196B）戴華冠，佩瓔珞，戴臂釧，兩手結禪定印，在獅子蓮花座上結跏趺坐，旁有T字形題框，題記為「清淨法身盧舍那佛」，即法身佛大日如來。八大菩薩僅餘四身，均有題名。地藏菩薩左手置臍下，右手置胸前托寶珠；文殊師利菩薩左手托紅蓮，右手執長莖蓮花；虛空藏菩薩綠色，右手執劍，半跏坐於蓮花之上；彌勒菩薩冠有佛塔，左手持瓶，右手執一長莖蓮花。比對經典，南側已殘的四尊菩薩當為普賢菩薩、金剛手菩薩、觀自在菩薩和除蓋障菩薩。榆林窟第25窟既畫純密系的八大菩薩曼荼羅，又畫顯教系的觀無量壽經變、彌勒下生經變、藥師佛、文殊變和普賢變，反映了中唐之初敦煌顯、密並修的實況。

吐蕃佔領初期，莫高窟的供養人像極少，中期逐漸增多，並出現了巨大的高僧像，如第158窟門側有高近二公尺的僧侶像四身，榜題稱：「大蕃管內三學法師持鉢僧宜」。僧侶畫像的增大，可能與吐蕃僧侶的地位崇高有關。同時，中唐時，還常將窟主畫像置

於東壁門上，面向正龕主尊遙相禮敬，顯示窟主的特殊身分。

中唐壁畫基本上承襲前期餘緒，仍以線描造型為主。早期因為顏料來源受阻，壁畫的色彩較為單調乏味。晚期的色彩逐漸豐富，變得清雅明麗。莫高窟第 158 窟的涅槃經變，南壁表現一列菩薩和眾弟子舉哀的畫面（圖 197），除了阿難面容平和，右手放在耳旁，似仍在聆聽佛陀的教誨外，其他的弟子張口嚎啕，大弟子迦葉更雙手上舉，呼天搶地。北壁描繪面容哀悽的各國國王，有的甚至於割耳、剜心、刺腹，表情和動作誇張。畫中大部分人物的高度都超過兩公尺，人物線條強勁有力，層層暈染強化了五官的凹凸變化和肌理的起伏，實為中唐壁畫的傑出之作。

▲ 圖 196B　清淨法身盧舍那佛　唐代　甘肅瓜州榆林窟第 25 窟　東壁北側八大菩薩曼荼羅中尊

隨著吐蕃文化的傳入，敦煌壁畫也受到了吐蕃的影響。例如，榆林窟第 25 窟的八大菩薩曼荼羅（圖 196A、196B），其繪畫風格就與同窟的顯教系壁畫大異其趣。盧舍那佛和四大菩薩的頭光皆作蓮瓣形，頭光和身光皆為彩虹條紋所飾。祂們的髮髻作椎狀，寬肩細腰，項圈和臂釧鑲嵌寶石，瓔珞由多條細珠串成，薄裙貼體，絡腋和下裙又有小碎花紋樣，這些特徵都受到吐蕃藝術的影響。

敦煌晚唐的石窟形式主要承襲前代模式，以西壁開盝頂帳形龕的方形覆斗頂窟為主流，同時又出現中心佛壇背屏窟和中心龕柱窟兩種新窟形。莫高窟晚唐的中心佛壇背屏窟主室平面呈方形，覆斗頂，四壁不開龕，石窟中央設置方形或 ㄇ 字形佛壇，在壇西側有厚約一公尺的高大背屏上通窟頂，屏前是高大的主尊坐像，如第 16、94、196 窟等。中心龕柱式窟平面為縱長形，前部覆斗頂，後部為平頂，中心設方柱，方柱東向面開盝頂深龕。不過，這種窟形的數量有限，僅有第 9、14 窟等數窟，在晚唐並不流行。

▲ 圖 197 涅槃變（局部） 唐代 甘肅敦煌 莫高窟第 158 窟 南壁

　　晚唐壁畫是中唐傳統的延續，用色仍以簡淡青綠為基調，在繪畫技法、經變構圖等方面，也都與中唐一致。中唐時窟頂四披畫千佛，千佛中央畫說法圖一鋪的表現仍時有所見，有的石窟窟頂四披也繪製經變，使得窟中的經變題材更加豐富。晚唐的壁畫題材依然以經變為主，除了早期的經變題材外，晚唐還出現了報父母恩重經變、楞嚴經變和密嚴經變三種新的經變題材。另外，此時又發現了兩鋪北朝以後未出現的降魔變。在晚

唐出現的十八種經變題材中，最引人關注的是勞度叉鬥聖變（圖198）。此一題材雖然
在敦煌西千佛洞北周第12窟與莫高窟初唐垂拱二年（686）開鑿的第335窟已經出現，
但其或以敘事畫的手法鋪陳，或在西壁龕主尊塑像的兩側描繪勞度叉和舍利弗鬥法的情
節，構圖簡約。盛唐、中唐時期，這個題材消聲匿跡。到了晚唐，敦煌出現了以勞度叉
和舍利弗鬥法為重心，輔以大象馱金、黃金布地、波斯匿王及侍從觀看舍利弗和勞度叉
鬥法等細節，結構完整的巨型經變，這種勞度叉鬥聖變前所未見，乃晚唐畫家的創舉。

▲圖198 勞度叉鬥聖變（局部） 唐代 甘肅敦煌 莫高窟第196窟 西壁

晚唐的石窟壁面仍分兩段，上段畫經變，下段繪屏風畫。經變畫依然採一壁多鋪的作法，有時一窟內竟有十六、七種經變，比中唐的經變畫更為可觀。經變中，畫師往往增繪許多細節，許多的內容還取自變文，榜題也大幅度地增加，並出現了大量反映現實生活的場面，以至於畫面擁塞龐雜，布局鬆散零亂，主題反而不夠突顯，宗教的感染力也因而減弱。

晚唐時瑞像圖繼續有所發展，原來單獨成幅的瑞像圖，組合成一完整畫面，形成複雜的構圖。這些圖像大多畫於甬道頂部，中央畫尼婆羅水火池、一手遮天、毗沙門天決海、石佛浮江、高悝得金像、牛頭山瑞像等，兩側斜披畫單身瑞像，為數眾多，排列整齊。

這一時期供養人畫像有很大的發展，由於當時的歸義軍張氏家族和豪門世族不但執掌政權，同時也篤信佛教，把持寺院，時常出資造窟，並留影窟中為供養人像；僧侶們也為他們歌功頌德，為之畫像。晚唐時，敦煌供養人的幅面不但增大，同時一窟內往往還畫祖宗三代、姻親眷屬，依次排列。如第 138 窟甬道有歸義軍節度使張承奉的畫像，主室內尚見張承奉夫人陰氏、媳婦、姪女、孫子，以及出家為尼的姊妹。供養人在此已不僅僅是供養佛的虔誠弟子，還具有列家序譜的意味。第 156 窟南、北兩壁下部和東壁下部的張議潮出行圖和宋國夫人出行圖，人數眾多，場面宏偉壯觀，是唐代供養人中最傑出的兩幅作品。

晚唐的泥塑有濃厚的程式化傾向，壁畫中人物的畫法漢式與藏式並存，在藝術上也無明顯突破。除了少數數例外，如第 9 和 196 窟的勞度叉鬥聖變、第 156 窟的張議潮夫婦出行圖等，一般來說，敦煌晚唐的石窟已失去了過去的光彩與旺盛的生命力。

五代、兩宋時期的佛教美術

🪷 五代、兩宋歷史背景

　　五代、兩宋時期是指天祐四年（907）朱全忠稱帝至祥興二年（1279）南宋滅亡這一歷史時期。五代（907～960）是唐末藩鎮的延續，各地藩鎮自立為國。宋朝（960～1279）雖掃除五代殘餘割據，但並沒有建立起一個統一全國的中央政權，北方有契丹建立的遼（907～1125）、党項族建立的西夏（1038～1227）和女真人建立的金（1115～1234）諸國壓境，經常舉兵犯邊，侵擾剽掠，造成宋室莫大的威脅，雲南地區又有白族段氏建立的大理國（937～1254），雖未侵邊，但宋室對西南邊境的這個國家一直戒慎恐懼。故五代、兩宋，中國再次處於群雄競起、民族對立、政治分裂的局面。

　　唐朝末年，藩鎮割據，朱全忠不但驍勇善戰，又長於謀略，主控唐室的中央政權。天祐四年，朱全忠廢唐哀帝，自行稱帝，當時關中地區因連年爭戰，殘破不堪，故其建都隋唐大運河的樞紐開封（今河南開封），改國號為梁，是為梁太祖。自此以後的五十四年間，中原地區依次出現後梁、後唐、後晉、後漢和後周五個朝代，這五個朝代的領域主要為黃河下游和渭水下游。在此一區域之外，還有許多割據勢力分立抗爭，主要的有吳、楚、閩、吳越、南唐、南漢、北漢、荊南、前蜀、後蜀，後世的史學家統稱之為十國（902～979）。五代、十國時，五代各朝國祚短促，政權更遞迅速，動亂相仍，失去了控御四方的中心地位。十國中，除了北漢建國於今天的山西省境內，其他九國皆地處南方。這些位居南方的國家國祚較長，各政權間戰爭較少，政治相對穩定，人口增加，經濟發達，在文化上的重要性也大幅度的提升，奠定了日後中國經濟文化重心南移的基礎。

五代時，除了後唐莊宗、後晉高祖等個別帝王外，北方諸君多採禁止興建寺院、私度僧尼等抑佛政策。後周顯德二年（955），世宗更以寺僧浮濫，直接影響國家賦稅、兵役為由，整飭寺院，沙汰僧尼，斷然下令廢佛，銷毀寺內的銅像、鐘磬、鈸鐸等鑄造銅錢，以盈國庫。據說當時所廢佛寺計三千三百三十六所，北方佛教日益疲弱。

　　相對於北方，南方諸國大部分的君主多保護和支持佛教，佛教持續穩定發展，廣泛傳播。例如，前蜀王建（907～918在位）禮遇貫休（832～912），賜號「禪月大師」，並為他建龍華道場。閩國太祖王審知（909～925在位）留心佛典，廣建佛寺，並皈依禪僧雪峰義存，義存在閩的四十年中，四方之僧爭赴法席，不可勝數，閩國國都長樂府（今福建福州）禪風盛行。南唐（937～975）諸君酷好佛教，信禮三寶，營構寺塔，講經崇佛，蔚為風氣。末代君主李煜（961～975在位）「莊嚴施捨，齋設持誦，月無虛日」。吳越（907～978）諸王以國都杭州為中心，大力提倡佛教。據說，忠懿王錢弘俶（948～978在位）「於萬機之暇，口不輟誦釋氏之書，手不停披釋氏之典」。後周顯德二年世宗斷然廢佛之際，錢弘俶下令鑄造八萬四千個銅製佛塔，塔中封藏《寶篋印陀羅尼經》，頒發境內；他又遣使高麗，尋求佛典，復興天臺宗；並以杭州為中心，營造了數百所寺院，招攬當時全國的佛教精英。風吹草偃，當時有不少吳越貴族與大臣也捨宅為寺。總之，在十國君主的積極護持之下，南方諸國佛教發展蓬勃。

　　五代末，南唐為後周所敗，境土大削，勢力頓減。南北均勢的狀況也因而改變，逐漸形成統一之局。後周顯德七年（960），陳橋兵變事起，禁軍領袖趙匡胤代周執政，改國號為宋，結束了爭戰不休的五代。不過真正統一中國的大業，則直到太平興國四年（979）宋太宗平定北漢，才算大功告成。

　　宋雖然統一中國，但是提倡文人政治，國勢衰弱，屢經外族的迫害與屈辱。靖康二年（1127）金人入寇，虜徽、欽二帝，此即「靖康之難」。是年，高宗在南京（今河南商丘）登基為帝，改元建炎。其後，又徙臨安（今浙江杭州）。祥興二年（1279），帝昺為元人所逼，蹈海而死，宋朝遂亡。後世史家以靖康之難、宋室南遷為界，將宋的歷史分成北宋、南宋兩個階段。無論北宋或南宋，皆強鄰環伺，版圖銳減，國勢積弱不振。

　　宋太祖（960～976在位）即位後，利用佛教穩定北方局勢，並取得南方吳越等奉佛諸國的擁戴。開寶四年（971）太祖派遣高品、張從信到益州（今四川成都）刊刻《大藏經》，歷時十二年，太平興國八年（983）於太平興國寺的印經院印刷完成，共四百八十帙，一千零七十六部五千零四十八卷，是中國木刻雕印史上的第一部漢文《大

藏經》。自此以後，福州東禪寺等覺院、福州開元寺、湖州思溪圓覺禪院、江蘇平江府磧砂延聖禪寺、浙江杭州普寧寺陸續開版雕造《大藏經》。宋代眾多官版和私版《大藏經》的刊行，促進了佛教經典的普及和佛教的流傳。

　　宋初，赴印求法取經的僧侶不絕於履，亦有許多天竺僧人東來。太平興國七年（982），太宗在太平興國寺創設譯經院，以供天竺僧侶天息災、法天、施護、法護等翻譯經典。太宗、真宗兩代（976～1022）共翻譯了二百三十四部、四百八十九卷經典，其中，密教的經典就佔了半數以上。不過由於這些譯經的水準不高，部分內容誤譯或偽譯，故對宋代佛教並未產生太大的影響。

　　唐代佛教八宗齊弘，到了宋代，則由禪宗和淨土宗共分天下。同時，隨著士大夫階級興起，他們取貴族而代之，成為宋代推動宗教與文化的主力。兩宋時期，官僚士大夫參禪盛行，淨土結社的活動十分普遍。此外，周敦頤（1017～1073）、王安石（1021～1086）、程顥（1032～1085）、程頤（1033～1107）、朱熹（1130～1200）、陸九淵（1139～1192）等儒學大家，也熱心研究佛學，在探討人生哲理和宇宙本體時，常援引佛教或道教的觀點。契嵩（1007～1072）又作〈原教篇〉、〈孝論〉等，主張儒、佛一貫，以對抗當時理學家排佛的風氣。道教全真派的創始人王重陽（1113～1170）也主張三教同源。宋代，儒、釋、道思想相互影響，融會貫通，使得佛教與中國文化水乳交融。而佛寺也隨著城市經濟的發展，與社會關係越形密切，很多人改編佛經故事作為民間說唱的平話話本，寺院的俗講內容也加入了世俗生活中的歷史故事。在這種情況下，佛教完全融入庶民生活之中，佛教思想中生死輪迴、業力果報的生命價值觀已根深蒂固。

❧ 五代、兩宋的佛教美術

　　五代時期，北方對佛教採取嚴格的管理政策，造像數量銳減，而周武宗滅佛，使得北方佛教藝術的遺存更加稀少。然而在南方，由於十國君主多採保護佛教的政策，佛教藝術的發展自然隆盛，如今在四川大足、江蘇南京棲霞山、浙江杭州等地，都發現了數量不等的前蜀（903～925）、後蜀（934～965）、南唐和吳越的佛教藝術遺蹟。此外，蜀和南唐又設立畫院，不少畫院高手精於道釋畫，對兩宋佛道繪畫影響深遠。

　　在宋代美術史中，佛教藝術仍是重要的一環，佛教造像數量之多仍是其他門類的雕塑望塵莫及。北宋末年編集的《宣和畫譜》，將徽宗內府所藏的六千三百九十六軸名畫，分為十門，並特以道釋畫冠於十門之首，推崇這些作品「稟五行之秀，為萬物之

「靈」。可見，當時佛教藝術的地位仍十分崇高。北宋時，全國有佛寺四萬所，僅汴京（今河南開封）的大相國寺一處，轄六十四禪、律院，佔地五百四十畝，僧眾數千人，規模宏大。此外，龍興寺造像凡五百六十二軀，資聖院造像凡七百二十軀，普安禪院造像凡六百三十八軀。宋代大小佛寺林立，自然促進了佛教藝術的發展。

❦ 佛教繪畫

五代時期，雖然北方板蕩，佛教發展較為遲緩，但唐代的道釋畫傳統並沒有中斷。李克用（856～908）命韓求、李祝在陝郊龍興寺畫迴廊列壁二百多堵；後梁龍德年間（921～923）沙門義暄招募壁畫名家跋異、張圖、李羅漢等至洛陽廣愛寺繪製壁畫。此外，朱繇、燕筠、左禮、李昇、杜子瓌等名家也都以道釋畫見長。根據畫史，這些畫家或習吳家樣，或學周家樣，或承曹仲達傳統。可惜作品泯滅，僅存史料。

現存的壁畫中，僅發現兩處五代寺院壁畫，一是河南溫縣慈勝寺壁畫，現存三塊殘片，均保存於美國堪薩斯市納爾遜‧阿特金斯藝術博物館中；另一處為山西平順大雲院。河南溫縣慈勝寺內現存後晉天福二年（937）經幢，三塊壁畫殘片中，有一塊成於後周廣順年間（951～953）。慈勝寺的三塊壁畫皆畫菩薩，這些菩薩（圖199）或持蓮花挺腹而立，或屈身伸手，或捧供物凝視，或彎腰捧物，其頭戴華冠，身披瓔珞，手戴環釧，兩頰飽滿，神靖端嚴，體態豐腴，尚見唐代餘韻。衣紋線條勻整細勁，設色妍麗，菩薩皆具動態，形體描繪準確，瓔珞、天衣、裙裳的交錯處理細膩，誠為一上乘之作。

▲ 圖199　觀音菩薩立像　五代　原在河南溫縣慈勝寺
美國堪薩斯市納爾遜‧阿特金斯藝術博物館藏

五代離亂之際，南唐和前、後蜀兩地經濟繁榮，生活富庶，統治者又提倡繪事，創辦畫院，因此，不少畫師或遷止南唐，或移居西蜀，金陵（今江蘇南京）與益州（今四川成都）名家雲集，為五代十國畫壇的兩大重要中心，南唐和西蜀的繪畫藝術空前繁榮。

南唐享國近四十年，三代帝王均重視文學、藝術。曹仲玄是南唐畫院中最著名的道釋名家，初學吳道子不成，遂捨棄吳法，改以細密的筆法，明亮的傅彩，別創新格，金陵的梵宇多有他的畫蹟。翰林待詔王齊翰也以道釋人物有名於時，畫史評曰：「齊翰不曹不吳，自成一家，其形勢超逸，近世無有。」《宣和畫譜》載錄了一百十九件王齊翰的作品，道釋畫就佔了一半以上，可惜無一倖存。依目前傳為王氏的〈勘書圖〉來看，王齊翰的人物畫應以細緻精謹的工筆見長。宋太宗（976～997 在位）對王齊翰所畫的〈十六羅漢〉讚賞有加，視之為吉祥的象徵，登基時，即稱王齊翰〈十六羅漢〉為「應運羅漢」，以寓太宗是應天命的真命天子之意。

十國之中，蜀地的佛釋畫最為興盛。安史之亂和黃巢之亂起，中原繪畫名家相繼入蜀，奠定了蜀地道釋畫發展的基石。唐末、五代，畫家常粲、范瓊、孫位、張南本、常重胤、釋貫休等為避戰亂，移居成都，帶來了新的藝術養分。天福年間（936～942），趙德玄入蜀，又攜來了秘府散逸自梁迄唐的名畫摹搨、粉本與墨跡，計百本之多。《益州名畫錄》即載：「蜀因二帝駐蹕，昭宗遷幸，自京入蜀者，將到圖書名畫，散落人間，固亦多矣。」這些稀世之筆皆為西蜀畫家傳移摹寫的範本。在中原文化長期的滋養下，西蜀繪畫傳統逐漸成形。據說，唐代蜀地畫家左全曾在成都大聖慈寺多寶塔下畫了一鋪〈地獄變〉，就是摹倣長安景公寺吳道子所作的〈地獄變〉而成。簡州（今四川簡陽）張玄擅畫羅漢，也是以吳家樣的手法來表現。吳道子顯然對西蜀的道釋畫影響甚深。不過，這並不意味著西蜀的畫家了無創意，貫休的水墨羅漢，用筆粗放迅捷，這種畫法與唐代流行的吳家樣和曹家樣大異其趣；石恪性格豪放不羈，筆墨縱逸簡括，灑脫蒼勁，不拘成法，個人風格鮮明。

成都大聖慈寺是西蜀著名的寺院，該寺有九十六院，八千五百二十四間閣殿塔廳房廊，畫諸佛如來一千二百一十五，菩薩一萬四百八十八，帝釋、梵王六十八，羅漢、祖師一千七百八十五，天王、明王、大將二百六十二，佛會、變相一百八十五，大聖慈寺儼然是一個佛教美術館。根據《益州名畫錄》，許多西蜀畫院名家也都參與了大聖慈寺壁畫的繪製工作，如翰林待詔杜齯龜圖寫〈祐聖國師光業真〉，翰林待詔趙忠義作〈西域記〉、〈天王變相〉和〈藥師經變相〉，翰林待詔杜敬安畫〈北方天王〉和〈無量壽尊〉。可見，西蜀王室對大聖慈寺十分重視。

五代，蜀地佛教寺院的壁畫題材大多延續唐代傳統，值得注意的是，天王和羅漢的比例明顯增加。前章已述，唐代中期以來，川中地區天王像流行，十國時，西蜀上承這個傳統，故天王圖像仍是寺院壁畫常見的題材。再加上五代爭戰連連，因此禮拜護國衛軍的天王像自然蔚為風氣。

　　玄奘翻譯的《法住記》提到，釋迦佛入滅之際，付囑十六羅漢及其眷屬，要他們在世間護持無上妙法，使不滅絕，故十六羅漢以神通力自延壽命，自此奠定了中國羅漢信仰發展的基礎。不過經中並沒有記載十六羅漢的圖像特徵，因此給予羅漢藝術的創作者很多發揮的空間。依據表現形式，西蜀的羅漢畫有張玄和貫休兩大系統，張玄的羅漢多作世態相，其形貌與漢地高僧相彷彿。他所畫的羅漢畫遠近馳名，當時從荊、湖、淮、浙入蜀的商旅，皆高價購買張玄的羅漢畫而歸。貫休的羅漢則採出世間相，胡貌梵相，龐眉大目，朵頤隆鼻，或倚松根，或嵌枯木，別創一格，據說這些羅漢皆是貫休夢中所見。五代以來，人們對貫休的羅漢畫推崇倍至，不但有石刻、墨拓傳世，後人摹寫貫休羅漢畫者更不計其數，是中國羅漢畫的一大名家。

　　宋太祖簒周以後，就有翰林圖畫院的設立，乾德三年（965）平蜀，不少西蜀畫院的名家如黃居寀、孫知微、勾龍爽等人隨後蜀孟昶來至汴京；開寶八年（975），滅南唐，南唐畫院的畫家董源、徐崇嗣等也隨之入京。這些畫家供職於北宋的翰林圖畫院，任待詔、祇侯、學生等職。此外，畫院中尚有不少來自中原的畫家，如王靄、高益、趙光輔等。宋初，就在這些不同的繪畫傳統相互影響的過程中，逐漸發展出自我獨立的面貌。

　　至道元年（995），汴京的大相國寺重新修整擴建，有院落六十多所，該寺殿閣、廊廡的壁畫不少即出自於當時的畫院名家之手。高益是北宋初年的道釋畫大家，曾奉太宗之旨在大相國寺的行廊畫〈阿育王變相〉以及〈熾盛光佛〉和〈九曜〉。《聖朝名畫評》說高益的畫，「色輕而墨重，變通應手，不拘一態。」由此看來，高益當是北宋吳家樣的繼承人，以色輕墨重的技法和千變萬化的造形為其主要的特色。

　　太宗時，小高待詔高文進與大高待詔高益齊名。高文進，蜀人，繼承家學，工畫佛道，也曾參與大相國寺壁畫繪製的工作，是太宗朝的翰林畫師之宗，名重一時。《聖朝名畫評》稱，高文進以「筆力快健，施色鮮潤」見長。不過高文進的設色作品久已失傳，目前僅有一幅〈彌勒菩薩〉版畫（圖200）傳世。此幀版畫原藏於入宋僧奝然攜回日本的釋迦如來旃檀像內，畫幅的左、右兩角分別有「待詔高文進畫」和「越州僧

知禮雕」的榜書，彌勒菩薩的右方還有甲申
（984）雕印的年款。這件版畫的衣紋流暢，
線條勻整，幾無肥瘦變化。飛天與脇侍二女
天衣飄揚，尚保存了吳帶當風的餘韻。畫幅
中央結跏趺坐的彌勒菩薩，衣服緊窄，衣紋
稠疊繁密，當是從曹衣出水的作風變化而來，
這些特徵都和畫評所說高文進「曹吳兼備」
的記載相符。

大體來說，北宋初年以來，道釋人物
畫大多宗法吳道子。例如，武宗元（？～
1050）的〈朝元仙仗圖〉人物眾多，線條粗
勁飛揚，滿紙生風，豪邁奔放。到了北宋中
葉，道釋人物畫的發展有重大突破，其關鍵
人物為李公麟（1049～1106）。李公麟博文強
識，工書能詩，熙寧三年（1070）中進士第，
曾為檢法御史。精於繪事，道釋、人物、鞍
馬、花鳥、山水，無不精妙，《宣和畫譜》
載：「其文章則有建安風格，書體則如晉、宋
間人，畫則追顧、陸。」是一位典型的士大
夫畫家。宣和御府收藏中有一百零七件李公
麟的作品，除了人馬以外，就以道釋畫的數
量最多。李公麟以前的道釋人物畫，不論是
工整穠麗的設色，或是剛勁挺健的線條，都

▲ 圖200　彌勒菩薩坐像版畫　宋雍熙元年
(984) 雕印　日本京都清涼寺藏

是以吳道子、曹仲達、周昉的風格為基礎，只是在技法和賦色上加以變化而已。可是李
公麟則淘洗了吳道子行筆磊落的風貌，運用顧愷之、陸探微的婉轉柔勁的筆勢，然後去
蕪存菁，形成了他精練的白描技法，以濃淡、剛柔、虛實和輕重的線條來塑造人物形
象。他作畫多不著色，若有需要，僅以淡墨、淺赭烘托。此外，李公麟作者多以立意為
先，布置為次，畫面雖然簡潔，但層次關係妥貼。由此看來，李氏所作的道釋人物畫必
與武宗元的大不相同。目前李公麟的道釋人物畫不傳，根據文獻資料與其所作的〈五馬
圖〉，可以想像李氏道釋畫的布局必定較為疏簡，用筆含蓄，線條柔勁瀟灑。這種文人
氣息濃郁的道釋畫，拓展了中國道釋人物畫發展的新方向。李公麟終身不在粉壁上揮筆
落墨，在他的影響下，許多道釋人物畫家不再在牆壁上馳騁才華，而在書齋中運思性
情，傳統的寺觀壁畫不再受到知識精英階層的重視。

人物畫發展到北宋末、南宋初，起了新的變化，風俗畫和歷史畫取道釋人物而代之，成為人物畫的主流。雖然有些畫院名家，如蘇漢臣（1094～1172）、梁楷（？～約1210）、劉松年（？～約1225後）等仍作宗教人物畫，但都不再專注於道釋人物的創作，畫史中也不見他們參與寺院壁畫工作的記載。

　　臺北故宮博物院的收藏中有三軸劉松年的〈畫羅漢〉（圖201），每軸均款署「開禧丁卯（1207）劉松年畫」。應是劉氏所畫〈十六羅漢〉或〈十八羅漢〉中的三軸。劉松年，生卒年不詳。淳熙至紹熙年間（1174～1194）任職畫院，寧宗時（1194～1224）因進〈耕織圖〉稱旨，賜金帶。這三幅羅漢畫中的羅漢皆龐眉大鼻，滿臉皺紋，狀若梵僧。他們或倚樹沉思，或持杖凝想，或張口而喝，神情生動，栩栩如生。羅漢身上袈裟的圖案皆繪製精謹細緻，身側尚有侍者或供養人。全作用筆清勁，設色妍麗。五代、北宋的羅漢畫多一幅一人，汪重這些羅漢個性的刻畫，而劉松年的羅漢畫則一幅多人，表現了羅漢與弟子、侍者、或供養人間的互動，平添了北宋羅漢畫所不見的生活氣息，這樣的轉變應是南宋代羅漢畫的一大特徵。

▲ 圖 201　劉松年畫羅漢　宋開禧丁卯 (1207) 臺北國立故宮博物院藏

　　臺北故宮博物院的收藏中有一尊南宋的千手千眼觀世音，計有三十二面，面有三眼，分五層排列。身前畫十八隻手，身後舟形背光內畫九百八十二隻手，共有千手，每隻手手心皆有一眼，故名千手千眼觀世音。諸手或結手印，或持器杖，如蓮花、化佛、日、月、戟、金輪等，其中還有十二宮的發現。這尊觀世音菩薩紺髮垂肩，頂戴化佛寶冠，身著天衣，胸飾瓔珞，衣著華麗。雙唇上下皆有髭鬚，為一男相，可是其眉清目秀，容顏娟秀溫婉，卻具女子神韻。

　　宋代已有印度晚期密教的傳入，不過從現存的宋代畫目與傳世的畫蹟來看，當時流傳的密教題材為熾盛光佛、不動明王、孔雀明王、如意輪觀音、大悲觀音等，並未發現印度晚期密教藝術中所見的雙身像。入宋以來，禪宗流行，因此佛教藝術的創作不再受制於經典的拘囿，沒有儀軌規範的十六羅漢、十八羅漢、五百羅漢，以及寫實性強的祖師和高僧像流行。觀音一直是佛教藝術中最受歡迎的題材，可是畫史中又有李公麟畫〈長帶觀音〉、孫知微作〈渡海觀音〉、武洞清繪〈應夢觀音〉的記載。這些觀音的名稱不見於佛教經典，應是觀音信仰中國化的結果。另外，宋代又出現了〈三教圖〉，乃宋代儒、釋、道三教調合思潮下的產物。

　　在佛寺壁畫方面，宋代遺存不多，皆為北宋之作。早期的壁畫，如太平興國二年（977）封閉的河北定州靜志寺舍利塔地宮壁畫、至道元年（995）河北定州淨眾塔地宮壁畫，人物造型豐碩，仍見唐代道釋壁畫的遺風。山西高平開化寺大雄寶殿壁畫則代表了北宋晚期壁畫的面貌。開化寺大雄寶殿建於宋熙寧六年（1073），殿內東、西、北三面牆壁繪滿壁畫。根據題記，乃紹聖三年（1096）畫匠郭發所作。東壁所繪的四幅壁畫為華嚴經變，西壁中央為說法圖，兩側畫報恩經變，北壁壁畫內容為鹿女本生、均提童子出家得道故事以及觀音菩薩法會。內容豐富，人物眾多。值得注意的是，壁畫細節展現了許多宋代的社會風貌，譬如畫中的貴族男女仿若宋朝君臣和後宮嬪妃；西壁在說法圖周圍的華色比丘尼因緣、善事太子本生的場景中，描寫了宋代耕織漁牧、商販航運、盜賊囚犯等百姓生活狀況。這些壁畫情節豐富，人物形象鮮明，亭臺館榭錯落有致，構圖主次分明，雜而不亂，畫中的山水、樹石、雲霧既是故事的場景，又分割了畫面中的不同情節，並將畫中的景物、建築、人物巧妙地連接在一起。雖然郭發名不見經傳，但開化寺的壁畫無疑是中古代寺觀壁畫中的上乘之作。

❂ 佛教造像

　　五代著名的雕塑匠師有後梁的僧人智暉、後唐的僧人智江、前蜀的許侯、雍中本、後蜀的程承辯等。他們運思奇妙，克肖聖儀，令人稱佩，對五代的雕塑貢獻良多，可惜他們的作品均未傳世，無法一睹他們精湛的藝術成就。五代佛教造像遺存不多，山西平遙鎮國寺建於北漢天會七年（963），寺中萬佛殿寬深各三間，佛壇上釋迦牟尼結跏趺坐於須彌座上，右手作說法印，左手撫膝，迦葉與阿難侍立兩側，文殊、普賢菩薩半跏垂足而坐，身側尚有一脇侍菩薩立像，佛前尚塑二供養菩薩，佛壇左右各有一天王。這十一尊北漢彩塑的佛、菩薩、比丘和天王像，無論是面相造形、服裝樣式，或是塑像風格，皆與唐代造像近似，為唐代佛教雕塑的延續。

南京棲霞寺舍利塔是南唐石雕造像的精品。南朝以來，棲霞山一直是佛教聖地，千佛崖下的棲霞寺更是唐代的四大叢林之一。該寺後側的舍利塔，原為隋文帝楊堅於仁壽元年（601）下令興建，本為木塔，後毀，南唐時重建。此塔由石灰岩砌成，高約 18.73 公尺，八面五級。該塔第一層塔身刻騎獅文殊、騎象普賢、二天王和二力士，仍上承唐代傳統，以形寫神，天王形貌威武，力士造形魁梧，肌肉結實，揚眉怒目，張口而喝，動態十足。塔基則刻波濤魚龍，束腰浮雕白象入胎、樹下誕生、四門出游、逾城出家、四天王奉鉢、降魔成道（圖 202）、雙林入滅等佛傳情節。這八幅佛傳以線刻、減地平鈒等手法雕成，是淺浮雕的精品。每幅的構圖緊湊，畫面密實，人物眾多，形象寫實，姿態生動，作風工整典雅。人物的衣紋線條流暢挺勁，處處展現出雕匠的繪畫功力。四天王奉鉢一幅出現了大幅面的山水畫面，表現中國山水人物畫的趣味。降魔成道的魔眾中，出現了中國神怪中的風伯、雷公，釋迦佛座兩側的魔眾則身著寬袍大袖，腳登雲履。這些都在在顯示，五代的佛教造像日趨中國化。從風格上來看，無論南北，五代的藝術多繼承唐代傳統，只是南方的雕刻得更為精緻細膩，流露出崇尚典雅秀麗的藝術趣味。

▲圖 202　降魔成道浮雕　十國・南唐　江蘇南京　棲霞寺舍利塔

　　吳越在十國中素有「佛國」之稱，杭州的煙霞洞、石屋洞、慈雲嶺等地保存了吳越時期的摩崖龕像，杭州閘口白塔、靈隱寺雙石塔、六和塔等也都是吳越所興建，錢弘俶還造了八萬四千座寶篋印塔，在浙江、福建吳越國故境時有出土。2000 年在杭州雷峰塔的發掘中，出土了許多重要的吳越國佛教文物。雷峰塔是錢弘俶為奉安原藏於吳越宮中的「佛螺髻髮」而造的舍利塔，約在北宋開寶五年（972）開始營建，太平興國二年（977）竣工。在出土的文物中有一座鎏金純銀阿育王塔（圖 203），內置金瓶，瓶中盛十一枚影骨舍利。此塔由純銀錘鍱成形，整體鉚焊套接。塔方形，由基座、塔身、塔剎三部分組成。基座每側各有四尊坐佛，下有底板封護。塔身四面圓拱形龕內鏤刻薩埵太子捨身飼虎、快目王捨眼、尸毗王割肉貿鴿和月光王施頭四個本生故事。人物外表鎏金，四角各有一護法金翅鳥。塔身最上面飾忍冬紋和獸面紋。塔上四角的山花蕉葉外側鏤刻釋迦牟尼佛脇下降生、步步生蓮、二龍灌浴、比武擲象、剃髮出家、尼連河沐浴、牧女獻糜、初轉法輪、調伏醉象等佛傳畫面。內側則錘鍱佛坐像、佛立像和舍利瓶。塔剎由剎杆、五重相輪和頂部的摩尼珠構成。全作雖僅高 35.6 公分，但圖像內容豐富，製作精巧，是一件吳越阿育王塔的珍品。

　　在雷峰塔出土的造像中，有一尊金銅佛像（圖 204），右手作說法印，左手撫膝，結跏趺坐於重瓣蓮座之上。其頂有小螺髮，額方面圓，兩頰飽滿，眉彎目長，眼角略向上揚，兩眼下視，神情端嚴。身著雙領下垂式袈裟，胸部鼓漲飽滿，衣紋隨著肢體動作疏密變化，寫實性強，明顯上承唐代造像傳統。不過其上身拉長，圓形頭光和火焰形身光鏤空，這些表現手法新穎。蓮臺下尚有一隻盤龍，當為錢氏王室的供養品。

　　宋代的佛教雕塑，無論是在材質選取、造像題材、造形風格，或表現手法上，都與唐代有所不同。宋代對民間使用的金、銀、銅控制甚嚴，所以金銅佛的數量銳減，取而代之的是彩塑和木雕。另外，隨著鑄鐵技術的發展，宋代鐵鑄的造像也逐漸增多。由於宋代社會審美風尚的改變，造像世俗化的傾向愈加明顯，佛與菩薩越來越平易近人，但與前代作品相比，宋代的佛教造像則少了一份恢宏的氣勢。

　　河北正定隆興寺大悲閣本尊銅鑄的千手千眼觀世音菩薩立像，為開寶四年（971）宋太祖敕命鑄造，高達 22.5 公尺，是一件極為難得的宋代巨型的銅像。全像分七段澆鑄而成，為中國唐、宋金銅造像中最高大的一軀。此尊千手千眼觀音像的姿勢挺直，瓔珞、天衣以及衣褶等，多作對稱式的安排，因而加強了整體形象端莊嚴肅的宗教氣氛，是一件不可多見的宋代珍貴之作。其四十臂為後來補裝，並非原作。

▲圖 203　阿育王塔　十國・吳越　浙江杭州雷峰塔遺址天宮出土　浙江省博物館藏

▲圖 204　佛坐像　十國・吳越　浙江杭州雷峰塔地宮出土　浙江省博物館藏

　　太平興國八年（983）日本的入宋僧奝然在汴京滋福殿禮拜了一尊釋迦牟尼瑞像，遂發願摹刻。雍熙二年（985），奝然在台州時請宋朝的佛師張延皎和張延襲兄弟摹刻了這尊釋迦牟尼瑞像（圖 205），次年攜回日本，現在供奉於日本京都清涼寺釋迦堂。這尊釋迦佛瑞像木雕賦彩，右手作施無畏印，左手作與願印。髮作渦狀繩紋，肉髻下方嵌

水晶珠，面方額短，銀製白毫，中飾佛像，眉長眼細，兩頰豐潤。眼嵌黑珠，以示瞳孔，朱彩口唇，唇上與下頜有鬍髭，刻製講究。該佛頭大肩窄，身著通肩式袈裟，緊貼身體，曲線畢露。兩肩窄狹，胸肌與小腹微鼓，肌肉較為鬆軟。衣紋稠密，褶襞立面變化不大，頗有曹衣出水之勢。全作氣韻溫雅，與唐代的雄健之風迥別。此像的仰蓮臺座和背光為十一世紀日人補作。

觀音也是五代、兩宋流行的造像題材之一，麥積山第 165 窟的宋塑觀音，臉呈橢圓形，頰頤豐腴，柳眉鳳眼，鼻子秀氣，雙肩削窄，頗近中年女子的形貌。其頭戴包巾，衣著保守，裙裳厚實，與唐代常見袒露上身、薄衣貼體的服式迥別外，這尊觀音比例勻稱，姿勢挺直，既不曲腰，也不擺臀，優雅閒靜的體態也與唐代的菩薩像有別。在宋代藝匠不斷努力下，宋代的佛教造像已脫離了唐代造像的拘囿，逐漸建立新的民族雕刻風貌。

在宋代的佛教造像中，最令人稱道的是國內外博物館中常見的木雕觀音坐像。這種木雕觀音的姿勢自在閒適，右膝置於岩石座上，左足下垂，右手擱置膝上，姿勢舒坦自在，輕鬆閒適，完全突破經典儀軌的制約，人稱水月觀音或自在坐觀音。這種觀音雖然在唐代已經出現，但宋代以來普遍流行，是宋代世俗化造像的重要典型。美國堪薩斯市納爾遜‧阿特金斯藝術博物館所藏的宋代觀音（圖 206），就是一尊自在坐觀音的經典之作。該尊觀音髮髻高聳，上身裸露，僅著天衣，肌肉豐腴鬆軟。五官娟秀，垂目而望，表情嫻靜溫和，多了一份女性的秀麗之氣，其不再高不可攀，遙不可及，全作散發著濃郁的「人」的氣息。這種既不失菩薩的莊重，又富有人世間生活情感的作品，正是宋代佛教造像的傑出成就。這尊木雕的匠師充分發揮了以刀代筆的特色，衣褶和岩石的紋理斧鑿的刻痕甚深，在光線的照射下，形成了很強的陰影，強烈的明暗對比突顯了此作線條的靈活變化，時而綿延流暢，時而提頓轉折，使得這件木雕多了一層繪畫的意趣。這種寓繪畫於雕刻的表現手法，也是宋代雕刻的一大特質。

杭州煙霞洞已有五代十六羅漢像的發現，宋代十六羅漢、十八羅漢和五百羅漢雕塑的遺存更多，如山西晉城青蓮寺東殿的十六羅漢、山西長子縣崇慶寺三大士殿的十八羅漢、山東長清靈巖寺千佛殿的彩塑羅漢、廣東韶關南華寺的五百羅漢（現存三百六十軀）等。其中，不乏傑出之作。吳縣甪直鎮保聖寺歷史悠久，寺內大殿原存北宋中葉製作、明代重妝的彩塑影壁一堂，分為左右兩堵，分塑十八羅漢像。該寺後遭回祿，兩堵羅漢塑像受損，影塑的羅漢經過拆卸和移置，重組為一堵。該作將羅漢配置在浮塑的山巖林泉之間，仿若在深山修行一般。塑壁傳為楊惠之所創，保聖寺的羅漢是中國現存的塑壁遺例之一。

▲圖 205　釋迦牟尼佛立像　宋雍
熙二年 (985)　日本京都清涼寺藏

▲圖 206　觀音菩薩自在坐像　宋代　美國
堪薩斯市納爾遜‧阿特金斯藝術博物館藏

　　崇慶寺位於山西省長子縣東南的紫雲山山麓，始建於大中祥符元年（1016），其中
三大士殿的中央設有一長方形的方壇，壇上設ㄇ字形低臺，上奉三尊一足下垂的菩薩
像。依據這三尊菩薩的坐乘，居中者當為乘犼觀音，兩側則為乘獅文殊與乘象普賢。殿
中環牆砌臺，上供十八羅漢。這些羅漢高約 180 公分左右，幾同真人。或為面龐圓潤、
骨相柔和的漢僧，或為粗眉大鼻、造型古野的梵僧。祂們或體態豐肥，張口而笑，或肋
骨畢現，形體削瘦。有些羅漢結跏趺坐，深入禪定，有的羅漢則兩目圓瞪，面露忿容。
總之，這些羅漢的性格鮮明，神情氣質各異，姿勢也無一相同，栩栩如生。今僅舉一尊
中年羅漢（圖 207）為例，說明崇慶寺羅漢像塑形造詣的傑出。這尊羅漢頭略右轉，兩

足垂放，坐於方形須彌座上。衪額有縐紋，濃眉
黑鬚，雙眼炯炯有神。其咬牙切齒，左側的嘴唇
上掀，鼻翼上提，帶動了左臉的肌肉，進而擠壓
到衪的左眼，形態逼真生動，激動的神情真是呼
之欲活，令人稱絕。

山東長清靈巖寺千佛殿內的彩塑羅漢群像，
計四十尊，技藝精湛，中外聞名。靈巖寺維修
中發現的文物資料和碑記，提供了這組群像的具
體狀況。千佛殿內羅漢像的製作年代不一，最
早的塑製於嘉祐（1056～1063）前後，原置於
靈巖寺的般舟殿中，原有三十二尊，碑記稱之為
「三十二尊鎮山羅漢」，元致和元年（1328）重
妝。後般舟殿傾圮，三十二尊羅漢像僅存二十七
尊。明萬曆十五年（1587）重修千佛殿後，將羅
漢像移於千佛殿內，倚壁設壇列置；可能因為
殿內空間布局的需要，增補至四十尊。現存的
二十七尊宋塑羅漢坐於磚砌長壇上，有老、中、
青三種類型，每位羅漢的氣質、相貌有別。或正
襟危坐，修習禪觀，或轉首屈膝，與人交談，舉

▲圖 207　羅漢坐像　宋代　山西長子
崇慶寺三大士殿

手投足間頗見人物的性情與個性。塑師以細膩的手法，深刻地傳達了每尊羅漢的思想和
感情，充分展現了作者成熟的寫實技巧，其塑造水準可與長子崇慶寺的十八羅漢相頡
頏。

浙江杭州飛來峰的第 68 龕位於冷泉溪南岩的崖壁上，依岩石的自然形狀雕成一半
圓形的佛龕，龕內雕布袋和尚（圖 208）與姿態各異的十八羅漢像，是布袋和尚較早的
遺存。這尊布袋和尚右手持念珠，斜靠在一個大布袋上。其圓臉長耳，下巴豐肥，眉開
眼笑，笑容可掬；僧衣敞開，裸露出鬆軟的胸部和便便大腹，一派不拘形跡的樣貌，表
達了他慈祥達觀的性格。布袋和尚本名契此，或云四明（今浙江寧波）人，是唐末、五
代的高僧。據《宋高僧傳》，他「形裁矮胖，蹙頞皤腹，言語無恆，寢臥隨處」。常以杖
荷布袋入市集行化乞物，故人稱之為布袋和尚。其乞食時葷素不忌，又分少許食物放入
布袋中。他曾作一偈稱：「彌勒真彌勒，時人皆不識。」後來人們認為，布袋和尚即彌
勒垂跡，為彌勒佛的化身。五代時，江浙信徒就常畫布袋和尚像供奉，於是布袋和尚的
信仰和這種大肚彌勒像便在中國逐漸地流傳開來。

▲ 圖 208　布袋和尚與十八羅漢（局部）　宋代　浙江杭州　飛來峰第 68 龕

石窟藝術

　　五代與兩宋，在甘肅、陝西、河南、四川、浙江諸省仍有佛教石窟的發現，但數量銳減；又由於此時石窟的贊助者已由上層的皇家、貴族轉為地方官吏和庶民百姓，因此在規模上，無法與唐代和唐代以前的石窟相提並論。同時，由於贊助人身分的改變，佛教石窟藝術的民間性、世俗性、地方性的特徵日益突出。今僅以開創新局的陝北石窟、延續性最長的敦煌石窟和地域色彩最濃的四川石窟為例，來說明五代與兩宋石窟藝術的特色。

•陝北石窟

　　秦漢以來，陝北延安的西部位於河西到甘肅的古道上，很早就受到佛教的薰染。北朝時，延安地區已有佛教石窟的開鑿。以後，代有營建，其中北宋的佛教石窟數量最多，藝術成就也最高，為陝北石窟的全盛期。

　　北宋中期至北宋末，西夏主要佔據著無定河流域的陝北北部，即今榆林地區，北宋主要佔據著陝北南部，即今延安地區；換言之，在宋、夏爭戰中，延安地區一直是宋朝對抗西夏的前沿陣地，宋室屢屢增調中央禁軍和諸州廂軍於陝北南部，並在該地設置堡

塞和戍壘，鞏固邊防。延安地區為北宋的邊防要地，而宋代佛教石窟的開鑿和北宋與西夏戰爭的年代一致，而且大部分又在堡寨附近，充分說明當時佛教石窟的營造與宋、夏戰爭有著密切的關係。

北宋時，陝北地區的石窟開鑿非常活躍，今之遺存有富縣大佛寺石窟、延安市清涼山萬佛洞、子長縣鐘山石窟、黃陵縣雙龍千佛洞、安塞縣樊莊石窟和招安石窟等。這些石窟群的規模都不大，石窟的中央多設佛壇，壇基上多立接壇連頂的方形石柱，在壇上主尊上方的窟頂多刻藻井，形制上顯然模仿木構的寺院建築。這樣的設計，除了陝北石窟外，中國其他的石窟從未發現，應是當地藝師匠心獨運之處。在造像題材上，除了釋迦牟尼佛、三世佛、千佛外，陝北石窟還流行自在坐觀音、乘獅文殊、乘象普賢，以及十六羅漢等題材。在黃陵縣雙龍千佛洞中還發現情節豐富的涅槃經變、千手觀音、五百羅漢等。

在現存的宋代陝北石窟中，子長縣鐘山石窟的雕鑿最為精美。此石窟群位於陝西省子長縣城西十五公里處的鐘山南麓，又名萬佛岩、普濟寺、大普濟禪寺、石宮寺等。現存五窟，第 3 窟東西寬 16.4 公尺，深 9.5 公尺，高 5.5 公尺，是五窟中規模最大的一個洞窟，為此石窟群的主窟。根據洪武十九年（1386）〈重修大普濟禪寺記〉，此窟乃北宋治平四年（1067）張行者與王信、薛成、馮義、孫有、孫王五人出資開鑿的「萬菩薩堂」。目前窟內尚發現北宋熙寧五年（1072）、熙寧八年（1075）、元豐五年（1082）和靖康元年（1126）等數則造像題記，說明治平四年窟內主要造像完成後的一甲子間，後人又在壁面上補鑿了一些次要的小龕像。

鐘山石窟第 3 窟分前、後二室。前室的道、儒造像為明、清之作，後室為佛教造像，乃北宋鑿造。後室平面為長方形，平頂八卦蓮花藻井，前有三個門洞，中央置佛壇。佛壇高 1.4 公尺，東西長 11 公尺，南北寬 5 公尺，壇上有八根方柱直接窟頂。佛壇上居中者為結跏趺坐、右手作說法印的現在佛釋迦牟尼，左、右兩側分別以迦葉、阿難為脅侍；左側為結跏趺坐、手結定印的過去佛，左、右兩側分別以迦葉、阿難為脅侍，在迦葉的身側尚有一尊菩薩侍立；右側是善跏倚坐、右手作說法印的未來佛彌勒（圖 209），左、右兩側分別以迦葉、阿難為脅侍，在阿難的身側尚有一尊菩薩侍立。佛壇正前方下部，安置文殊和普賢菩薩，二者皆一腿下垂，一腿平放於蓮花座上，文殊菩薩的座下為獅，普賢菩薩的座下為象。二者與壇上中央的釋迦牟尼佛，構成一組華嚴三聖。壇上的三世佛面呈橢圓形，曲眉秀眼，兩眼上挑，神情莊嚴。胸部肌肉較為鬆軟，胸線較低，袈裟質地厚重，但衣褶襞面立體，處理自然寫實，為北宋佛教造像的

代表。最令人稱道的是，壇上的三尊迦葉雖然都瘦骨嶙峋，老成持重，但三者的面貌、神情和姿態各不相同，造型生動多變。四壁的上部與石柱四周雕滿小佛、小菩薩像，這些造像間又雜有一些小龕，內雕佛傳故事、佛坐像、佛三尊像、自在坐觀音、乘獅文殊、乘象菩薩、地藏菩薩等。入口兩側的壁面下部又浮雕高約 70 公分的十六羅漢，或側首、沉思，或微笑，或怒視，每尊的形象各異，千姿百態，洋溢著濃厚的生活氣息。

• 敦煌石窟

　　後梁乾化四年（914），張承奉的西漢金山國覆滅，沙州大族曹仁貴（龍德二年［922］更名曹議金）接替了張氏的政權，瓜、沙二州自此進入曹氏家族統治時期。同光二年（924），後唐正式任命曹議金為歸義軍節度使、沙州刺史、檢校司空。有關曹氏歸義軍的覆滅有二說，一說為景祐二年（1035），歸義軍政權為西夏李元昊所滅，第八任曹氏歸義軍節度使曹賢順以千騎投降西夏；另一說則言景祐四年（1037）曹氏歸義軍政權被沙州回鶻所取代。

▲圖 209　彌勒佛倚坐像　宋代　陝西子長　鐘山石窟第 3 窟

　　曹氏歸義軍統治期間，一方面與中原保持密切關係，始終使用中原年號，採取中原制度，經常向中原王朝派遣使團，進貢物品，加強聯繫，吸收中原文化新風；再方面又努力改善和發展與周邊少數民族政權的關係，與甘州回鶻結盟，從父子之國發展為兄弟之邦，並且和甘州回鶻和于闐皇室通婚，又與北方的遼以及西州回鶻皆有交往。這種政治聯姻以及和周圍少數民族維持友好情誼，有助於瓜、沙二州的政治穩定，社會繁榮，並在五代、北宋複雜的民族關係中得以生存和發展。曹議金視佛教為「聖力」，虔誠禮佛，其子曹元德、元深、元忠繼承父業，也廣崇釋教。在他們的倡導下，佛教興隆。據于闐文文書記載，于闐太守出使沙州，曾到一百二十一個寺院去布施，當時沙州佛教昌盛的程度於此可一斑。在敦煌石室中發現的貞明五年（919）遺書也提到，「莫欺沙州是小處，若論佛法出彼所」，亦為證明。

　　曹氏統治時期，曹氏祖孫曾對敦煌莫高窟進行了全面的維修，並創建新窟。同時，

群眾結社鑿窟之風也很盛行。如今在莫高、榆林等石窟群中，曹氏時期創建與重修的洞窟就有七、八十窟之多。為了營造寺院和石窟，曹氏政權仿照中原，設立了都勾當畫院，畫院的成員包括了石匠、塑匠、知畫手、知書手和管理畫院的都勾當畫院使等。只是畫院匠師的藝術陳陳相因，所以曹氏歸義軍時期的佛教藝術鮮有突破。

曹氏時期的石窟以覆斗頂，西壁開龕的形制為主，但此時中央設有佛壇的背屏窟比例明顯增加。第55、61、98、146等窟都是曹氏時期所鑿的背屏窟，規模宏偉。它們的壁畫內容和布局大體與晚唐的背屏窟雷同，唯曹氏時期的背屏窟，在窟頂四角為凹入的淺窟，上畫四天王。

由於曹氏時期的洞窟大多開在崖面下層，進出方便，所以大部分的塑像被毀，僅餘數十軀。這一時期的塑像，上承晚唐餘緒，徒具形骸，精神內涵大多萎靡空虛，表現技藝不如唐代精湛，藝術水準已大不如前。

曹氏歸義軍時期，壁畫風格也不出晚唐的範疇。壁畫的題材仍以經變為主，依據統計，此時出現的經變畫計十九種，以藥師經變的數量最多，計二十九鋪。此時的經變構圖主要依據前代式樣，流於公式化，少有創新。不過本期開鑿了一批規模宏大的洞窟，因此各經變的尺幅也比晚唐的經變畫大，能夠描繪的內容更加豐富。以第61窟的法華經變為例，以〈序品〉釋迦佛在耆闍山說法居中，周圍穿插各品情節，約七十個場面，榜題六十八則，幾乎包括了《妙法蓮華經》二十八品中的各種內容。唯因畫面人物眾多，繁瑣的細節布滿空間，反而失去盛唐那種活力與氣勢。此外，這一時期敦煌寺院俗講很盛，為了適應廣大的善男信女聽講和觀賞的需要，經變畫的內容有相當一部分直接取自俗講、變文。第61窟維摩詰經變的五十九則榜題，不少取自變文，是研究經變與變文關係的寶貴資料。

在壁畫中還出現新形式的佛傳、本生、因緣故事畫。第61窟南壁、西壁和北壁下層的三十三幅屏風畫，畫佛傳故事，共一三一個畫面，每一畫面皆有榜題，其中有許多過去佛傳故事畫中所不見的新情節。《賢愚經》是一部匯集本生、因緣、譬喻故事而成的佛典，內容生動，情節曲折，是敦煌石窟早期本生、因緣故事的重要文本。隨著經變畫的興起，本生和因緣故事畫自初唐以來便消聲匿跡。晚唐時，第85窟南、北兩壁下方各有十四幅屏風畫，繪製《賢愚經》的本生和因緣故事。曹氏歸義軍時期上承晚唐傳統，第98窟的南、西和北壁四十二幅屏風畫、第146窟的南、西和北壁二十四幅的屏風畫，圖繪《賢愚經》諸品的內容，每扇屏風畫面情節簡要，榜題文字節省，顯然這種

屏風畫已經變成了俗講僧的圖解。

五代、北宋，還出現了佛教聖跡圖，此圖以于闐牛頭山為中心，四周繪製中原、西域、天竺等地的佛教史跡故事或瑞像圖。這樣的作品大部分出現在甬道的頂部，瓜州榆林窟第 33 窟南壁西側的佛教聖跡圖（圖 210）為一鋪罕見的宏篇巨構，畫面中央為一大型木構佛殿，內有一佛二菩薩，入口有一獸頭，代表牛頭山的伽藍，在它的周圍則描寫劉薩訶瑞像、于闐毗門天王和舍利弗掘海、阿育王寶塔和羅漢一手蔽日、尼婆羅水火傳說、優填王像、指日月像、曇延法師百梯山隱居像等，壁畫內容幾乎包括了唐、五代以來石窟中所見的佛教聖跡故事，內容豐富。

▲ 圖 210　佛教聖跡圖　五代　甘肅瓜州　榆林窟第 33 窟　南壁西側

敦煌曹氏歸義軍時期的壁畫中，最引人注意的是第 61 窟西壁的五臺山圖（圖211），此圖高 3.42 公尺，寬 13.45 公尺，通壁巨構，圖像複雜，為目前傳世最重要的一鋪五臺山圖。第 61 窟是後晉天福十二年至周顯德四年間（947～957）曹氏第四任歸義軍曹元忠所建的一座大窟，窟中設有背屏的高壇，壇上主尊為文殊乘青獅塑像，故亦名「文殊堂」，這鋪五臺山圖即畫在壇的後方，二者合而觀之，形成了一鋪繪塑合璧的文殊變。

▲ 圖 211　五臺山圖（局部）　五代　甘肅敦煌　莫高窟第 61 窟　西壁

　　五臺山是文殊菩薩的道場，山上寺塔林立，香火鼎盛。唐高宗龍朔年間（661～663）沙門會賾創造了〈五臺山圖〉小帳。長慶四年（824）吐蕃遣使向唐朝乞請〈五臺山圖〉，此圖的畫稿遂傳入河西。在敦煌中唐第 159、222、237、361 窟，和晚唐第 9 窟的文殊變下，已發現五臺山圖，作屏風畫形式，幅面較小，畫五個峻峭山峰代表五臺，以及文殊菩薩化現、寺院、佛塔、朝禮的僧俗等，場面比較簡單。

　　第 61 窟的五臺山圖自南而北南臺、西臺、中臺、北臺和東臺並峙，其間河流蜿蜒，道路縱橫，朝聖者不絕於履。全圖的中軸線自上而下為中臺、大聖文殊真身殿和萬菩薩樓，皆為正面，兩側寺院、殿堂的門口皆朝向中軸，構圖井然有序，主次分明。此圖大分為上、中、下三層，最下層是自太原經五臺到鎮州（今河北正定）的鳥瞰圖，途中穿插了許多現實生活場景，如官員出行、行腳朝山、湖南送貢、二人趕驢等，人物雖小，情節逼真，反映了當時社會的風貌。中層為朝聖者雙手合十在五臺山各寺院、蘭

若、佛塔等地禮拜的場景，僧人在寺中或說法開示，或誦經修持，或禪定冥想。上層空中則繪許多雲中化現的尊像，包括了文殊菩薩、觀音菩薩、普賢菩薩、毗沙門天、化菩薩眾和阿羅漢眾等，以及雲中化現的二百五十大壽龍、金龍、金佛頭、佛手、娑竭羅龍王、麒麟、獅子、靈鳥等，強化此作的宗教色彩。此作不僅是一幅山水人物畫，更是一幅佛教感應史跡畫，不但提供了五臺山的地理訊息、朝拜路線，更圖繪了五臺山的靈驗、感應事跡，反映了中古時期五臺山文殊信仰的內涵。更值一提的是，此鋪五臺山圖描繪了大小寺院建築、殿堂、城廓、樓臺、橋梁等各類建築一百七十多處，是研究中國建築不可多得的一批資料。

　　曹氏統治時期，世族豪門所修建的大窟多有形象高大的供養人像，一窟之內父子兄弟、婆媳姊妹齊集，宛若家族祠堂，石窟具有了家廟和明堂的性質。而且供養人的位置已從門上、龕下進而佔據甬道或入口的兩廂。這些供養人像的服飾有別，身旁的題記又清楚地記載了他的名號與族屬，是研究當時敦煌地區複雜的歷史和民族關係的一手材料。曹議金出資開鑿的第98窟，建於貞明至同光年間（915～925），規模宏大，東壁入口的兩側的下方畫十八身比真人還大的供養人，北側壁供養人中居首的為曹議金夫人，身旁的題記云：「敕受汧國公主是北方大回鶻國聖天可……」，知其為甘州回鶻可汗的女兒。其頂有高髻，並戴鳳冠步搖，頸掛瑟瑟珠，身穿窄袖紅色圓領大襦，長裙曳地，此為回鶻禮服。南側壁居首的供養人為于闐國王李聖天和皇后曹氏（圖212），曹氏為曹議金之女。于闐國王氣宇軒昂，頭戴旒冕，上飾北斗七星，頭後垂紅絹，身穿袞服，上有日、月、龍、華蟲、黼、黻等圖案，顯然取法漢家帝王冠服的服制。皇后曹氏身著回鶻和漢族混合的服裝。曹氏鎮守瓜、

▲圖212　于闐國王供養像　五代　甘肅敦煌莫高窟第98窟　東壁南側

沙二州時，處於東西回鶻間，四面強鄰威逼，不得不借聯姻和和親的方式，以鞏固自己的地位，所以曹議金娶甘州回鶻可汗的女兒為妻，又將自己的女兒嫁給于闐國王。在這種措施之下，曹氏得以在複雜的政治環境中，維持一百餘年的政權。

曹氏統治期間，供養人畫像之盛，除了政治的原因外，也是因為曹氏畫院擁有一批擅長寫真的畫家。但通觀現存曹氏諸窟的畫像，除了少數作品之外，大多千人一面，極為公式化，缺乏內在的藝術生命力。

●四川石窟

五代在北方石窟藝術衰退之際，蜀地的社會安定，前蜀和後蜀君主都鼓勵藝術，護持佛教，四川不僅繪畫藝術的繁榮可與南唐抗衡，而且石窟藝術的發展也十分蓬勃。因此，在四川還保存著較多的五代石窟遺存。宋代統一以後，北方戰火瀰漫，靖康之亂，宋室南遷，四川又成為抗金的大後方，經濟和文化持續昌隆，鑿窟造像達於鼎盛，目前四川石窟宋代造像數量位居中國之冠。

四川五代及宋代的窟龕造像大多分布在該省的東南一帶，其中以安岳和大足兩地的延續時間最長，數量最多，造像題材最豐，藝術表現精湛，最具代表性。由於大足與安岳兩縣毗鄰，二地的窟龕形制、造像題材，以及雕刻風格都十分相近，二地佛教藝術的關係密切。

安岳的圓覺洞、侯家灣、千佛岩和寂光寺均有五代石窟與摩崖的發現，而位於縣城東南兩公里處雲居山上的圓覺洞，目前保存二十餘龕前、後蜀的佛龕造像，是安岳五代窟龕最集中的一處。大足北山佛灣則保存了八十餘個前、後蜀時期所開鑿的窟龕，是大足五代石窟的代表。

安岳和大足的五代佛龕一般都不大，龕的形制以及裝飾都沿襲唐代傳統，造像風格也流露著濃厚的唐代遺韻。在造像題材方面，早期常見的佛說法像明顯減少，以菩薩為主尊的龕像急劇增加。當時比較流行的題材為藥師佛、觀音、地藏、觀音和地藏合龕、地藏十王、佛頂尊勝陀羅尼經幢、十六羅漢等。其中又以觀音像的種類最多，除了早期所見的觀音像外，此時又出現了自在坐觀音、不空羂索觀音、日月觀音等。此外，還有一些較為特殊的組合形式。後蜀廣政十七年（954）開鑿的大足北山佛灣第 281 龕（圖213），為平頂長方形重龕，一為主像龕，一為經幢龕，兩龕的上方刻坐佛一列。主像龕中藥師佛右手已殘，左手撫膝，善跏倚坐於須彌臺上，與兩側的日光菩薩倚坐像和月光

菩薩倚坐像形成藥師佛三尊像。主尊與脇侍菩薩中間尚浮雕一脇侍比丘，右脇侍比丘手持錫杖，是藥師佛的重要持物，左脇侍比丘雙手於胸前合抱。該龕的兩側壁各浮雕四身菩薩，分上下排列，代表藥師佛的八大菩薩，龕頂浮雕排簫、飛天等，象徵藥師琉璃光世界的殊勝。五像下方浮雕藥師佛十二藥叉大將。由此看來，主像龕應是一鋪藥師淨土變。至於經幢龕，由當時佛頂尊勝陀羅尼信仰流行，此一經幢很可能代表佛頂尊勝陀羅尼經幢。在經幢龕的左側，尚雕三尊手持錫杖的地藏菩薩。類似的尊像組合亦見於廣政十八年（955）在北山佛灣開鑿的第 279 龕。藥師佛在過去世行菩薩道時，曾發十二大願，願為眾生解除疾苦，並令其諸根具足，資具豐饒；若有人身患重病、生命垂危時，讀誦《藥師經》四十九遍，燃續命燈四十九天，並懸掛五色續命綵幡，此人則得以蘇生續命。而〈佛頂尊勝陀羅尼〉具有滅惡業、離地獄、增福壽的功能；同時在〈佛頂尊勝陀羅尼〉的加持下，亡者得往生善處。地藏菩薩更是發「眾生度盡，方證菩提；地獄不空，誓不成佛」大願的菩薩。第 281 龕三者的結合，傳達了供養者祈求延年益壽、消除惡業、遠離地獄的現世利益，充分表現庶民百姓佛教信仰的特色。

▲ 圖 213　藥師淨土與陀羅尼經幢龕　十國・後蜀廣政十七年 (954)　四川大足　北山佛灣第 281 龕

　　到了宋代，安岳、大足的石窟藝術有了更進一步的發展。現在在安岳的華嚴洞、毗盧洞、圓覺洞都有宋代窟龕造像的發現。其中，以毗盧洞的雕製最為精美。毗盧洞位於安岳縣城東南五十公里油坪村石羊鎮塔子山上，根據萬曆年間（1573～1620）碑文推測，毗盧洞石窟開創於五代後晉天福年間（936～944），後代陸續增修補刻，宋代為極盛時期。現存窟龕二十個，造像的題材包括了柳本尊十煉圖（圖214）、柳本尊三身像、自在坐觀音菩薩（圖215）、華嚴三聖、十八羅漢等。柳本尊十煉圖和柳本尊三身像的出現，說明安岳地區曾有柳本尊教派的流傳。

▲圖214　柳本尊十煉圖　宋代　四川安岳　毗盧洞第8龕

　　柳本尊（855～907）本名柳居直，「本尊」是信徒對他的尊稱，生於嘉州龍游縣（今四川樂山），為一居士，律身清苦，專持出自《金剛頂瑜伽中略出念誦經》的〈大輪五部咒〉，數年功成。廣明元年（880），黃巢亂起，僖宗入蜀。柳本尊有鑑於當時社會動亂，民生饑饉，疫病流行，厲鬼猖狂，遂發願以咒法救世，濟度眾生。光啟二年

至天復六年（886～906），柳本尊
先後以燒指、立雪、煉踝、剜眼、
割耳、煉心、煉頂、捨臂、煉陰和
煉膝十種苦行方式廣化眾生，弘揚
佛法。蜀主王建還曾請柳本尊入
宮，建立道場，並授其「唐瑜伽部
主總持王」的稱號。唐末以來，以
柳氏為教主的教派在沱江上游與岷
江之間的成都、廣漢、彌濛一帶流
傳，形成了一個地方性的佛教新興
教派。從紹興十年（1140）王直清
立祖覺禪師（1087～1150）撰〈唐
柳本尊傳碑〉於彌濛柳本尊墓左一
事來看，直到十二世紀中葉，彌濛
地區仍有柳本尊教派的流傳，只可
惜時代久遠，目前在成都一帶已找
不到柳本尊教派的蛛絲馬跡。南宋
時，大足人趙智鳳（1159～1249）
到彌牟雲遊三年後，承柳本尊法
統，回到大足傳法。受到他與同修
的影響，如今在安岳、大足地區還
保存了宋代柳本尊造像的遺存，有
些遺存還刻有題記，增進了我們對
柳本尊教派的認識。

▲圖 215　觀音菩薩自在坐像　宋代
四川安岳　毗盧洞第 19 龕

　　安岳石羊鎮毗盧洞第 8 號龕為一敞口長方形平頂大龕，龕內浮雕柳本尊十煉圖（圖
214），表現柳本尊各種割截燒煉的行化事跡。此鋪浮雕的主尊毗盧遮那佛頭有螺髮，頂
戴華鬘冠，左手覆於右拳之上，稱為「外縛印」。毗盧遮那佛左右兩側分上、下兩層，
浮雕柳本尊的十煉圖，並刻題十煉的題名與因緣，排列方式左右對稱，布局嚴謹。右側
上方最外側為第一煉指，圖中柳氏頭戴巾帽，著交領衣，作居士打扮，結跏趺坐，左手
食指尖上有一團火焰；中間為第三煉踝，柳氏作居士狀，結跏趺坐，雙手合十，左足踝
上現一團火焰，身後有二天王作證。毗盧遮那佛頭的右側是第五割耳，柳氏裝束如前，
右手持利刃作割耳狀，左上角有浮丘大聖作證。右側下方外側為第七煉頂，柳氏未戴冠

巾，頭頂上有一朵火焰，其旁有文殊菩薩作為證明。右側下方內側乃第九煉陰，作居士狀的柳氏斜躺著，陰部上方有一團火焰，右側頭戴展腳幞頭的官員，為將柳本尊事跡上奏蜀王的騰公。左側上方最外側第二立雪，柳氏未戴冠巾，雙手結禪定印，左側為作為證明的普賢菩薩。中間為第四剜眼，柳氏以刀刺入右眼，左下方雕女弟子以盤承接狀。毗盧遮那佛頭左側則為第六煉心，柳氏作斜躺狀，袒露的胸口有一朵火焰，左上方有大輪明王作為證明。左側下方外側為第八捨臂，柳氏右手持刀，左袖挽起，作意欲砍臂狀，右側有阿彌陀佛作為證明。左側下方內側為第十煉膝，圖中柳氏眇右眼，缺左臂，結跏趺坐，兩膝上方和右手手指尖皆有火焰。在第七和九煉之間下方的侍者手捧承盤，內有柳氏割耳所留下的身器。第八與十煉之間下方的侍者手捧承盤，上有柳氏的斷臂。根據此鋪浮雕，柳本尊應是一位修持燒身、苦行的居士。值得注意的是，在主尊毗盧遮那佛的頭頂刻有一座六角形單檐小塔，正面開一圓拱龕，內刻與第二煉和第七煉造型相似的柳本尊像，顯示此一教派視柳本尊為毗盧遮那佛的化身。

毗盧洞第 19 號的主尊自在坐觀音菩薩（圖 215），頭戴寶冠，冠中有一化佛，身披瓔珞，側身舒適愜意地坐在山岩蒲草上，右手置於膝上，左手撐著岩石座，神態自然。背後有竹林，身側的岩石上放置著觀音的持物淨瓶。左右側壁刻有觀音救渡的八難浮雕：除墮難、除刑戮、除火難、除獸難、除雷電、除鳩毒，另有兩難崩圮不存，故這鋪經變又可稱為「八難觀音」。《益州名畫錄》有五代時麻居禮曾在四川聖壽寺內繪製八難觀音的記載，可見四川早在十世紀即有八難觀音圖像的流傳，可惜麻居禮的八難觀音佚失不存，我們無法探知毗盧洞的觀音經變與麻居禮八難觀音有無淵源。這鋪觀音經變的主尊觀音眉如彎月，五官娟秀，姿容典雅，溫馨親切，神人合一。肩披天衣，斜披絡腋，下著長裙，衣褶自然寫實。全作雕刻語言豐富，高浮雕、淺浮雕、透雕等兼容並蓄，雕鑿仔細，是安岳石窟造像中的上乘之作。

除了卓越的雕刻技巧外，安岳石窟的巨型佛雕更令人嘆為觀止。安岳縣東南約二公里處雲居山上的圓覺洞，現存二十二個龕窟，大小造像八十七尊。其中第 7、10 和 14 龕並列於一個石壁上，第 7 龕龕高 7.3 公尺，主尊為一右手持楊柳、左手執淨瓶的楊柳觀音菩薩立像，像高 6.2 公尺，略向右側。其面相方圓，頭戴鏤空寶冠，冠有立化佛，身著廣袖大袍，胸前與腿部密布瓔珞。窟左右壁上方各刻一飛天，中層右側刻一乘雲老者像，中層左側造像已毀，下方右刻四供養人，左刻二供養人。右壁下方存有南宋紹興二十三年（1153）的供養人題記。第 10 龕龕高 6.4 公尺，主尊立佛像高 5.4 公尺。其頂有小螺髮，肉髻間有髻珠，面相豐圓，頭部右轉，容貌慈祥，身著袈裟而立。右手的拇指和食指間夾一果實，左手平張於腰前。佛頭兩側浮雕彩花，左右壁上方各雕一飛天。

左壁下方原刻有供養人，現已風化殆盡。第 14 龕龕高 7 公尺，主尊為雙手於腹前執一長莖蓮蕾的蓮花手觀音菩薩像，像高 5.5 公尺，略向左側。其頭戴華冠，冠住阿彌陀佛。無論在穿著或裝飾上，這尊蓮花手菩薩像都與第 7 龕的楊柳觀音菩薩像近似，唯其臉形豐圓，瓔珞沒有楊柳觀音菩薩像那麼繁複。正壁左下方存有北宋大觀二年（1108）馮世雄撰〈真相寺石觀音像記〉。由此看來，安岳在北宋末即開始營造大像。這三龕造像皆不作正面像，或側身而站，或轉頭而立，目光俯視，面容和悅，不似唐朝巨佛莊重肅穆，但平添了平易近人的世俗色彩。

除了圓覺洞外，安岳華嚴洞正中雕刻著 5.2 公尺的華嚴三聖，兩側又雕 4.1 公尺的十大菩薩，頂新茗山寺、高升大佛岩、高升封延寺等地都發現了高達 6 公尺的大佛或菩薩像，這些巨型石雕依崖而鑿，雄偉而壯觀。四川石窟中，唯有安岳一地發現如此眾多的宋代巨型造像，頗具特色，充分反映安岳匠師石雕技藝的精湛。

大足是四川宋代佛教石窟摩崖造像集中的另一地區，有紀年的造像題記又居四川石窟之冠，是研究宋代石窟的重要資料。如今在大足北山佛灣、寶頂山、妙高山、石篆山、石門山等地皆有宋代石窟遺存的發現，其中規模最大、數量最多、內容最豐富的有北山佛灣和寶頂山兩處。

北山佛灣現存宋代石窟分布於該石窟群的中段。現存題記中年代最早者為大觀三年（1109），最遲者是紹興十六年（1146）。顯示五代以後，北山佛灣的石窟開鑿曾一度中斷，到了北宋末至南宋初，北山佛灣石窟的開鑿才再度復甦。

北宋政和六年至宣和四年（1116～1122）開鑿的北山佛灣第 180 窟，石窟中央的觀音菩薩頭戴寶冠，上著天衣，下著長裙，左手撐臺，右手撫膝，右腿屈起置於須彌臺座上，左腿橫置。臺前有蓮花二朵，頭頂上方懸如意寶蓋。石窟的左右壁各侍立六尊觀音菩薩，身披寬袖大袍，胸前和膝下都有華麗的瓔珞，手中分持楊柳、如意、寶籃、念珠、淨瓶、寶印、寶鏡、寶鉢等，與主尊合為十三觀音，故許多人稱此窟為「十三觀音洞」，為大足地區最早的多尊觀音像洞窟。類似的多尊觀音像的石窟尚有紹興六年至十一年（1136～1141）開鑿的大足石門山第 6 窟、大足妙高山第 4 窟等。奉置多尊觀音的洞窟他處不見，應是四川，甚或是大足地區特有的表現方式。洞中許多觀音的圖像特徵不見於經典記載，顯示這些觀音造像已脫離嚴謹佛教儀軌的拘囿，或為四川祖師或匠師的所創。

　　北山佛灣第 136 窟開鑿於紹興十二至十六年（1142～1146），是北山佛灣形制最特殊的一窟，全窟設計規整，窟內造像精緻優美，是四川宋代石窟的經典之作。全窟呈長方形，平頂，窟中有一中心柱支撐窟頂，中心柱以蟠龍纏繞的須彌山為座，柱呈正八角形，造型模仿宋代寺院收藏佛教經藏的木製大型旋轉書架——轉輪經藏，故此窟又稱「轉輪經藏窟」。中心柱四周鑿出通道，以便信眾繞著轉輪經藏禮拜。正壁刻結跏趺坐、手作說法印的釋迦牟尼佛，佛的頭頂化出二道向左右放射的光芒，於窟頂繞成四圈，貫穿全窟，直出窟口。坐佛左側刻迦葉和手持淨瓶的觀音菩薩，右側刻阿難和大勢至菩薩。左壁自內而外依次為文殊菩薩、寶印觀音（圖 216）和如意珠觀音；右壁自內而外依次為普賢菩薩、日月觀音及數珠觀音。窟口左右各刻一金剛力士。全窟布排井然有序，結構對稱而嚴謹。窟中的尊像大部分與真人等身，所在的位置又不高，佛與菩薩的神情都和悅慈祥，所以整個洞窟的氣氛在莊嚴之中，又有著一份親和感。

　　窟中的菩薩像面龐豐盈，眼細而長，唇潤口小，五官娟秀，容貌有明顯的女性化傾向。胸腹平坦，或肅立，或正坐，體態端嚴。身著質地厚重的廣袖長袍，掩蓋了肌體的結構起伏。菩薩頭戴華鬘寶冠，耳垂珠串，瓔珞嚴身，瓔珞由如意寶珠、重重珠串、蓮花、方勝、垂珠組成，極盡繁縟華麗之能事，是大足宋代造像的一大特色。在衣紋褶襞的處理上，多採平刀淺刻的手法，衣紋時而流暢波動，連綿不絕，時而起伏頓挫，轉折多變，在光影明暗的變化之下，更富節奏和韻律感，就好似畫師筆下靈活多變的筆描線條。大足的匠師一方面掌握了雕刻的立體造型，又充分發揮了衣褶線條的表現能力，在雕塑藝術的表現上，有了新的突破。

▲圖 216　寶印觀音菩薩坐像　宋紹興十二至十六年
（1142～1146）　四川大足　北山佛灣第 136 窟　左壁

北山佛灣的造像題材，到了宋代也有了明顯的變化。五代流行的藥師經變、地藏，以及觀音、地藏合龕像等題材，到了宋代明顯減少，觀音造像的數量急速增加，佔了北山佛灣宋代龕窟造像總數的一半以上，成為當時造像的主流。此外，還出現了華嚴三聖、七佛、二佛並坐、孔雀明王、彌勒下生經變相，五百羅漢、訶利帝母、志公、泗州和尚等新的造像題材，顯密雜陳，內容比五代更為豐富。

　　寶頂山位於大足城區東北十五公里處。山頂有聖壽寺，寺旁有一 U 形崖窟，即寶頂山造像的主要所在地——大佛灣。寺側有一規模較小的造像群，名小佛灣。大佛灣和小佛灣均是柳本尊教派的僧人趙智鳳在信眾的支持下，於淳熙六年至淳祐九年（1179～1249）歷時七十年，有計畫開鑿的佛教石窟和摩崖，為四川重要的佛教聖地，民間即有「上朝峨眉，下朝寶頂」之語的流傳。

　　大佛灣在一段約 500 公尺長的崖壁上，鑿窟造像。大佛灣石窟摩崖編號有三十一號，屬趙智鳳時所開鑿雕鐫的計二十四號，包括了護法神龕、六趣輪迴圖、廣大寶樓閣圖、華嚴三聖、舍利寶塔、毗盧庵、千手千眼觀世音菩薩、化城喻品、太子宮廷生活、涅槃圖、太子降生、孔雀明王經變、毗盧道場、父母恩重經變、雲雷音圖、大方便報恩經變、觀無量壽經變、鎖六耗、地獄變、柳本尊十煉圖、十大明王、柳本尊正覺像、圓覺洞、牧牛圖，內容豐富。大佛灣是經過周密設計，仔細規劃，依次施工而成，整體性強，所以與其他石窟群窟龕大小錯落，疏密不均的布局大不相同。這些窟龕造像不但是信眾頂禮膜拜的對象，更是宣說佛法，禳災祈福，弘傳柳本尊教教義的教材，所以有學者稱大佛灣為一個俗講道場。

　　小佛灣位於大佛灣西南角的聖壽寺內，現存祖師塔一座與用石條砌成的戒壇，該壇設禪室五間，僅容少數人靜坐觀想，壁面刻十方諸佛、祖師、菩薩、比丘、柳本尊十煉、八大明王等，可能為趙智鳳與教徒修行的場所。

　　大佛灣主要為摩崖造像，僅有第 14 號毗盧道場和第 29 號圓覺洞兩個石窟。其中，圓覺洞進深約 12 公尺，高 6 公尺，寬 9.5 公尺，平面呈抹角長方形，是大佛灣唯一的殿堂式洞窟。此窟的正壁雕三尊坐佛，中間主尊螺髮戴冠，當為法身佛毗盧遮那，手作結縛印，左側坐佛手作禪定印，右側坐佛雙手於腹前捧鉢，正壁兩端各雕一比丘和一儒生，均係祖師。左右壁各雕六尊菩薩，合為《圓覺經》所言的十二圓覺菩薩。這十二菩薩高坐臺座之上，端莊典雅，或禪定冥想，或俯看眾生，各具情態。菩薩背後窟壁浮雕嶙峋的山石、舒捲的祥雲、天宮樓閣，表現《華嚴經》的善財童子五十三參的內容。此窟規模宏大，雕刻精美，進入此窟就彷彿置身佛國世界一般。

　　大佛灣摩崖的經變處理手法亦極特別，第 11 號涅槃變中的菩薩、密跡金剛等的下半身皆隱入岩際，第 15 號父母恩重經變的七佛、第 17 號大方便佛報恩經變的釋迦佛、第 18 號觀無量壽經變的阿彌陀三尊，也都採取這種「意到而筆不到」的表現手法，僅雕出尊像的上半身。這種方式一方面突顯了主尊的宏偉，另一方面又保存了更多的壁面雕刻故事情節。半身像大量的出現是寶頂山雕刻的一大特色。

　　此外，最令人稱道的是，大佛灣摩崖造像處處流露著濃厚的生活氣息。大佛灣摩崖雖然刻畫的是佛教題材，但畫面中穿插了許多生活場景，如第 15 號父母恩重經變，畫面中部共分十一組人物圖像，中間一幅為「投佛祈求嗣息」刻一對夫婦在佛前虔誠祈求子嗣。兩側分別鐫刻父母十恩德圖，東壁排列是單數，順序為（一）懷胎守護恩、（三）生子忘憂恩、（五）推乾就濕恩、（七）洗滌不淨恩、（九）遠行憶念恩（圖 217）。西壁排列是複數，順序為（二）臨產受苦恩、（四）咽苦吐甘恩、（六）哺乳不盡恩、（八）為造惡業恩、（十）究竟憐憫恩。這十組圖像將父母含辛茹苦養育子女的種種辛勞盡表無遺，感人肺腑。第 20 號地獄經變中出現了一對雙目失明的老夫婦，在黑暗中互相牽扶，摸索前行的畫面；以及因為酒醉，不識兄弟、夫妻的情節。第 18 號觀無量壽經變的十六觀中，出現了宰官、武士、婦女等人物。這些場景的出現，拉近了庶民百姓與佛教的距離。

▲ 圖 217　父母恩重經變（局部）　宋代　四川大足　寶頂山大佛灣第 15 龕

大佛灣第 21 號為柳本尊十煉圖（圖 218），造像分為三層。第一層為龕檐，向下的檐面上橫刻「唐瑜伽部主總持王」八個大字，左端豎刻「風調雨順，國泰民安」，右端豎刻「佛日光輝，法輪常轉」。第二層為柳本尊十煉圖，與安岳毗盧洞的柳本尊十煉圖（圖 214）不同的是，大佛灣第 21 號以柳本尊為主尊，其著寬袖交領衣，右眼眇，左耳殘，左臂已斷，衣袖空蕩。頂現雙手作結縛印、頭戴華冠的法身佛毗盧遮那。毗盧遮那佛頂化現兩道佛光，這兩道佛光又化出五佛與四大菩薩。從龕檐上「瑜伽部」來推測，此五佛應代表瑜伽部的五方佛，即毗盧遮那佛、阿閦佛、寶生佛、阿彌陀佛和不空成就如來。主尊兩側浮雕十煉圖，右側的圖像為第一煉指、第三煉踝、第五割耳、第七煉頂、第九煉陰；左側圖像為第二立雪、第四剜眼、第六煉心、第八捨臂、第十煉膝。第三層為與柳氏行化事跡有關的人物，以及柳氏的傳法弟子。在柳本尊十煉龕下為第 22 號未完成的十大明王。由於小佛灣第 5 號毗盧庵柳本尊十煉圖的下方，鐫刻八大明王，因而推測大佛灣第 22 號龕的十大明王很可能為柳本尊十煉圖的一部分。柳本尊十煉圖出現明王像，是柳本尊教派與密教有關的又一證明。只是在柳本尊教派流傳的安岳和大足造像中，並未發現曼荼羅的造像，而大寶頂的造像多屬顯教一系，由此看來，柳本尊的教法雜糅顯密諸宗的教義，不是一個純粹修密的教派。

▲ 圖 218　柳本尊十煉圖（局部）　宋代　四川大足　寶頂山大佛灣第 21 龕

　　大佛灣的造像群中，最與眾不同的是第 30 號牧牛圖（圖 219）。這鋪浮雕取材於北宋楊次公所作的〈證道牧牛頌〉，以十組牧人馴牛的場景，譬喻禪宗調心的過程。每組畫面由一牛和一牧人組成，牧人喻修行者，牛則喻修行者的心。在長達 27 公尺的曲折起伏的崖面上，自右至左依次雕第一組未牧，表現牛心倔犟，向山奔去，牧人緊挽繮繩，怒目相視，與牛抗爭。第二組初調，牧人收繮揚鞭，強行將牛拉回，牛雖回首，但二者仍相持不下。第三組受制，牛從山上奔來，牧人左手揚鞭、右手執繮、立於牛首。第四組回首，牧人右手緩牽繮繩，牛身後有一虎向牛咆嘯，但牛安然而立，不為所動。第五組馴伏，牧人右手輕握繮繩，左臂搭在第六組牧人的肩上，左手執鞭，牛在他的右側溫馴而立。第六組無礙，牛在牧人身側跪地飲水。第七組任運，牛悠閒立於山澗旁，牧人面露微笑，左手提著未繫牛的繩索。第八組相忘，牛低頭舔蹄，鼻繩繞於牛頸，牧人坐在岩上兩手置於胸前，人、牛都顯得悠閒自在。第九組獨照，牧人肩披蓑衣，吹笛自娛，牛不掛繩，引頸向上。第十組雙忘，牧人仰臥酣睡，牛四腿跪地，作伏臥休息狀。全作依崖石起伏而鑿，以最少的錐鑿加工，用刀豪邁粗放，因勢成像，渾然天成，雕鐫之巧令人讚佩。

▲ 圖 219　牧牛圖（局部）　宋代　四川大足　寶頂山大佛灣第 30 龕

☸ 遼、金的歷史背景

天祐四年（907），耶律阿保機被族人推舉為八部大人，號令諸部。貞明二年（916），阿保機上尊號曰「大聖大明天皇帝」，建元神冊，是為契丹國。神冊三年（918）開始築城，初名皇都。天顯元年（926）擴建，會同元年（938）改稱上京，設立臨潢府（今內蒙古巴林左旗林東鎮南）。天福三年（938），後晉高祖稱臣於契丹，並割燕雲十六州，遼的版圖便延及河北與山西的北部。自此，疆域不斷地擴充，東至遼東，西達陰山及河套，均為遼的屬地。會同十年（947），契丹滅後晉，改國號為「大遼」。宣和七年（1125），金宋結盟，突襲遼國，奪取五京，遼朝遂亡。

契丹人原不信佛，隨著領土的擴張，接觸到漢族和女真族所信仰的佛教。天復二年（902），阿保機佔領河北、河東九郡，將佔領地的漢民全部遷徙至潢河之南的龍化州（今內蒙古翁牛特旗西部），為了安撫和穩定被遷徙的漢民，建立開教寺，此寺被認為是遼地的第一座寺院。自此，遼太祖便屢建佛寺，並常至佛寺禮拜、祈願、追薦、供養等。隨著漢文化影響的日益深化，佛教信仰逐漸在契丹王室和貴族間流傳開來。《遼史‧禮志》記載：「太宗（927～947在位）幸幽州大悲閣，遷白衣觀音像，建廟木葉山，尊為家神。於拜山儀過樹之後，增詣菩薩堂儀一節，然後拜神，非胡刺可汗之故也。」太宗時奉白衣觀音為家神，並將敬禮觀音納入了契丹王族的崇拜體系中，反映契丹王族對佛教信仰的重視。會同五年（942），太宗幸菩薩堂，飯僧五萬人。聖宗（982～1031在位）為加強統治，降旨全國尊崇佛法，建造佛寺，抄刻經藏。興宗（1031～1055在位）繼位，皈依受戒，鑄造銀像，編刻《大藏經》，並召請名僧到宮中講經說法。道宗（1055～1101在位）崇佛更篤，不但屢屢造寺建塔，並授與名僧三公三師之職。他廣閱儒釋經典，並通曉梵文，對《華嚴經》造詣尤深，撰有《華嚴經贊》、《華嚴五頌》、《華嚴經隨品贊》十卷，遼代的華嚴宗因此大為盛行。在皇室的倡導下，權貴、功臣、地方富豪也經常施捨宅為寺，並向寺院布施大量的莊田、農戶、錢糧、牲畜，寺院經濟快速發展。民間也積極參與寺院佛事，民間信徒時常組織「千人邑社」，勸募集資，從事修寺、造塔、建幢、刻經、造像、念佛、講經、禮佛、飯僧等活動。遼代佛教盛行，後世甚至有「遼以釋廢」之說，雖然此說有偏頗之嫌，不過遼代佛教空前繁盛則是一不爭的事實。

女真的祖先是隋、唐時居住於東北的靺鞨，分黑水靺鞨、粟末靺鞨等七部。五代

時，黑水靺鞨服屬於契丹，又分為生女真和熟女真二部。政和四年（1114），生女真完顏阿骨打起兵反遼，遼大敗。次年，阿骨打稱帝，建都會寧府（今黑龍江哈爾濱市阿城區），建元大定，國號曰金，是為金太祖（1115～1123在位）。金滅遼後，亟謀南侵，靖康元年（1126），陷汴京，次年俘虜宋徽宗、宋欽宗二帝北去。金朝滅北宋後，疆域北至大興安嶺，南及淮河，西與蒙古為鄰，東抵海岸，稱霸東亞，西方的西夏與東方的高麗先後稱藩。端平元年（1234），蒙、宋聯軍攻破金主的最後守地蔡州，金哀帝自縊，末帝也為亂兵所害，維持了一百一十九年的金朝遂亡。

女真族開國以前，與之毗鄰的高麗、渤海國、遼國皆信佛教，在它們的影響下，女真族很早就與佛教有所接觸。攻佔遼、宋以後，佛教的傳播更廣。太祖完顏阿骨打為開國元勛宗雄，建佛寺一所。太宗（1123～1135在位）不但禮遇高僧，為他們建寺造塔，並親自迎請栴檀像安置於燕京（今北京）憫忠寺。世宗（1161～1189在位）母親貞懿皇后篤信佛教，皇統二年（1142）出家為尼，住東京（今遼寧遼陽）清安禪寺。在母親影響下，世宗十分崇佛，尊禮高僧，此時新建和修葺的佛寺數量為金代之最，他曾多次行幸佛寺，並向這些寺院布施金錢萬緡，沃田無數，廣度僧人，金代佛教進入全盛期。雖然金代君主的佛教政策或嚴或鬆，但佛教十分興隆。皇統九年（1149），潞州女子崔法珍向民間募資，翻刻北宋官版《大藏經》，並加以補充，全藏凡六百八十二帙，約七千卷，歷時三十餘年。從這件浩大的工程觀之，佛教必然深植民心。

❀ 遼、金的佛教美術

遼、金期間大興佛事，石窟造像雖然不多，但寺塔林立，迄今在遼寧、河北、山西、北京以及內蒙古等地尚保存許多佛教寺塔遺跡；此外，國內外博物館的收藏中又有不少遼、金佛教造像的收藏，這些都是瞭解遼、金佛教藝術成就不可多得的實物。

遼代早期的造像上承唐代餘緒，至十一世紀自我風格逐漸發展成熟，山西大同下華嚴寺薄伽教藏殿內現存彩塑三十四尊，除了五尊明塑外，其餘二十九尊遼代彩塑即為此期的重要代表。華嚴寺位於山西大同市的西南隅，創建於遼重熙七年（1038），是遼代西京（今山西大同）的巨剎。依據《遼史·地理志》記載，清寧八年（1062）還曾在該寺「奉安諸帝石像、銅像」，足見華嚴寺不但是一座皇家寺院，更兼有皇室祖廟的性質。保大二年（1122），金兵攻陷遼的西京大同府，華嚴寺除薄伽教藏殿外，都毀於兵燹。金天眷三年（1140），在華嚴寺舊址重建大雄寶殿，明代大力修繕，寺院中興，萬

曆年間（1573～1620），各開山門，自成體系，分為上、下兩寺。

　　薄伽教藏殿是下華嚴寺的主殿。「薄伽」是梵語，為「薄伽梵」的略稱，即世尊之意，「教藏」乃「經藏」。自遼中葉以來，此殿就是華嚴寺的藏經殿，縱使現在該殿所藏的佛經已經佚失，不過三十八間重樓經櫥和天宮樓閣尚存，是中國僅存既完整又精致的遼代小木作，為研究遼代建築的珍貴資料。殿內現存的二十九尊遼代彩塑奉置於殿中央的ㄇ形壇上，以間為鋪，分為中、南次和北次三間。依據該殿現存金大定二年（1162）的石碑，三間鋪像的主尊乃三世佛，站立的十尊菩薩像為十方菩薩。中間鋪像的主尊為現在佛釋迦牟尼（圖220），身側有二弟子侍立，文殊、普賢二菩薩端坐其前，二坐菩薩外側尚有二菩薩侍立。北次間彩塑群像以過去佛燃燈佛作為中尊，左側有迦葉和一菩薩侍立，菩薩前為結跏趺坐的觀音菩薩；右側為阿難和二脇侍菩薩侍立，在佛前尚有兩尊供養菩薩。南次間的主尊為未來佛彌勒，左側有三菩薩侍立，右側有二菩薩侍立，立菩薩前方為一尊地藏菩薩坐像，在佛前尚有兩尊供養菩薩。佛壇四角各有一尊天王塑像。這些佛教彩塑主次分明，坐立相間，體態各異，造形生動，是遼代造像的精華。

▲圖220　釋迦牟尼佛與脇侍　遼重熙七年 (1038)　山西大同　下華嚴寺薄伽教藏殿

壇上的三尊坐佛皆右手作說法印，著雙領下垂袈裟，胸部袒露。肉髻底平，髻底有一寶珠。面圓額窄，眼細眉平，兩眉甚近，鼻梁細而挺直，鼻尖略勾，嘴角下抑，下頜略突，這些都是契丹面容的特徵。祂們雖然胸肌雄健，精神寫實，仍見唐代遺韻，但上身較長，胸挺腰直，腰有束帶，是遼代特殊的風格特色。背光碩大，呈蓮花瓣狀，佛頭部和身軀後的背光鏤空，背光內側飾網目紋，為典型的遼代圖案。殿中三尊佛所坐的蓮臺，每一蓮瓣均以瀝粉描畫一尊小坐佛，表現《梵網經》所說的法身佛毗盧遮那的蓮華藏世界。此寺既以「華嚴」為名，薄伽教藏殿的主尊的圖像又典據華嚴經系的《梵網經》，而該寺與遼代皇室關係又十分密切，是遼代帝君重視華嚴教的重要佐證。

薄伽教藏殿的菩薩像的神情端嚴，不苟言笑，這種作風與唐代菩薩的親切溫和截然不同，是遼代造像的重要特徵。這些菩薩或立，或坐，或合十，或揚手，體態自然，姿勢各異。菩薩的瓔珞簡樸，衣飾變化多端，文殊、普賢、觀音和地藏四大菩薩，頭戴遼代貴族所戴的高筒冠，寶繒在肩頭打結，垂於身側，上著內襦、半臂衫與雲肩，不露胸部。十方菩薩除了高筒冠外，尚戴雲頭紋花冠、鏤空華冠等，有的身著右袒式僧祇支，右胸半露；有的則僅著天衣，上身袒露。天衣飄動，衣褶繁複流暢，極盡線條變化之能事。頭冠的華麗紋飾、菩薩的髮絲等，又刻畫仔細，一絲不苟。南次間彌勒佛左側的一尊菩薩立像（圖221）豐腴適度，雙手合十，頭略右傾，兩唇輕啟，皓齒微露，身體微向右傾，身姿呈S形，曼妙優美，極富韻致。全像含蓄而靈動，嫵媚且端麗，是遼代雕塑像的佼佼者。

山西應縣佛宮寺釋迦塔建於遼清寧二年（1056），塔高67.31公尺，為八角形外觀五級六層簷的建築，其中第一層至第四層內各建有一層作為上一層基座的暗層，故此塔實為九層，是中國現存時代最早、最高的木結構塔。此塔的第一至五層均保存了遼代的塑像，風格與下華嚴寺相近。底層供奉著一尊釋迦牟尼佛塑像，該像右手作與願印，結

▲圖221　菩薩立像　遼重熙七年（1038）　山西大同　下華嚴寺薄伽教藏殿

跏趺坐於蓮臺之上。第二層的正中是一方壇，釋迦佛右手作觸地印，端坐於方壇正中，其右側為一脇侍菩薩和五髻文殊菩薩像，左側是一脇侍菩薩和普賢菩薩像。第三層的正中設一八角壇，壇上四尊佛像相背而坐，分別為東方的阿閦佛、南方的寶生如來、西方的阿彌陀佛和北方的不空成就如來。第四層正中的八角壇上，釋迦居中而坐，右手作說法印，右側以阿難和乘獅文殊菩薩為脇侍，左側以迦葉和乘象普賢菩薩為脇侍。最頂層的佛壇上以手作智拳印的大日如來為主尊，四周有八大菩薩圍繞，形成了一個八大菩薩曼荼羅。釋迦塔各層尊像的布局嚴謹，配置井然有序，顯然經過精心設計。由於塔中同時出現了華嚴三尊與密教的四方佛、八大菩薩曼荼羅，反映遼代華嚴和密教思想融合的一個側面。

釋迦塔底層佛像四周的牆壁上畫有六鋪佛坐像，人物造型與主尊塑像彷彿，為難得的遼代壁畫遺存。門洞兩壁繪有金剛、天王、弟子、供養人等，保存遼代繪畫風格特色，唯色彩過於鮮豔，可能經後人重妝。

除了寺院的佛教雕塑外，國外博物館和私人收藏中亦不乏遼代造像的精品。英國倫敦大英博物館所藏的一尊菩薩像（圖222），冠前有一佛塔，右手作說法印，左手持淨瓶，是一尊密教系的彌勒菩薩。其頭戴雲頭紋高冠，寶繒分段打結，自兩肩垂落。面形豐圓飽滿，兩眉鼻梁相連，不苟言笑，神情端嚴肅穆。除了臂釧外，僅於胸前佩戴垂珠瓔珞，裝飾簡樸。兩肩圓厚，上身拉長，胸肌挺實，於胸線下方施加陰刻線條，這些表現皆與大同下華嚴寺薄伽教藏殿的菩薩像類似。引人注意的是，在這尊彌勒菩薩的兩小腿處，出現一條曲蛇狀的衣紋，類似的表現在許多遼代的造像和木刻佛畫上皆可發現，有時甚至於出現在上衣的手臂處。這種曲蛇衣紋不見於其他地區，是遼代佛教造像的獨有特色。此外，這尊彌勒菩薩所坐束腰的蓮臺鑄造的也十分講究，其花形飽滿，蓮瓣豐碩，瓣尖向外捲翹，蓮蕊的蕊心絲絲刻畫仔細，這種蓮座是遼代佛座的重要典型。

▲ 圖222　彌勒菩薩坐像　遼代
英國倫敦大英博物館藏

舊藏於河北易縣白玉山峨嵋寺八佛窪山洞中的多尊三彩陶羅漢，是遼代羅漢像的精品。二十世紀初被盜出境的過程中，毀棄了三尊，迄今存世者為美國大都會博物館兩尊、波士頓美術館一尊、納爾遜·阿特金斯藝術博物館一尊、賓西法尼亞大學博物館一尊，加拿大安大略博物館一尊，法國吉美博物館一尊（圖223），英國大英博物館一尊，俄羅斯冬宮博物館一尊，日本輕井澤町現代藝術博物館一尊。其中，波士頓、加拿大和日本所藏三尊羅漢的頭部都是現代重做的。這些羅漢採用質地緊密白色陶胎，通體施三彩釉，皆為坐像，與真人等身，原來可能是一組十六或

▲圖223 羅漢坐像 遼代 原在河北易縣白玉山峨嵋寺八佛窪山洞 法國巴黎吉美博物館藏

十八羅漢群像。這些羅漢的面貌皆為漢人，但神情姿態無一相同，有的年少溫雅，有的年長持重。祂們人體比例結構精準，容貌逼真，表情生動，就連微微蹙起的眉頭、臉上的縐紋、不同的眼神、下抿的嘴角等細節，都處理得細膩精到，將這些羅漢的內心世界一表無遺，儼然是一尊尊真實高僧的肖像。這種栩栩如生的造型具很強的藝術感染力，是中國極為罕見的寫實主義造像。

金代早期的佛教藝術在宋、遼的基礎上繼續發展。善化寺位於大同城區南部，始建於唐開元年間，遼末大部毀於兵火，金天會六年（1128）由圓滿大師主持重修，歷時十五年而成。自此以後，又續有擴建與重修。寺內保存金代塑像三十餘尊，分別置於大雄寶殿和三聖殿內。大雄寶殿殿內正中佛壇上的五方佛及兩側的脅侍弟子和菩薩像為遼塑金代重妝。這五方佛頂有小螺髮，臉形方圓，兩頰飽滿，雙眉下垂，鼻秀嘴小，五官集中，下頜圓突。肩寬胸厚，具體量感，但胸部肌肉略顯鬆軟，腰肢粗壯，衣紋流利。

佛殿東西兩廂分立梵天、帝釋、散脂大將、日天、俱摩羅天、地天、火天、摩利支天、鬼子母（圖224）、持國天等二十四尊諸天和護法像，為金代重修時所塑。祂們或男或女，或長或少，神情體態豐富多樣，服飾法器無一雷同。這些護法雖為印度神祇，但大多穿著中國古代的冠冕、袍服與甲冑，無論在造型上或服飾上，均已完全中國化。同時，有些圖像也未遵守佛教儀軌的約束，例如東側北起第一尊的大梵天塑像，長鬚垂胸，雙手拱握鎮圭，儼然一派帝王形象。與之相對應的西側北起第一尊帝釋天，則面形長圓，五官娟秀，身著寬袍大袖的華服，頭戴化佛寶冠，狀若后妃。這些塑像有的好似雍容的貴婦，有的又如俊挺的武將，有的又面目猙獰、威懾駭怖。在塑繪技法及形象刻畫上具有高度的想像力和創造性。

　　金代後期，隨著文化的逐漸成熟，造像風格獨樹一幟。以美國克利佛蘭美術館所藏的一尊自在坐觀音（圖225）為例，這尊菩薩左腿下垂，右腿翹在臺座上，左手撐臺，右手殘損。頭束高髻，寶冠高聳，狀如彎曲的雀尾，是金代特有的寶冠樣式。國字臉，五官集中，眉眼略微上揚，眼窩突鼓，兩眉與鼻梁相連，嘴角毫無

▲圖224　鬼子母立像　金代　山西大同　善化寺大雄寶殿

▲圖225　觀音菩薩自在坐像　金代　美國克利佛蘭美術館藏

笑意，下頜略突，面容威嚴肅穆。肩披天衣，斜披絡腋，僅佩簡樸項飾。上身挺直，大部分袒露，體態寬厚壯健，胸腹肌膚豐盈，腰身粗壯，充滿陽剛之氣，與具有陰柔之美

的宋代自在坐觀音（圖 206、215）大異其趣。腿部衣褶作 U 字形弧線下垂，衣紋線條略顯僵硬。這種神情冷峻，體態敦實的造型，正是金代晚期造像的重要典型。

金代的佛寺壁畫遺蹟以山西最為集中，朔州崇福寺彌陀殿和觀音殿、繁峙縣岩山寺的前殿等都發現了金代壁畫的遺存。朔州崇福寺為金皇統三年（1143）由開國侯翟昭度主持修健，此寺彌陀殿的壁畫東西兩壁對稱，各畫三組說法圖，南壁東盡間畫三佛三菩薩，分上下兩排，西盡間畫千手千眼觀世音菩薩。坐佛的衣紋流暢，上承遼代傳統，在手臂和兩腿的衣紋中，皆發現曲蛇紋。菩薩的寶冠華麗，瓔珞繁縟，富麗精緻。

繁峙縣岩山寺擴建於金正隆三年（1158），據碑記，該寺文殊殿內壁四周的壁畫為金代宮庭畫匠御前承應王逵、畫人王導等於大定七年（1167）完成。西壁畫佛傳故事；東壁繪本生故事和經變；北壁畫五百商人墮羅剎國的故事和一座塔院；南壁則畫佛說法圖、殿閣樓臺與供養人像。壁畫內容豐富，形象生動，筆力剛勁，設色渾厚，技法嫺熟。殿內的壁畫雖為宗教題材，但圖中，宮中宴樂，王妃祭祀，攤販聚集，行人熙攘，水磨作坊，貧人掃道，處處揚溢著濃厚的生活氣息，為宋、金的社會風貌提供了可借鑑的珍貴材料。東、西二壁均作鳥瞰式全景構圖，以青綠山水和界畫統合畫面，別創一格。引人注意的是，畫中表現的藝術形象，無論帝王將相、宮妃仕女、工商小農，還是庭臺樓閣、塔寺闕觀、酒肆磨坊等，都是北宋社會形制，因此學者推斷，王逵等可能為北宋遺民。

❧ 西夏的歷史背景

夏是党項人所建的國家，因位於宋的西北，故通稱西夏。党項族原居住在四川松潘高原一帶，後逐漸內徙到甘肅東部、寧夏和陝西北部一帶。唐末，首領拓跋思恭因協助唐朝鎮壓黃巢之亂有功，唐僖宗賜姓李，封為定難軍節度使，形成了以夏州（今陝西靖邊）為中心的地方割據勢力。歷五代直到宋初，雖均受中國羈縻，但夏州党項日漸壯大，屢屢寇邊。景德元年（1004）李德明即位以後，採「依遼和宋」的政策，同時向遼、宋稱臣，接受兩國封號，並伺機向西發展。天聖六年（1028）派太子李元昊攻下甘州（今甘肅張掖），景祐三年（1036），李元昊攻取瓜、沙、肅三州，盡有河西之地，夏州政權國力大盛。寶元元年（1038），李元昊在興慶府（今寧夏銀川）築壇受冊，正式稱帝，建國大夏，是為夏景宗（1038～1048 在位）。稱帝以後，李元昊接連對北宋、吐蕃、回鶻用兵，擴大版圖，現在的寧夏、甘肅大部分、陝西北部、內蒙古西部和青

海東部都在它的轄區之內。1115 年金朝興起，遼朝、北宋先後被金所滅，西夏為求穩定，採與金和好的政策。西夏晚期，政治腐敗，經濟凋蔽，民變不斷。西夏乾定四年（1226），成吉思汗大舉伐夏，次年（1227），攻破中興府，雄踞西北地區的西夏王朝終告滅亡。

　　党項族長期在中國西北地區活動，雜居於早就信奉佛教的漢族、吐蕃、回鶻之間，在西夏建國以前，部分党項族人當已信奉佛教。天聖八年（1030）李德明向宋乞賜佛經一藏，開創了西夏向宋求經的先河。西夏立國之君李元昊不但通曉浮圖之學，廣建寺塔，又向宋室求賜佛經，並命高僧用西夏文翻譯漢文佛經，講經說法；同時，他又規定每年的四孟朔（即各季第一個月的初一）為聖節，全國官民都要禮佛，大力提倡佛教。自此以後，大部分的西夏君主都扶植佛教，佛教迅速發展。其中崇佛最篤者當推仁宗仁孝皇帝（1139～1193 在位）。他時常舉行鋪張的佛事法會，又屢屢開版造印西夏文、漢文佛經數萬卷，散施臣民。例如，乾祐十五年（1184）仁宗布施所刻漢文《佛說聖大乘三歸依經》的發願文即言：「仍敕有司，印造斯經番、漢五萬一千餘卷，彩畫功德大小五萬一千餘幀，數串不等五萬一千餘串，普施臣吏僧民，每日誦持供養。」其布施規模之大，令人驚詫。吐蕃與西夏毗鄰，藏傳佛教可能很早就傳入西夏，但到了仁孝時期，藏傳佛教在西夏有了更進一步的發展。仁宗曾邀請藏傳佛教噶瑪噶舉派的祖師都松欽巴（1110～1193）到西夏傳法，都松欽巴不克前往，派了大弟子格西藏索哇齎經像到涼州，被奉為上師，仁宗還組織人力大規模翻譯他帶來的藏文佛經。在仁宗的支持下，藏傳佛教不僅在西夏迅速地傳播開來，而且在西夏佛教中的地位也大幅度提高。西夏後期，西藏佛教的寧瑪派、噶舉派與薩迦派僧人都應邀到西夏境內傳教，屢有藏族僧人在西夏被封為國師、帝師，或在西夏政府管理佛教事務的功德司中出任長官。大體而言，西夏佛教發展可以分為前、後兩期。前期，西夏屢次向宋乞請《大藏經》，佛教發展重在吸收中原佛教的精華。後期，宋、夏之間，有金人阻隔，西夏與吐蕃交往密切，藏傳佛教的輸入又豐富了西夏文化。

❧ 西夏的佛教美術

　　西夏的統治者都非常重視各式的佛事活動，或大興土木，建立寺院；或彩繪功德，普施臣民。上行下效，境內寺院佛塔林立，佛教藝術發展蓬勃。1909 年俄國探險隊在黑水城（屬今內蒙古額濟納旗）發現一萬一千餘件的西夏文物，頓時引起了學界的震撼。近數十年，在寧夏、甘肅、內蒙古也陸續出土了一批批珍貴的西夏佛教文物。敦煌

莫高窟和安西榆林窟又有豐富的西夏佛教藝術遺存。從中，我們可以管窺西夏佛教藝術的發展大勢。

雕塑一直是佛教藝術中重要的表現方式，可是西夏的作品多為泥塑，保存不易，因此出土的作品多為殘件。寧夏回族自治區賀蘭縣的宏佛塔出土的數件佛頭像，肉髻低平，髻下的正中有一髻珠，額方頰豐，頗有北方雄健之風，但出土的泥塑太過殘破，實在無法拼湊出西夏佛教雕塑發展的輪廓。此外，敦煌莫高窟尚存西夏塑造或改塑的二、三十尊彩塑，可是這些作品大部分是在重修前人洞窟時，因原塑損毀，重新補塑，即使少部分為西夏原塑，可是體積不大，並不足以代表西夏佛教雕塑藝術上的成就。因此，要探究西夏的佛教藝術，目前只能從繪畫入手。

▲ 圖 226　來迎圖　西夏　內蒙古黑水城出土
俄羅斯聖彼得堡冬宮博物館藏

從黑水城出土的西夏佛教繪畫觀之，漢傳和藏傳系統的佛教圖像兼容並蓄。在漢傳系統中，以水月觀音、阿彌陀佛來迎圖、西方淨土變相最為流行。黑水城出土的一件〈來迎圖〉（圖226），約繪於十二世紀，阿彌陀佛右手施與願印，左手在胸前作安慰印，足踏雙蓮，乘紅色祥雲而來。阿彌陀佛耳戴耳璫，身著紅色袈裟，眉間放出一縷白光，直照右下角二位供養人的頭頂，具體地描繪了淨土教的信徒「一心歸命極樂世界阿彌陀佛，願以淨光照我，慈誓攝我」的場面。畫幅右下角的供養人皆頰豐腮鼓，下頷突出，鼻圓嘴小，與漢族的面貌迥異，充分展現了党項民族的面容特徵。女供養人頭戴金花冠、金步搖，身穿右衽交領

窄袖紅色長褙子，褙子上還繡有金色錦花圖案。褙子自腋下開叉，露出褙子下的長襦。男供養人禿頂髡髮，身著圓領窄袖長袍，束金蹀躞帶。這兩位供養人的穿著裝束，與漢人的打扮截然不同，一望即知他們應是党項的貴族無疑。阿彌陀佛臉形橢圓，眼細眉長，嘴小唇薄，唇上與下頦均有鬍髭，五官娟秀，面貌特徵與漢人相似。不但如此，人物描法和鉤雲的手法，又與宋畫雷同，顯然此畫的風格與宋畫的關係密切。史載，宋嘉祐八年（1063）西夏曾「乞工匠於宋」，雖然宋朝並未准其所請，但是可見西夏對宋朝工藝技術需求的急切。再加上西夏早期和宋交往頻繁，可想而知，西夏藝術必然受到宋朝的影響。

　　黑水城出土的另一幅〈來迎圖〉（圖227），設色較上作穠麗，畫面內容也較豐富。全作以靛青為底，畫阿彌陀佛與二大脅侍菩薩觀音和大勢至足踏蓮臺，同乘白雲而來迎接亡者。畫幅右下角畫一亡故的比丘坐於樹下，比丘的頭頂升起一縷白光，上現赤身裸體的化生童子，觀音和大勢至二大菩薩雙手合捧金色蓮臺，迎接化生童子。這種利用亡者與化生童子兩種形象，表現亡者往生那一剎那的變化的手法，不見於西夏以外的任何地區，推測為西夏畫師的巧思。雖然此作與上述的〈來迎圖〉的構圖近似，可是畫中的佛和菩薩的眼睛上眼瞼作弓狀，皆畫眼眶，眼神嚴峻，頰腮鼓漲，鼻梁挺直，鼻翼兩側有法令紋，下頜突出，已呈党項族的五官特徵。顯示，西夏中期以後，經過了長期的學習和探索，逐漸形成了党項民族的特點。

▲圖227　來迎圖　西夏　內蒙古黑水城出土
俄羅斯聖彼得堡冬宮博物館藏

西藏佛教與藝術的傳入，為西夏佛教藝術增添了新的養分，孕育出新的生命。在圖像題材上，西夏出現了許多藏傳佛教系統的曼荼羅、佛像、菩薩像、雙身像、空行母、護法、高僧等。黑水城出土的一件〈釋迦牟尼佛〉唐卡（圖228），以藍色為底，畫右手作觸地印的釋迦牟尼佛，肉髻頂部飾有紅色寶珠，結跏趺坐於蓮臺之上，左右各有一脇侍菩薩，內側的手皆持一長莖蓮花，蓮花上置一金剛杵，二脇侍菩薩的上方各畫三菩薩。釋迦牟尼佛上方畫五方如來，其下畫獅子吼觀音、金剛手、普賢等菩薩，與兩位身著藏式僧服的僧侶，最下層則繪七身護法神。全圖設色鮮明亮麗，構圖嚴謹對稱，人物的線條繪製精謹勻整，膚色及仰覆蓮臺的蓮瓣，均用描影手法，表現立體感。釋迦佛額高且寬，五官

▲ 圖 228　釋迦牟尼佛唐卡　西夏　內蒙古黑水城出土俄羅斯聖彼得堡冬宮博物館藏

集中，兩眉相連如弓，兩唇甚薄。二大脇侍菩薩髮髻高聳，佩戴藏式寶冠瓔珞，皆作八分面，顴骨突出，鼻尖梁挺。上身全祖，下身著薄紗裙。此作的人物造型與西藏繪畫如出一轍。佛與菩薩的掌心、腳底均依西藏習俗，塗成紅色。此外，背光的內部均以金色細線鉤勒捲草紋，佛的背屏兩側呈尖形凸起，鑲嵌各式寶石，背屏上方又畫金翅鳥，這些特徵無一不與西藏畫風吻合，顯然從西藏佛教藝術中汲取了豐富的養分。

不過，西藏佛教藝術的傳入，並未取代早期流傳的中原藝術傳統。實際上，西夏晚期，中原與西藏兩種畫風與佛教圖像不但相行不悖，而且在西夏畫師匠心獨運的設計下，甚至於出現混融的現象，聖彼得堡冬宮博物館所藏的一幅〈西方淨土圖〉（圖

229）即為一例。此幀畫阿彌陀佛三尊趺坐蓮臺之上，阿彌陀佛身後的五彩背光中，出現十組阿彌陀佛三尊接引像，在五彩背光與上方的坐佛之間還描繪著天樂不鼓自鳴的畫面。此幅的前景為一寶池，四周出現一對孔雀、一雙鸚鵡和兩隻白鶴。池中有八朵蓮花盛開，每朵蓮花上皆有一位化生人物，代表著三輩往生。這些圖像特徵常見於漢式傳統的淨土圖中。不過全作畫面密實，畫幅左右兩下角各畫一身著藏式袈裟的供養比丘，右

下角的比丘年紀較輕，身穿右祖式袈裟，膚色黝黑，極可能是一位西藏僧人。畫幅的上方和主尊五彩背光的兩側，共畫八尊西藏樣式的坐佛，肉髻如錐，身著右祖式袈裟，掌心和腳心塗紅，這些特徵又與西藏唐卡近似。這幅西方淨土圖很巧妙地將中原和西藏的佛畫傳統融合在一起，毫不突兀，形成了西夏特有的風貌。

在敦煌莫高窟、瓜州榆林窟、瓜州東千佛洞，以及肅北五個廟石窟都有西夏開鑿或重修的洞窟，多達數十個，足以反映西夏石窟發展的脈絡。不過西夏時期，同樣位於河西走廊西端的沙州（敦煌）與瓜州歷史狀況有別，所以二地的藝術面貌並不完全相同。在仁宗統治之前，沙州是回鶻與西夏拉鋸爭奪之地，有時甚至於為回鶻所佔領，政局動蕩，商貿阻斷，經濟發展滯後，因此敦煌莫高窟西夏早期的洞窟雖然不少，但絕大多數是利用前代的石窟重修或補繪而成。而瓜

▲圖229　西方淨土圖　西夏　內蒙古黑水城出土俄羅斯聖彼得堡冬宮博物館藏

州在西夏建國之初就是夏國十二監軍司之一，是西夏政權西部邊境的統治中心，政治穩固，人口增加，瓜州的穩定發展為西夏晚期在此開鑿石窟提供了有力的條件。

西夏早期石窟主要集中在敦煌莫高窟，以第 327、328、400 等窟為代表。這些石窟主要繼承歸義軍時期莫高窟藝術的舊有傳統，題材簡明，經變數量銳減，僅發現阿彌陀

經變、藥師經變、觀音經變等,大多構圖簡約,缺少宏偉的亭臺樓閣,藝術成就大不如前。另外,千佛與大身的供養菩薩在石窟中所佔的比例大幅度地提高,人物造型千篇一律,單調且缺乏生氣。窟頂主要繪團花圖案和龍、鳳藻井。由於當時的畫家喜以石綠作地,使得石窟有著一份清冷之感。

西夏佔領敦煌初期,敦煌地區回鶻勢力強大,故在西夏早期的洞窟中,發現不少回鶻風格的壁畫。莫高窟第409窟東壁南側繪有回鶻王供養像(圖230),回鶻王頭戴桃形冠,身著圓領窄袖團龍袍,腰束革帶,上垂解結錐、短刀、火鐮、荷包等物件,腳穿白色氈靴,手持香爐禮佛。身旁立一少年,穿著打扮與回鶻王相似,可能是王子。東壁北側畫回鶻王妃二身手執花束供佛,她們頭頂桃形大鳳冠,冠後垂紅結綬,耳戴大耳環,寬髮雙鬢抱面,髮間插花釵,身穿窄袖大翻領長袍,是典型的回鶻貴族婦女的裝束。

西夏晚期,由於藏傳佛教的傳入,石窟發生了較大的變化。在瓜州開鑿的洞窟,受到西藏佛教建築的影響,出現平面方形、覆斗頂或淺穹窿頂、中央設壇的新窟形,如

▲圖230 回鶻王供養像 西夏 甘肅敦煌莫高窟第409窟 東壁南側

榆林窟的第2、3、10窟等。此時的壁畫中發現了藏傳佛教系的曼荼羅、忿怒金剛等新題材與西夏供養人像,有些供養人側書有西夏文的題名。引人注意的是,在繪畫風格上,西夏晚期的石窟往往中原與西藏兩種畫風並存,前者以線描為主,色彩為輔;後者敷色厚重,色彩與筆描並重。此外,同一個石窟中既有西方淨土、水月觀音等漢傳佛教的題材,又畫藏密圖像,形成了獨特的西夏石窟藝術風貌。總之,西夏晚期的石窟,內容新奇,色調明快,無論在窟形、題材或繪畫技法上,都與前期明顯不同,更具時代特徵和代表性。

瓜州榆林窟第 3 窟為西夏晚期的一個代表窟，該窟的平面為長方形，淺穹窿形的窟頂中央畫五方佛曼荼羅，在中央設八角形佛壇外，還在洞窟正壁設佛壇，壇上造像皆為清代重塑。東壁中央畫八塔變，北側畫十一面千手觀音，南側畫五十一面千手觀音。五十一面千手觀音累頭十層，五十一面呈寶塔狀，千手所執的持物多達一百六十六種，包括人物、動物、植物、樂器、兵器、法器、交通工具、生產工具等，許多持物不見於佛經記載，極為特殊。南壁中央為觀無量壽經變，東側為頂髻尊勝佛母曼荼羅，西側為惡趣清淨曼荼羅（圖 231）。北壁中央為淨土變，東側為摩利支天曼荼羅，西側為金剛界曼荼羅。西壁門上殘存維摩詰經變，門南側畫普賢變（圖 232），門北側畫文殊變，其中普賢變中有唐僧取經圖。全窟不但西藏密教曼荼羅和中原顯教的圖像雜陳；同時在畫法上，亦是藏、漢兩式並列。窟中惡趣清淨曼荼羅以石青和石綠二色為主，賦色穠麗，繪方形與圓形的壇場，上繪諸佛與菩薩等，構圖嚴謹對稱。反觀西壁南側的普賢變，

▲ 圖 231　惡趣清淨曼荼羅　西夏　甘肅瓜州　榆林窟第 3 窟　南壁西側

賦色簡淡，衣紋線條流暢勁健，人物的冠帶、天衣、裙裾隨風飄動，頗有吳帶當風的意趣。遠處山水主要以水墨畫成，重山疊嶂，雲氣飄渺，山間寺院樓閣錯落。畫師用墨筆

皴寫山石紋理，石綠點染樹葉，又以界畫描繪亭閣建築，無一不受宋代山水畫的影響。
這種兼採諸家之長所發展出的繪畫傳統，正是西夏藝術的一大特色。

▲ 圖 232　普賢變　西夏　甘肅瓜州　榆林窟第 3 窟　西壁南側

　　位於敦煌莫高窟崖面北端的第 465 窟，由前室、甬道和主室組成，傳統認為是蒙古
速不台率軍佔領敦煌以後蒙元時期（1227～1368）開鑿的洞窟，然而最近多位學者的研
究指出，此窟的主室應營建於西夏時期。此窟主室平面呈長方形，窟中偏後處設一四層
圓壇，壇上塑像已毀。覆斗頂的窟頂畫密教金剛界五方佛：中央為大日如來，四披分別

繪製東方阿閦佛、南方寶生如來、西方阿彌陀佛和北方不空成就如來。四壁畫藏密曼荼羅十一鋪，下方畫八十四大成就者。西壁繪上樂金剛荼羅、上樂金剛與金剛亥母雙身曼荼羅、金剛亥母曼荼羅；南壁畫大幻金剛雙身曼荼羅、時輪金剛雙身曼荼羅（一說密集金剛雙身曼荼羅）、大力金剛雙身曼荼羅；北壁一鋪殘損，餘二鋪畫喜金剛雙身曼荼羅（圖233）、上樂金剛伴屬；東壁門南上畫獨髻母，下繪持梃護法和吉祥天；門北畫四臂大黑天與眷屬。全窟壁畫以石綠、石青、靛青為主，設色穠麗，又出現藏密的雙身像，是一座典型的藏傳佛教洞窟。

此窟窟頂南披的供養菩薩（圖234），頭額方廣，眉棱和下頷突出，雙眉幾乎相連，眉角上挑，上眼瞼如弓背，鼻梁尖挺。上身全裸，下著短裙。頭梳高髻，戴三角裝飾的華冠，耳戴圓形大耳璫，手足穿戴臂釧、腳鍊，頸佩項飾，並斜披一條長瓔珞。瓔珞由珠串和垂墜的寶石組成，裝飾華麗。背光上的捲草紋繪製精謹，畫風縝密。這尊菩薩無論是人物造型、瓔珞樣式、捲草紋樣等，都與黑水城出土西夏唐卡的菩薩像類似，乃此窟壁畫為西夏所繪的佐證。

▲圖233　喜金剛雙身像　西夏　甘肅敦煌莫高窟第465窟　北壁

▲圖234　供養菩薩坐像　西夏　甘肅敦煌莫高窟第465窟　窟頂南披

❁ 大理國的歷史背景

　　唐代，南詔（649～902）的國勢強盛，經過多次的爭戰，南詔全盛時期的版圖北抵大渡河，與唐以一水為界，西北與吐蕃為鄰，西達現在的貴州遵義和廣西西部，越南、泰國和緬甸三國的北部皆曾被南詔征服，統治的面積為現在雲南省的兩倍左右，為唐帝國西南邊境上的一個大國，時時犯邊，為唐的心腹大患。南詔滅亡後的三十餘年，內部鬥爭激烈，歷經三個短暫的朝代，至937年，白蠻貴族段思平取得政權，他和他的後裔在雲南建立了大理國（937～1254）。大理國基本上繼承了南詔的疆域。十三世紀中葉，蒙古滅了西夏及金以後，又侵襲大理國。寶祐元年十二月（1254年1月），蒙古大將兀良合臺破善闡城（今雲南昆明），虜段興智，大理國遂告覆滅。

　　大理地區素有「妙香佛國」的美譽，上承南詔遺緒，大理國的帝室皆崇奉佛教。在二十二個國主中，禪位出家者就達九人之多。當時有許多僧人不但精通釋典，又研讀儒書，被稱為「釋儒」（又稱「儒釋」），大理國官吏多從釋儒中選任。宋哲宗紹聖元年（1094），大理國十四代主段正明不賢，人民擁立都闡侯高昇泰為君，是為大中國。二年後，高昇泰卒歿，其子遵父遺命，還政於段氏之後段正淳。自此以後，高氏世代為相。高氏一族亦以倡導佛法為務，喜聽法鼓，建寺修塔，更有高氏子弟出家為僧。上行下效，大理國佛法昌隆。至元十七至二十年（1280～1283）郭松年以西臺御史的身分巡行雲南時，見到大理地區「其俗多尚浮屠法，家無貧富，皆有佛堂；人不以老壯，手不釋數珠。一歲之間，齋戒幾半，絕不茹葷飲酒，至齋畢乃已。沿山寺宇極多，不可殫記」。由此不難想像大理國佛教流行的盛況。

❁ 大理國的佛教美術

　　南詔晚期佛教的影響力日漸顯著，大理崇聖寺千尋塔、劍川石鐘山石窟沙登菁的彌勒佛和阿彌陀佛等，都是南詔晚期重要的佛教遺物，只是數量不多。到了大理國時期，隨著佛教的日益流行，佛教藝術遺存日豐。

　　在大理國的佛教遺存中，最重要的當屬臺北故宮博物院收藏的〈畫梵像〉卷（圖235）。該畫卷長達1636.5公分，畫卷分為四段：第一段畫「利貞皇帝禮佛圖」，第二段

繪諸佛、菩薩、羅漢、祖師、明王、龍王、護法等，第三段為「多心寶幢」與「護國寶幢」，第四段是「十六大國王眾」。全卷設色描金，繪製精謹。卷後盛德五年（1180）大理國高僧妙光的題跋指出，此畫卷出自大理國畫師張勝溫之手。然細審全卷，筆法並不統一，水準參差，顯然不是一人所為，應是由以張勝溫為首的一批大理國畫師所完成的。此畫卷上有「利貞皇帝驃信畫」、「奉為皇帝驃信畫」兩則榜題，知此一畫作是為了大理國第十八代國主段智興所作。據筆者考證，此作應繪於利貞元年至盛德元年之間（1172～1176）。

〈畫梵像〉的內容豐富，屬顯教體系者有降魔變、帝釋梵天、十六羅漢、禪宗祖師、維摩詰經變、釋迦牟尼佛會、藥師琉璃光佛會、彌勒三會、普門品觀世音、八難觀世音、尋聲救苦觀世音、南无孤絕海岸觀世音、救苦觀世音、地藏菩薩等。屬於密教體系者為白水精觀音、除諸疾病觀音、社嚕喋佛母、大悲觀世音、十一面觀世音、毗盧遮那佛、摩利支佛母、秘密五普賢、婆蘇陁羅佛母、蓮花部母、金剛藏菩薩、暨愚梨觀音、如意輪菩薩、毗沙門天王、降三世明王、大威德明王、大黑天、魯迦金剛、摩醯首羅、護法金剛等。屬於南詔、大理國特殊的地方性佛教圖像包括了賢者買羅嵯、純陁大師、法光和尚、摩訶羅嵯、贊陁堀多、梵僧觀世音、建國觀世音、真身觀世音、易長觀世音、金鉢迦羅、大安藥又等。此作洋洋大觀的圖像顯示，大理國的佛教應是顯、密雙修，又兼具地方民族特色。

▲ 圖 235　張勝溫等畫梵像（局部）　大理國　臺北國立故宮博物院藏

　　由於畫作中觀音圖像就多達二十一種，可見當地觀音信仰極為盛行。相傳，大理國的前身南詔就是在觀音的授記下，得以不斷壯大，雄霸一方，大理國觀音信仰的流行應與這個傳說有著密切的關係。此外，〈畫梵像〉共畫十三身明王護法，有六身與大黑天有關，幾乎佔了此段畫面的一半。在雲南的摩崖、石窟以及出土文物中也發現了數尊四臂或六臂大黑天像。1981 年下關佛圖塔出土的《金剛般若波羅蜜經》裡，多處還插寫「大聖鎮國摩訶迦羅大黑天神」數字，在雲南鳳儀縣北湯天的董氏金鑾寶剎大殿中，又發現大理國時所寫《大黑天道場儀》的明代抄本，無庸置疑，大黑天是大理國重要的護法和護國神祇。

　　1979 年在大理崇聖寺千尋塔進行清理工作時，發現了大批南詔、大理國的佛教造像、經卷、法器、塔模等。其中有大日如來、阿閦佛、寶生如來、無量壽佛和不空成就如來的造像數十尊，這些金剛界五方佛的出現證明，大理國密教也包含了純密的元素。許多學者指出，大理國的密教可能受到西藏的影響，可是經過仔細比對研究，筆者發現大理國的密教主要還是源於中土。

　　〈畫梵像〉中的文殊維摩、彌勒三會、藥師琉璃光佛會、普門品觀世音等，構圖與唐宋變相雷同。全卷大部分的人物的造型也與唐、宋佛釋畫如出一轍，而筆描線條時而流暢勁利，時而頓挫轉折，又與唐、宋的筆描意趣相近。可見，張勝溫等人必然受到中土佛釋畫的影響。晚唐以來，大批中原畫家移居川蜀；五代時，蜀地又為當時佛釋畫的重鎮。雲南與四川毗鄰，大理國〈畫梵像〉與唐、宋佛教畫畫風相近，實不足為怪。

　　在眾多的中國佛教造像中，有一種造型特殊的觀音菩薩像（圖 236），其髻有阿彌陀佛，右手作安慰印，腕戴念珠，左手手肘微彎，手掌向下，五指微屈，作與願印。頭額方闊，面頰削瘦，雙眉相連如弓，兩眼平直，鼻塌嘴寬，兩唇豐厚。髮髻高聳，髻側垂掛著重重髮辮，梳理整齊。耳璫沉重，垂至兩肩。上身全袒，肩挺腰細，身扁胸平，兩腿直立，姿勢僵直。頸佩連珠雲紋寬項圈，手戴三角形花葉紋臂釧，束金屬或皮革腰帶，下著長裙，垂掛於腹前短巾的兩端繫於臗骨兩側，衣紋作規律的 U 形弧線。這種觀音菩薩像的風格，與中國傳統的觀音造像截然不同，但在滇西大理地區的石刻和出土的銅鑄、木雕裡卻屢見不鮮，在世界各博物館或私人收藏中也時有發現，人稱「雲南觀音」。〈南詔圖傳〉和大理國〈畫梵像〉兩件畫作也都描繪了祂的形貌，依據〈畫梵像〉的榜題，這種造型的觀音像稱為「真身觀世音菩薩」；而結合〈南詔圖傳〉的圖像和〈南詔圖傳・文字卷〉的記載，其又名為「阿嵯耶觀音」。由於這種大理國流行的獨特觀音造型和風格特徵，與八、九世紀中南半島的金銅觀音相近，應受到東南亞佛教造像

的影響。由此可知，南詔、大理國時期，雲南與毗鄰的東南亞必定往來頻繁。崇聖寺千尋塔出土的造像裡，發現兩尊水晶佛坐像，其肉髻如錐，臉方嘴寬，頭大頸短，肩膀方硬，姿勢僵直，從風格看來，應為緬甸十二世紀左右的佛像，是大理國與東南亞文化交涉的歷史見證。

▲圖 236　阿嵯耶觀音菩薩立像　大理國　美國紐約大都會博物館藏

在雲南早期石窟遺存中，劍川縣城南二十五公里處的劍川石窟最具代表性。這一石窟群分石鐘寺、獅子關和沙登箐三個區域，石窟中發現數則造像題記，最早的為南詔天啟十一年（850），最晚的是大理國盛德四年（1179）。由於盛德四年的墨書題記發現在

石鐘寺區的第 8 窟，而石鐘寺區現存八個窟龕的造像風格相近，故推測此區的八個窟龕
應完成於十二世紀下半葉。劍川石窟石鐘寺區的造像題材包括了大理國的帝王像、地藏
菩薩、華嚴三聖、明王堂、觀音菩薩等。其中人稱「明王堂」的第 6 龕（圖 237），是
劍川石窟規模最大的一個龕窟，以大日如來為主尊，迦葉、阿難為脅侍，兩側各有四大
明王，在明王像的兩側各有雕一身毗沙門天和大黑天。在劍川石窟沙登箐區第 16 龕、
祿勸密達拉三台山的崖壁上，分別發現南詔和大理國成組的毗沙門天和大黑天雕刻，這
種配置在印度、中土和西藏從不曾發現，應是南詔、大理國佛教藝術的區域特色。

▲ 圖 237　大日如來三尊與明王像（局部）　大理國　雲南大理　劍川石窟石鐘寺區第 6 龕

第八章

元、明、清的佛教美術

❀ 歷史背景

南宋初，原分布於額爾古納河流域的蒙古人崛起。開禧二年（1206），乞顏部族的首領鐵木真統一漠北諸部，建立大蒙古國，人稱「成吉思汗」。鐵木真即大汗位後，即攻打金朝、西夏。寶慶三年（1227），成吉思汗在滅西夏後不久亡歿，但他以後的兩代大汗——窩闊臺和蒙哥——仍不斷地發動南侵與西征的戰爭，先亡金朝，後滅大理國。景定元年（1260），忽必烈自立於開平（今內蒙古錫林郭勒盟正藍旗境內），建元中統。中統四年（1263），下詔升開平為上都。至元八年（1271），改國號為大元，史稱元朝。忽必烈為元朝的開國皇帝，廟號元世祖（1271～1294 在位）。次年，定都大都（今北京）。祥興二年（1279），元世祖滅南宋，統治全中國地區，結束了自唐末以來中國長期分裂的局面。其疆域東起海岸，西到新疆，南至海南，北領西伯利亞大部，東北起自鄂霍次克海，西南囊括雲南、西藏，是中國歷史上版圖最大的帝國。至正二十八年（1368），朱元璋建立明朝後，派徐達北伐，攻陷大都，元朝在漢區的統治遂告結束。

蒙古未入主中原以前，統治者即與漢地佛教的代表人物，如萬松行秀（1166～1246）、耶律楚材（1190～1244）、雪庭富裕（1203～1275）等，保持良好關係。淳祐七年（1247），窩闊臺次子闊端和西藏佛教領袖薩迦班達智在涼州（今甘肅武威）舉行涼州會盟，西藏正式納入蒙元中央政府版圖，隨著與藏傳佛教的接觸，闊端也成為第一個皈依藏傳佛教的蒙古宗主。元朝統治者與皇室皆信奉藏傳佛教，熱衷佛事，大興土木，營建寺宇。元世祖忽必烈即位後，延聘西藏薩迦派高僧八思巴（1239～1280）為國師，

授以玉印，令其統領釋教。至元七年（1270）晉封其為帝師、「大寶法王」。此後，元朝歷代皇帝都以西藏佛教宗派領袖為帝師，藏傳佛教也成為元朝的國教。帝師地位崇高，領總制院（後改稱宣政院），掌理全國佛教，並統管藏族地區的政教事務。當時的藏僧深得皇室的青睞，地位崇高，享有免除兵役、勞役、賦稅等特權。西藏佛教在統治者的大力扶植下，迅速發展，為中國佛教注入新活力。元朝雖以藏傳佛教為國教，但對漢地佛教也採取寬容保護的政策，所以元代的漢傳佛教也得到充分的發展。禪宗仍為元代漢傳佛教信仰的主流，但天臺宗、華嚴宗、律宗等也有流傳。另外，在南方又盛行和民間信仰結合的白蓮教、白雲宗等佛教新興教派。

元代末年，政治腐敗，天災不斷，民不聊生，民亂四起。至正十二年（1352），郭子興起兵於濠州，朱元璋從之，屢立戰功，勢力逐漸壯大。至正二十四年（1364），朱元璋自稱吳王，至正二十八年（1368）初稱帝，定都應天府（今江蘇南京），國號大明，建元洪武，是為明太祖（1368～1398在位）。明太祖即位後，以「驅逐胡虜，恢復中華」為號召，發兵北上，八月攻陷大都，元順帝崩卒，結束了蒙元在漢地的統治。朱元璋去世後，其孫朱允炆即位，是為明惠帝。建文元年（1399），燕王朱棣發動靖難之役，起兵奪位，建文四年（1402）攻陷應天府，惠帝失蹤，朱棣登基，是為明成祖（1402～1424在位）。永樂十八年（1420），成祖下詔遷都順天府（今北京），改應天府為南京。晚明閹黨禍亂朝綱，內政積弊已深，再加上外患頻仍，天災連年，流寇猖獗。崇禎十七年（1368），李自成建立的大順軍攻破順天府，思宗自縊於煤山，明朝滅亡。

明太祖朱元璋幼年家貧，孤苦無依，曾入皇覺寺為僧，又親眼目睹元代崇尚藏傳佛教產生的流弊，因此立國以後，廢除了藏僧在內地的特權，轉而支持漢地佛教的各個宗派，西藏佛教在內地的勢力漸衰，漢地佛教抬頭，尤以禪宗和淨土宗最為流行。然而為了懷柔藏、蒙二族，明太祖仍繼續給予西藏僧侶優渥的禮遇。洪武六年（1373），太祖賜元順帝的帝師喃迦巴藏卜以「熾盛佛寶國師」的稱號。明代諸君中，明成祖崇信西藏佛教最篤，永樂元年（1403），即遣使迎哈立麻至京，賜以「大寶法王」的稱號。又遣使入藏邀請宗喀巴來華，宗喀巴派弟了釋迦智（1354～1435）來京，成祖賜號「大慈法王」。釋迦智任成祖、宣宗（1425～1435在位）兩代國師，地位崇高。永樂年間（1403～1424），受成祖所封的西藏高僧就有五王、二法王、二西天佛子、九大灌頂國師和十八灌頂國師。此外，憲宗（1464～1487在位）、孝宗（1487～1505在位）、武宗（1505～1521在位）三代也都信奉藏傳佛教，供養藏僧，在宮中頻繁舉行藏傳佛教法事，藏傳佛教對明代皇室影響甚鉅。

建國之初，明太祖便亟欲整頓佛教，洪武元年（1368）即在首都的天界寺設善世院，管理全國佛教。明代朱氏統治二百七十六年間，雖然數度訂定嚴格的佛教政策，加強對寺院的管制，但是因為經濟和政治因素，政策時有搖擺，佛教仍蓬勃發展。明代佛教仍以禪宗和淨土宗為主流，在思想理論上甚少創新。明中葉以來，佛教善書和寶卷廣為流傳，促進了佛教在民間的普及。善書是勸人為善之書，旨在宣揚輪迴轉世、因果報應等儒、釋、道三教的價值觀；寶卷的題材多為佛經故事，又加入了民間傳說。這些書籍淺顯易懂，很容易為一般百姓所接受。明末文人謝肇淛（1567～1624）在《五雜俎》中言道：「今日釋教遍天下，琳宇梵宮盛於黌舍，讀經梵唄之聲喧於絃歌之隆。上自王公貴人，下迄婦人女子，恒談禪拜佛，無不喜者。」可見，明末佛教已深入中國社會的各個階層。

萬曆四十四年（1616），建州女真首領努爾哈赤在今中國東北地區建立大金（史稱後金），定都赫圖阿拉，又稱興京（今遼寧新賓）。崇禎九年（1636），他的兒子皇太極在盛京（今遼寧瀋陽）稱帝，改國號為大清，是為清太宗（1626～1643 在位）。當時大清的領土僅止於中國東北及漠南地區，但對明朝已造成重大威脅。崇禎十七年（1644），駐守山海的明將吳三桂降清，多爾袞領清兵入關，擊敗大順軍，順治帝（1643～1661 在位）定都北京，最後終於統一中國全境。其後，歷經康熙（1661～1722 在位）、雍正（1722～1735 在位）及乾隆（1735～1796 在位）三帝，清朝的國力、經濟、文化得到長足的發展，是清朝的鼎盛時期。鴉片戰爭後，列強入侵，清朝進行了洋務運動和戊戌變法等近代化的改革，可惜都以失敗收場，國勢衰弱。宣統三年（1911），武昌起義爆發，僅僅兩個月，全中國就有十八個省宣布獨立，並支持革命。次年（1912）元旦，中華民國臨時政府在南京成立，二月十二日，宣統帝被迫遜位，清朝自此覆滅。

在佛教方面，十七世紀初，努爾哈赤就禮遇在關外傳法的西藏僧侶。崇德四年（1639），清太宗派人赴藏延致高僧；崇德七年（1642），又隆重接待了西藏使者。入關以後，清朝統治者為了懷柔邊疆民族，在「興黃安蒙」的基本國策下，推崇和利用藏傳佛教，以控制蒙、藏部眾，頻頻授予藏傳佛教各派領袖封號，並給予豐厚的賞賜。順治帝多次延請五世達賴。康熙五十二年（1713），康熙帝又冊封五世班禪為「班禪額爾德尼」，賜金冊、金印。雍正帝與西藏高僧二世章嘉國師（1642～1715）私交深厚，禪修時還得到二世章嘉國師悉心的指點。乾隆帝自幼即與三世章嘉國師（1717～1786）一同讀書，對藏傳佛教極為熟稔；乾隆十年（1745），他還在三世章嘉國師前受上樂金剛灌頂，修習藏傳密法，凡遇佛事活動，多咨取三世章嘉國師的意見而後行。雖然清朝皇帝多信奉西藏佛教，但亦禮遇漢僧，對漢傳佛教採取包容的態度。康熙帝曾邀請明末以來

隱居山林的高僧到京師；下江南時，凡至名山大寺，他往往書賜匾額。雍正帝曾參拜中國禪僧伽陵性音（？～1726），自號「圓明居士」。乾隆年間（1736～1796），完成了雍正時期即開始的漢文《大藏經》雕印。此外，上承明朝遺緒，漢傳佛教在民間與士大夫階層普遍流傳，淨土教和禪宗仍為漢傳佛教的主流。

　　明、清兩代，隨著當時社會經濟的發展，佛教的傳布已無需仰賴皇家貴族的支持。佛教教徒致力於經典的刊刻和流通，佛教思想的流布益廣。雖然明、清時期，在佛教教義與理論上，並沒有太多的創新與突破，可是許多佛教的基本教義，如因果報應、輪迴轉世等，早已透過各式法會、齋醮等實踐活動和善書、寶卷的流傳，根植民心，化為中國文化的血肉。中國人甚至還為諸佛和菩薩設定了誕辰日，庶民色彩日益濃厚實是明、清佛教的一大特色。

✿ 佛教美術

　　元代僧尼人數和寺院經濟發展空前發達，根據至元二十八年（1291）宣政院的統計，元初全國寺院凡四萬二千三百一十八所，僧尼合計二十一萬三千一百四十八人。到了元代中期，已有號稱百萬僧尼的記載，佛教之盛實前代望塵莫及。明、清二代，佛教依舊盛行。依清康熙六年（1667）禮部的統計，當時各省官建大寺就有六千零七十三座，小寺六千四百零九座；私建大寺八千四百五十八座，小寺五萬八千六百八十二座，僧尼合計近十二萬人。到了清末，全中國僧尼的總數約有八十萬人，幾近清初的七倍，可想而知，當時的佛寺必然也是清初的數倍之多。現存元、明、清三代的佛教寺院眾多，寺中保存大量的壁畫和雕塑，是我們認識當時佛教藝術發展的重要材料。同時，隨著城市經濟不斷的發展，離開城市修建石窟已逐漸不符信眾的需求，元代佛教石窟、龕像的數目銳減，明、清時期開鑿的佛教窟龕更少，石窟藝術已經走到盡頭。

　　元、明、清三代的統治者皆信奉藏傳佛教，藏傳佛教藝術活動遂在三代的宮廷展開。元代以降，歷代宮廷均設有專事藏傳佛教藝術的機構，如元代宮廷設置的諸色人匠總管府，下轄部門有梵像提舉司，負責「繪畫佛像及土木刻削之工」，不少西藏、尼泊爾的匠師在該司中任職，其中最重要的當屬阿尼哥（Anige, 1244～1306）。阿尼哥，尼泊爾人，中統元年（1260）元世祖忽必烈命八思巴在薩迦寺造黃金塔時，年僅十七歲的阿尼哥和尼泊爾一批匠人奉徵來到西藏。阿尼哥深受八思巴器重，命其監督黃金塔的修建，結果僅用一年時間，此塔便順利完成。後來阿尼哥隨八思巴來到大都，八思巴舉薦

他到宮廷，其高超的藝術才能深得忽必烈的賞識，至元十年（1273），元世祖命阿尼哥掌管諸色人匠總管府；十五年（1278），元世祖又授其光祿大夫大司徒，領將作院事。阿尼哥身為尼泊爾人，所製作的佛像風格應屬十二、十三世紀印度、尼泊爾、西藏一系，與漢地傳統迥別，人稱「西天梵像」。他在華活動的四十餘年間，主持與規劃了許多皇帝、皇后詔敕興建寺觀的建築和畫塑工作。他和帝師亦憐真（？～1314）共同設計的白塔，迄今仍屹立於北京妙應寺中。此外，阿尼哥在大都還教徒授業，弟子中以河北寶坻（今屬天津）人劉元（1240～1324）的技藝最為傑出，元仁宗（1311～1320在位）曾敕令劉元「非有旨，不准擅自為人造像」，對其技藝之推崇於此可見一斑。在阿尼哥和他的弟子以及再傳弟子影響下，「西天梵像」成為元朝宮廷藏傳藝術的主流。

明代統治者出於政治和信仰的需要，在宮內設置藏傳佛教殿宇，於英華殿、洪慶宮供「西蕃佛像」，設蕃經廠，「習唸西方梵唄經咒」，並於御用監內設「佛作」，由司禮監範金塑土，製作藏式佛教藝術作品，除了供皇族禮拜外，又布施給西藏、青海的佛教宗派領袖。明朝的宗教政策，一改元朝專奉薩迦派為多封眾建，西藏各宗派領袖與北京宮廷間的交流頻繁，西藏各教派領袖頻頻入貢，其中不乏佛教造像、唐卡等，這些西藏藝術作品的題材或風格特色對明朝宮廷藏式佛教藝術影響深遠。

清朝在元、明兩朝的基礎上，又吸收了蒙、藏地區藏傳佛教藝術的特色，將宮廷藏傳佛教藝術推向了高峰。康熙三十六年（1697），宮廷正式設立中正殿念經處，掌宮中藏傳佛教事務並造辦佛像，開始大規模的製作藏傳佛教繪畫、緙繡、造像、法器等，於乾隆時期達於鼎盛，其數量和規模遠遠超過了元、明兩朝宮廷造像。清朝宮廷製作的藏傳佛教藝術作品，除了餽贈蒙、藏地區前來拜謁各個教派的高僧外，還有相當一部分保留在紫禁城數十座大小佛堂中，如雨花閣、寶華樓、梵花樓、慈寧宮大佛堂、養性殿等，成為清朝歷代皇帝和皇室成員禮拜的對象。清代皇家的藏傳佛教藝術在明代的基礎上，又移植藏傳造像的形式和藝術手法，追求精緻華麗的表現效果。

中國藏式佛教藝術的製造始於元而盛於清，這些作品雖然遵循西藏造像的圖像和造型規則，但由於作者多為漢人，或受到漢文化的薰陶，作品往往融入了漢地佛教藝術的元素，而形成獨樹一幟的漢藏風格。藏傳佛教藝術的傳入，不但充實了中國佛教藝術的內容，也豐富了佛教藝術的表現形式，使得中國的佛教藝術變得更加多彩多姿。

藏傳佛教主要在皇室或其周圍的族群間流傳，而廣袤的中國大地上，主要流傳的依

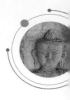

然是漢傳佛教。不過元代以來，文人畫興起，宗教人物畫家不再像唐、宋時期的吳道子、武宗元那樣受到推崇，工筆重彩寺院壁畫的匠師多名不見經傳，社會地位低落。

　　從造像題材來看，除了傳統流行的諸佛、菩薩、天王、力士之外，由於元、明、清三代三教合一思想普遍流傳，佛寺中出現了儒家的古賢孝子和道教的各路神祇。此外，還發現許多不見經典、但載錄於話本、寶卷等俗文學的觀音圖像，如魚籃觀音、南海觀音等。許多寺院還設有羅漢堂、羅漢院，殿中供奉著表現不同性格、形貌的十六羅漢、十八羅漢、五百羅漢，羅漢題材普遍流行。

　　元、明、清三代佛寺壁畫、造像的遺存豐富。雖然一般來說，此時佛教藝術的原創性和藝術水準遠不及前代，不過仍然有不少令觀者折服的精彩之作。以下僅從佛教繪畫和佛教造像兩方面，簡略介紹元、明、清佛教藝術的面貌。

佛教繪畫

　　山西省現存的元代佛寺壁畫居全中國之冠，其中稷山縣興化寺、稷山縣青龍寺、洪洞縣下廣勝寺的壁畫都是其中的佼佼者，為元代藝術瑰寶。

　　興化寺位於稷山縣城西南十五公里的小寧村北隅，寺址坐北向南，規模宏敞，建於開皇十二年（592），元代重修。該寺原有山門、天王殿、羅漢殿、中大殿、後大殿及東西配殿、兩廂廊房等，共計三進院落，主要的殿堂四壁原都繪有壁畫。抗日戰爭時，此寺毀於戰火，現在已夷為平地。所幸 1926 年興化寺的僧人為渡災荒，將分塊剝離的壁畫售於古董商，古董商本欲將這些壁畫偷運出國以牟暴利，後經時任故宮博物院古物館副館長馬衡出面，買下了該寺的過去七佛說法圖，現藏於北京故宮博物院；1928 年，懷履光主教（Bishop William C. White）代表加拿大多倫多皇家安大略博物館，從古董商的手中又收購了此寺的彌勒說法圖，我們現在才有機會一睹稷山縣興化寺壁畫的面貌。

　　北京故宮博物院庋藏的過去七佛說法圖，高 3.2 公尺，長 18.1 公尺，畫七尊坐佛，代表過去七佛——毗婆尸佛、尸棄佛、毗舍浮佛、拘留孫佛、拘那含牟尼佛、迦葉佛和釋迦牟尼佛，每尊坐佛座前有圓形光環籠罩供物。兩位聲聞及六位脅侍菩薩插置在七佛之間，或直立，或側立，或踞坐，手勢與持物各不相同，姿態各異。上方有乘雲翔翔、人首鳥身的迦陵頻伽和童子飛天各兩身。多倫多皇家安大略博物館收藏的彌勒說法圖，

高 5.22 公尺，長 11.11 公尺，採對稱式構圖，畫面中央繪善跏倚坐的彌勒佛坐像，脅侍
菩薩法華林和大妙相半跏垂足分坐左右，彌勒佛和二脅侍菩薩間還各畫一脅侍比丘和菩
薩，彌勒佛座前有圓形光環籠罩供物。彌勒佛與聖眾上方的雲霧間，有迦陵頻伽兩身。
彌勒佛和聖眾的左側畫男性剃度圖，代表穰佉王剃度，右側為女性剃度圖，是穰佉王女
舍彌婆帝剃度的畫面。

這兩鋪壁畫的風格一致，構圖宏偉，人物安排主從分明。佛像氣宇軒昂，面形圓潤
飽滿，神情端嚴，兩肩寬厚，袈裟自雙肩垂落，袒露胸膛，露出豐腴鬆軟的胸肌，量感
十足。菩薩面相渾圓飽滿，頭束高髻，頭戴寶冠，天衣飄舉，靜中帶動。五官輪廓線條
柔細，表現平滑的肌膚，衣紋線條均勻稠密，筆力遒勁有力，線條流暢。色彩有青、
綠、朱、赭、黃多種，妍麗渾厚。全作繪製精謹，莊嚴肅穆，氣勢磅礡，為元代壁畫傑
作。

早期調查資料記載，在興化寺後大殿發現了壁畫題記，云：「襄陵縣（今山西襄
陵）繪畫待詔朱好古、門徒張伯淵，大元國歲次庚申仲秋莫生十四葉工畢。」據孟嗣
徽的考證，該寺壁畫完成的確切時間應是 1320 年農曆八月十四日。朱好古是元代山西
寺觀壁畫名匠，《山西通志》、《平陽府志》、《襄陵縣志》均有他的傳記，稱他「善畫山
水，於人物尤工，宛然有生態。與同邑張茂卿、楊雲瑞，俱以畫名家，人有得者若拱
璧，號『襄陵三畫』」。朱好古的門徒甚多，除了張伯淵外，還包括了畫永樂宮混成殿
壁畫的畫工張遵禮、田德新、曹德敏、李弘宜、王椿等。

廣勝寺位於臨汾市洪洞縣縣城東北十七公里的霍山南麓，由雄踞山頂的上寺、坐落
山腳的下寺及水神廟三組古建築組成。下寺為元代修建，上寺係明代重建。下寺因山
勢而建，坐北朝南。在中軸線上自南向北排列的有山門並天王殿、前殿、大雄寶殿，
分兩進院落。1928 年寺僧、鄉紳為籌資修繕寺院建築，以一千六百銀洋的價格出售壁
畫。前殿兩鋪明代壁畫後來轉賣給美國賓州大學考古學及古人類學博物館；元至大二年
（1309）重建的大雄寶殿，殿中的熾盛光佛佛會圖和藥師佛佛會圖後來被美國堪薩斯市
納爾遜·阿特金斯藝術博物館和紐約大都會博物館所收藏。

紐約大都會博物館庋藏的藥師佛佛會圖（圖 238），高 7.51 公尺，長約 15.11 公尺，
居中畫藥師佛三尊像，藥師佛頂有華蓋，右手作施無畏印，左手撫膝；右脅侍菩薩冠有
七坐佛，左脅侍菩薩冠有一化佛，上方尚畫如意寶珠，中書梵字。三者結跏趺坐於蓮座
之上，座下有華臺，臺前均畫圓形光環籠罩供物，供物兩側畫供養人或供養童子，表現

手法與興化寺類似。上方畫六尊小佛和兩身飛天乘雲而來。藥師佛的身側有四身脇侍菩薩圍繞，身後的兩尊菩薩分別手持日輪和月輪，當為藥師佛的兩大脇侍菩薩日光遍照和月光遍照；身前的兩尊菩薩分執藥鉢和錫杖，乃藥王菩薩和藥上菩薩。藥師佛的十二神將分立於畫面的兩側。

▲ 圖 238　藥師佛佛會圖（局部）　元代　原在山西洪洞廣勝下寺大雄寶殿　美國紐約大都會博物館藏

　　此鋪壁畫場面恢宏，人物眾多，畫中藥師佛與兩大脇侍菩薩面相方圓，頰頤飽滿，身形豐盈粗壯，人物造型與興化寺的佛、菩薩像近似。衣紋線條流暢勻整，富韻律感。菩薩的花冠富麗，瓔珞精緻，繪製精謹細緻。人物造型多變，神態逼真，描寫細緻入微，用色富麗，氣韻古雅，令人稱揚。

　　明代帝王多半事佛甚篤，營構寺宇，遍滿京邑，僅京師就有佛寺千餘。據文獻記載，有不少明代前期知名的職業畫家參與寺廟壁畫的創作，如洪武中（1368～1398），盛著供奉內府，曾畫天界寺影壁；永樂年間，宮廷畫家卓迪、上官伯達、解琇等人，參

加了南京報恩寺壁畫的繪製工作；浙派開創者戴進（1388～1462）在江南報恩寺、華藏寺也曾留下手跡；浙派中堅畫家吳偉（1459～1508）在南京昌化寺繪五百羅漢、靈谷寺畫達摩折蘆渡江等壁畫，可惜這些畫作皆未保存下來。現存的明代寺院壁畫是在宋、元寺觀壁畫的基礎上發展而來，其中不乏佳作，如山西稷山興化寺前殿、四川蓬溪寶梵寺、四川新津觀音寺、河北正定隆興寺、北京法海寺等，其中，尤以北京法海寺的壁畫最為精美。

法海寺坐落於北京石景山區模式口翠微山南麓，由御用監太監李童集資興造，始建於正統四年（1439），至正統八年（1443）竣工。明英宗賜名「法海禪寺」，並於正統十年（1445）頒賜《大藏經》一部，正統十二年（1447）又敕賜青銅梵鐘一口。明、清多次重修。該寺坐北朝南，依山而建，中軸線上建有山門（護法金剛殿）、四天王殿、大雄寶殿、藥師殿和藏經樓，兩翼對稱建有鐘樓、鼓樓和伽藍、祖師二堂等建築，全寺規模宏偉。

法海寺大雄寶殿面闊五間，黃瓦廡殿頂，為寺院建成時的規制。殿內中央佛壇原供三世佛，東、西山牆前的佛壇上原各有九尊羅漢像，在羅漢像的最南端另有大黑天和李童供養像，文革期間塑像全部被毀。該殿的天花和三個斗八藻井為正統時所繪的藏式曼荼羅：天花由二百三十一塊方格組成，每一方格內為書寫種子字的大日如來法曼荼羅；三個藻井則分別作繪製尊像的大日如來大曼荼羅、藥師佛大曼荼羅和阿彌陀佛大曼荼羅。據〈法海禪寺記〉，李童集資造寺時，有大慈法王釋迦也失、大國師啞蒙葛、大國師班丹扎釋等十位藏族高僧參與其事。該寺原立大黑天像、天花和藻井又畫藏密的曼荼羅，都是法海寺與藏傳佛教關係密切的重要證據。

大雄寶殿的壁畫完成於正統八年。佛壇背屏繪祥雲，左右兩壁上方畫十方佛赴會圖，下方繪大幅花卉，月季、牡丹、蓮花相映成趣，並有流泉奔瀑穿插其間，一派佛國仙境。背屏後畫觀音（圖239）、文殊、普賢三大士與侍從善財童子、最勝老人、馴獅者、馭象者等；三菩薩處於祥雲繚繞的山水背景中，突顯了祂們的超逸和高潔。北壁門的兩側分別畫帝釋、梵天禮佛護法圖，圖中以帝釋、梵天為首，眾天神前後相隨，分兩組相對逶迤而來。這些壁畫無論是人物造型、服裝樣式、衣紋線條、鉤雲的方法等皆作漢式風貌，與藻井的畫風大異其趣。

▲圖239　觀音菩薩坐像　明正統八年 (1443)　北京　法海寺大雄寶殿　佛壇背屏

　　法海寺的壁畫構思精嚴，布局嚴謹，全作重彩設色，又大量運用瀝粉貼金、混金、描金等技法，色彩明麗絢爛。人物刻畫細緻精麗，富有個性特徵，如菩薩的雍容氣度、帝釋和梵天的恭敬肅穆、天王的威武神勇、訶利帝母的慈祥和藹、畢哩孕迦的天真無邪，都表現的真切生動。帝釋、梵天禮佛護法圖的天神眾多，形象各異，神態無一雷同，彼此之間又互相呼應，具統一的整體效果。在衣紋上，鐵線描、游絲描、釘頭鼠尾描和行雲流水描兼用，用筆變化多端，充分表達了形象的個性特徵和氣韻風度。敷色時疊暈、烘染並行，色彩豐富自然、明豔厚重、細膩飽和。同時，經由層層的烘染，人物膚色由淺漸深，增加了立體感的效果。菩薩、諸天繁縟的瓔珞、寶冠，以及衣上華麗的錦緞紋樣，都描繪得精謹細緻，一絲不苟。在背屏上的三大士中，以觀音菩薩最為出

色，其身有金色大圓光，右膝抬起，左小腿平放於草墊之上，右手置於膝頭，左手按在臺座上。其額方頤豐，眉目清秀，雙肩平闊，腰部細收。頭戴華冠，冠有阿彌陀佛，身佩蓮花、寶珠串結的瓔珞，並戴三角形的臂釧，繁縟華麗。肩披透明羅紗天衣，衣上的朵朵團花以疊暈法由淺到深層層暈染而成，十分華美。耳璫、瓔珞皆以瀝粉貼金鉤描，裝飾性強。法海寺的壁畫處處散發一種富麗典雅的富貴氣息，為明代寺觀壁畫傑出的典範。

根據碑記，法海寺的壁畫是由宮廷畫士官宛福清、王恕，畫士張平、王義、顧行、李原、潘福、徐福林等十五人所繪。畫士官隸屬工部營繕所。〈敕賜法海禪寺碑記〉又載：「修職郎工部營繕所副吳郡楊春、古并賈英鐫。」顯然法海寺工程是由明朝宮廷工部營繕所具體負責，而該寺的修建者李童又是御用監的太監，明代宮廷專設的造像機構「佛作」，即隸屬御用監。可見，法海寺的壁畫是宮廷匠師所為，無怪乎其具有精工雅致、富麗雍容的院體畫特徵，形成了與當時絕大多數寺觀壁畫迥然有異的風貌與韻致。

法海寺大雄寶殿的壁畫，藻井的曼荼羅為藏式風格，而壁面的壁畫主要為漢式作風，為一漢、藏合璧的作品，類似的設計在青海樂都的瞿曇寺也可發現。

瞿曇寺位於樂都縣城南二十一公里處，前臨瞿曇河，北靠羅漢山，是中國西北地區保存最為完整、規模宏大的明朝寺院建築群。洪武時，由在青海湖海心山修行得道的西藏高僧三羅喇嘛創建，洪武二十六年（1393），明太祖書匾賜名「瞿曇寺」，並任命三羅喇嘛為西寧僧綱司都綱，管理十三族。永樂（1403～1424）和宣德時（1426～1435）又大規模擴建，瞿曇寺成為青海地區的一座大寺。據記載，明朝有七代皇帝向瞿曇寺下達七道敕諭、二道誥命，封大國師一名、國師一名、都綱一名、頒印五枚，足見瞿曇寺是明朝在青海藏區推行撫邊政策的重要樞紐。

瞿曇寺分前、中、後三進院落，從山門中軸線起，依次為金剛殿、瞿曇寺殿、寶光殿、隆國殿，兩側對稱有御碑亭、小鐘鼓樓、七十八間迴廊、寶塔、配殿、經堂、大鐘鼓樓等。瞿曇寺殿建於明洪武二十五年（1392），重檐歇山頂，前檐設抱廈三間，為典型的漢地建築形式；左、右、後三面砌厚牆，外牆裡面砌夾牆一周，則是藏傳佛教建築中常見的格局。寶光殿建於永樂十六年（1418），由明廷派太監孟繼、指揮使田選等協助擴建，重檐歇山頂，左、右、後三面砌磚牆，四面設明廊，柱間設護欄，在此進院落的東、西、南、北四個方位各修有一座藏式佛塔。隆國殿位於最後一進，宣德二年（1427）建成，是全寺最高、最壯麗的建築物。此殿是典型的京師樣式，重檐廡殿頂，

面闊七間，進深五間，立於石質須彌座上，四面設明廊，兩山和後檐砌磚牆，前檐有明間和四抹精緻的隔扇，與北京十三陵長陵棱思殿的外檐裝修近似。整體而言，此寺的主要結構採用了漢式作法，又兼顧了藏傳佛殿的右繞迴廊制度，既展現明代早期的宮廷特色，又融入西藏佛寺建築的元素。

　　瞿曇寺的壁畫也展現了藏、漢交融的藝術特徵。瞿曇寺殿正壁原供三佛，東、西兩壁的最下層畫善財童子五十三參，其上則繪藏密的諸菩薩、祖師、護法等。寶光殿和隆國殿的壁畫全繪藏密的菩薩、本尊、護法等，寶光殿尊像的頭冠、瓔珞等，則以中土流行的瀝粉泥金法繪成，光彩奪目。在坡形迴廊的壁面以漢式風格滿繪佛傳故事，始自隆國殿東側壁面，經東側迴廊、西側迴廊，止於隆國殿西側壁面。東側自北而南繪天人觀察世間、天人拜謁帝釋天、淨居天子禮拜帝釋天（圖240）、淨居天子請一生補處菩薩下生、乘象入胎、太子誕生、七步生蓮、九龍浴佛、太子回宮、純陀占相、魔女獻媚等。西側自南而北畫魔軍擾佛、魔子懺悔、魔眾拽瓶、鬼子母尋子、佛化淫女、付法迦葉、付囑國王、佛法東傳、釋迦涅槃（圖241）、迦葉付

▲圖240　佛傳圖（局部）　明代　青海樂都　瞿曇寺東側迴廊

法、達摩東渡等。由於西側壁畫的色彩感、筆描線條、樹木畫法都與東側有別，且人物的比例放大，造型也和東側不同，顯然與東側壁畫不出自一人之手。在隆國殿西側的壁面繪一六曲屏風，在最左一曲的空白處題寫：「平番縣上礁堡畫像弟子孫克恭、徐潤文、門徒何濟漢沐手敬畫。」名款處仿鈐印朱文印章四枚。據新編《蘭州紅古區志》，孫克恭為甘肅蘭州人，道光十四年（1834）經推薦，率弟子徐潤文、何濟漢到瞿曇寺擔任畫工，畫完壁畫後，孫克恭留在瞿曇寺修行，咸豐（1851～1861）初年於此寺圓寂。

由此看來，瞿曇寺東側的壁畫應為明永樂十六年或宣德二年前後的原作。十九世紀時，
西側壁畫損壞嚴重，孫克恭等人又參考原來畫作重繪或新畫。

▲圖 241　佛傳圖（局部）　清代　青海樂都　瞿曇寺西側迴廊

　　瞿曇寺的佛傳圖內容豐富，場面宏大，結構繁複，人物眾多，以青綠山水為背景，
色彩明麗，全體畫面富節奏韻律感，統一和諧。每個情節以樹木、溪流或山徑分割畫
面，將人物安置其間，而不同情節的山水背景銜接自然，使得各個故事既獨立又貫通。
整體觀之，好似一鋪大型的山水人物畫。此畫繪製精妙，藝術水準高超。人物衣紋筆法
多變，運筆時而流暢，時而抑揚頓挫，表現不同的衣料質感。畫中人物寫實生動，形神
兼備，佛的莊嚴端重，仕女清麗典雅，侍者神情恭敬，天王、護法雄姿英發，鬼怪呲牙
裂嘴，人物情態鮮活。特別是在山陰驛道上的村夫、過客、行旅、僧侶等，在一定程度
上表現了當時的現實情景，有濃郁的生活氣息。畫中的樓堂亭榭以界尺畫成，建築的斗
拱、窗櫺、雕欄、畫棟也描繪入微。從青綠山水的畫法、人物的造型、建築的形式、筆
描的技法、山石的皴法等方面來看，全作不但採用中原粉本，而且應該是漢族畫師的傑

作。瞿曇寺漢式風格佛傳壁畫的出現，說明中原繪畫對青海藏區的深刻影響。雖然西側的清代之作不如東側明代壁畫精謹典雅，亦不失為清代壁畫的精品。

　　元、明、清三代水陸法會盛行，因此配合此一法會所使用的水陸畫遺存甚豐。水陸法會又稱水陸大齋，以供齋施食為主，為超度水、陸、空一切孤魂而設，具有供養諸佛、懺悔罪障、祈福消災、超薦祖先、普度鬼神、增長福慧等功德，是漢傳佛教法事中，儀式最隆重、規模最盛大、功德最殊勝、所需時間最長的一種宗教儀式。

　　據傳，水陸法會是南朝梁武帝所創始的。晚唐時期，有些寺觀已有水陸院的設置，並開始圖繪水陸功德畫。《益州名畫錄》記載，中和年間（881～885），蜀地畫家張南本應陳太師之請，在成都寶曆寺的水陸院作水陸功德畫一堂，此畫繪「天神地祇、三官五帝、雷公電母、岳瀆神仙、自古帝王、蜀中諸廟一百二十餘幀，千怪萬怪，神鬼龍獸、魑魅魍魎，錯雜其間，時稱大手筆也」。據此可知，這堂水陸畫的圖像內容已大體完備；由於此則記載稱「一百二十餘幀」，張南本所作的水陸畫顯然是立軸形式。五代的杜弘義也曾在寶曆寺畫過水陸畫，《圖畫見聞志》言：「杜弘義，蜀郡晉平人，工畫佛道高僧。成都寶曆寺有文殊、普賢並水陸功德。」宋元豐七、八年間（1084～1085），佛印在金山寺主持規模宏大的水陸大齋。元祐八年（1093），蘇軾為亡妻宋氏設水陸道場，撰〈水陸法像贊〉十六篇。紹聖三年（1096），宗頤撰《水陸儀文》四卷。南宋末，志磐又草成《法界聖凡水陸勝會修齋儀軌》六卷，大興普度之道。隨著宋代水陸法會的日益普遍，水陸畫的圖像體系更趨完備。山西繁峙巖山寺的正殿原為水陸殿，殿中的壁畫是金正隆三年（1158）御前承應畫匠王逵和王道所繪，可惜這座七間大殿已毀，宋、金時期水陸畫的風貌已不可考。

　　現存水陸畫的表現形式有卷軸、壁畫、浮雕、版畫數種，但以卷軸和壁畫為主。目前存留的卷軸水陸畫皆為明、清之作，許多博物館皆有收藏，最著名的當屬山西省博物館收藏的明代寶寧寺水陸畫一百三十九軸。此外，現存的水陸壁畫眾多，主要保存在山西、河北兩省，如山西稷山縣青龍寺、渾源縣永安寺、繁峙縣公主寺與靈石縣資壽寺等，河北石家莊毗盧寺及張家口懷安縣昭化寺等。其中，山西稷山縣青龍寺腰殿的水陸畫為元代作品，其他大多為明代壁畫。石家莊毗盧寺毗盧殿壁畫的人數最多，內容最為豐富，為明代水陸壁畫的代表之作。

　　毗盧寺位於河北石家莊西北新華區上京村東，初建於唐天寶年間，宋、元、明、清歷代均曾重修。主要的建築有天王殿、釋迦殿和毗盧殿。據嘉靖十四年（1535）重修碑

記，弘治八年（1495）該寺整修、擴建，奠定了今日的規模。毗盧殿是該寺的正殿，佛壇上供毗盧遮那佛，四壁所繪的水陸功德壁畫，應完成於嘉靖十四年前後。此殿的壁畫構圖嚴謹，人物主次分明，相互呼應。分成上、中、下三層，計一百二十餘組，每組各畫神祇三、五尊，每組旁書有名號題記，共繪儒、釋、道三教各種神像人物五百多身。北壁繪十回向菩薩、摩利支天菩薩、梵王、帝釋、四大天王、十六高僧、玉皇大帝等，共一百二十餘身；東壁畫南極長生大帝、浮桑大帝、玄天大帝、東嶽、中嶽、南嶽、四海龍王、三官大帝、十代名醫、大德菩薩、地藏王菩薩、鬼子母等，共一百三十多身；西壁繪北極紫微大帝、西嶽、北嶽、四瀆、五湖諸神和雷電、山水、五湖、花木眾神等，共一百四十多身；南壁入口兩側則畫引路王菩薩、鬼王、城隍土地，以及古代的皇帝、后妃、賢婦、烈女、為國捐軀的烈士、九流百家和自刑自縊、受蚖蛇毒害的人物等，共一百四十多身。此殿的壁畫保存完整，內容包攬了佛教、道教和民間崇信的所有神祇，集儒、釋、道三教題材之大成，充分反映當時佛教藝術群眾化和世俗化的特色。

清代雖然佛教繪畫遺存甚多，但一般來說，作坊的技藝多為師徒或父子相傳，繼承性強，在筆法、線條、設色、神韻等方面少有創新，匠氣較重，藝術水準大不如前。

❀ 佛教造像

依據文獻記載，元代皇室在大都所造的佛像，大多出自阿尼哥、劉元等人之手，為西天梵相的代表，可惜記載中大都的皇家大寺均已不存，寺中的造像也都灰飛煙滅，人們很難領略元代西天梵相藝術作品的真實風韻，美國華盛頓特區弗利爾美術館的收藏中有一尊夾紵菩薩坐像（圖242）或可作為參考。這尊菩薩散盤而坐，頂束高髻，平額方面，額角分明，兩頰圓潤，雙眉尾端上揚，兩眼下視，雙眼皮，鼻梁高挺修長，鼻尖略鉤，上唇

▲ 圖242　菩薩坐像　元代　美國華盛頓特區弗利爾美術館藏

薄，下唇略厚，嘴角略帶微笑，兩耳外張，耳洞作長方形。上身裸露，下著貼體短裙，裙上並無任何衣紋。此尊菩薩身體比例協調，腰肢纖細，略微扭動，體態窈窕。上手臂和胸、腹肌肉含蓄起伏，富有彈性，處理細膩寫實。胸前佩一條環頸連珠項鏈和一條U字形連珠長項鏈，兩手戴臂釧和手環，還佩腰飾和足飾，項鏈、腰飾和足飾的周沿皆有綴珠，十分華麗。這尊造像的開面、五官、身軀結構、瓔珞樣式等皆與尼泊爾、西藏十三世紀的造像近似，只是在製作技法上，採用的是中國傳統的乾漆夾紵法，當為元初所作的一尊西天梵像。陶宗儀（1329～1410）《輟耕錄》言：「凡兩都名剎，有塑土範金，摶換為佛，一出元（劉元）之手，天下無與比。」摶換即夾紵，可見跟隨阿尼哥學習梵式造像的劉元，也是一位製作夾紵像的名家。這尊菩薩像雖然不能確定是否出自劉元之手，但據此可推想阿尼哥、劉元等能工巧匠所作西天梵像的基本面貌。

　　北京故宮博物院所收藏的金銅佛像裡，有兩尊刻具年款、與西天梵像關係密切的作品，一尊為大德九年（1305）的文殊菩薩像（圖243），另一尊是至元二年（1336）的釋迦牟尼佛像。文殊菩薩像結跏趺坐於仰覆蓮座之上，雙手在胸前作印，並分持一莖蓮花，蓮花在肩側盛開。這尊菩薩頭戴五葉寶冠，髮髻頂端飾寶珠，冠繒的兩端在耳側作S形飄舉，耳佩圓形優缽羅花大耳環。和上述的夾紵菩薩像（圖242）一樣，這尊文殊寬肩細腰，上身全裸，下身著裙，裙上沒有刻畫衣紋，胸戴長短兩重連珠瓔珞，長瓔珞也作U字形，同時還佩有腰飾、臂釧、手環等。此外，這尊文殊菩薩還採尼泊爾和西藏的裝飾手法，所有飾物上都鑲嵌寶石。此像雖與夾紵菩薩像有許多雷同之處，不過仔細比較，發現文殊菩薩像面頰較寬，鼻子較塌，也沒有雙眼皮的刻

▲ 圖243　文殊菩薩坐像　元大德九年 (1305)　北京故宮博物院藏

畫；肌理的處理較為平板，缺乏彈性，顯然受到漢地造像的影響。蓮座的蓮瓣豐厚肥大，在蓮座的上、下緣各有一圈連珠紋，為典型元代臺座的樣式。

至元二年的釋迦牟尼佛像，右手作觸地印，左手結定印，結跏趺坐於仰覆蓮臺之上。高髻大耳，雙肩齊挺，腰部收束，上身作倒梯形，身著右袒式袈裟，胸部有乳頭的表現，造像風格與尼泊爾、西藏一脈相承。不過此尊坐佛的頭部比例偏大，臉形圓潤飽滿，鼻秀嘴小，在胸前和兩腿處有衣褶的刻畫，體現出漢地傳統的審美習慣。可見，尼泊爾、西藏藝術傳入大都以後，隨著時代的遞嬗，匠師們融入越來越多漢族造像元素，形成了獨樹一幟的漢藏藝術風格，與西藏佛教藝術已有所區別。

至元十三年（1276），元軍攻入南宋都城臨安（今浙江杭州），次年即詔梵僧亢吉祥、楊璉真伽、加瓦並為江南總攝，掌管釋教。楊璉真伽是八思巴的弟子，西夏藏傳佛教薩迦派僧人。在他們的影響下，藏傳佛教在杭州一帶勢力日益壯大，如今杭州保存的元代藏式佛教造像遺存就是實證。

杭州靈隱寺附近的飛來峰，又名靈鷲峰，是杭州西湖石窟摩崖造像最集中的一區，始鑿於五代吳越廣順三年（953），宋、元續有鑿造，現存造像三百四十餘尊。元代石刻造像現存六十七龕，大小造像一百一十六尊，是杭州地區現存最大的元代雕刻群。根據造像龕的題記，這些元代造像是至元十九年至二十九年（1282～1292）由都總統楊璉真伽、僧祿司及行宣政院的官吏及家眷出資建造。這些造像既包括了漢地流行的題材，如釋迦牟尼佛、彌勒佛、阿彌陀佛、觀音、大肚彌勒等，也雕刻了藏傳佛教特有的尊像，如手捧長壽甘露瓶的無量壽佛、綠度母、大白傘蓋佛母、摩利支天、頂髻尊勝佛母曼荼羅等，可見杭州地區漢傳和藏傳佛教並弘。在造像風格上，漢式造像與西天梵像交相輝映，增加了佛教雕刻藝術的豐富性與多元性。

在飛來峰元代的漢式造像中，第44龕的數珠手觀音（圖244）為一佳作，其冠有化佛，左手扼持數珠的右腕，腳踏雙蓮而立。頭頂有如意祥雲和盛開蓮花裝飾的寶冠，雕工精細、繁縟華麗，耳戴圓形優缽羅花大耳璫，頭後有圓形頭光。臉作長橢圓形，額角圓潤，兩頰豐腴，細目微張，唇鼻小巧，神情靜穆端嚴。披雙領下垂袈裟，胸佩瓔珞，內繫結帶。此像身體挺直，缺乏動態。肩厚胸豐，身軀壯實飽滿。袈裟褶襞微隆，衣紋疏密有致，流暢自然。整個造型和服飾與飛來峰宋代造像有明顯的傳承關係。

在第44龕右下方第43龕的釋迦牟尼佛（圖245），則為飛來峰西天梵相的代表。

這尊坐佛右手作觸地印，左手作定印，結跏趺坐於蓮臺之上。高螺髻，髻頂有一寶珠。臉形方圓，面形較漢式造像略短，額頭平廣，額角分明，眉梢略微上挑，兩頰豐潤，嘴角上提，略帶笑意。頸項粗短，肩平胸厚，胸部有乳頭的刻畫，四肢粗壯。身著右袒式袈裟，除了衣緣外，通體不飾衣紋，衣襬平鋪於雙足間的臺面上，形狀呈扇形。蓮座的蓮瓣寬大，作扁平狀，邊緣飾連珠紋。無論是在開面、袈裟樣式、身軀體態、蓮座樣式等，都與飛來峰元代漢式造像明顯有別。

▲圖 244　數珠手觀音菩薩立像　元代
浙江杭州　飛來峰第 44 龕

▲圖 245　釋迦牟尼佛坐像　元代
浙江杭州　飛來峰第 43 龕

　　至元二十九年（1292）脫脫夫人造金剛手菩薩（圖246），面有三目，右手持金剛杵，左手作期剋印，展左足而立。怒髮上衝，雙眉蹙蹙，三目圓睜，嘴唇微啟，表情忿怒。上身全裸，胸下著短裙，天衣繞肘後於身後向上翻，形成大圓弧。造形矮胖，身短

腹鼓，體型粗壯結實。頭
戴五葉寶冠，冠有阿閦佛，
寶繪尾端頭在耳側作 S 形
飄舉，耳戴優鉢羅花大耳
璫，瓔珞嚴身，胸佩以蛇
為飾的短瓔珞和 U 形的連
珠紋長瓔珞，臂釧、手鐲
也以蛇為裝飾。這尊金剛
手菩薩無論在造像的圖像、
造形或揲度等方面都和漢
地明顯不同，也是飛來峰
藏式造像的重要代表。但
是和西藏的鼻孔開豁、齜
牙咧嘴、極具威懾力的明
王、護法相比，這尊造像
的面部神情較為平和，不
似西藏的明王、護法像那
麼具有凶忿的恐怖氣息，
故推測是出自杭州地區的
漢族工匠之手。

至元二十六年（1289）
楊璉真伽造的第 89 龕無量
壽佛，兩手捧寶鉢，在蓮

▲ 圖 246　脫脫夫人造金剛手菩薩立像　元至元二十九年 (1292)
浙江杭州　飛來峰第 32 龕

臺上結跏趺坐。其身著右袒式袈裟，肉髻高突，髻頂有寶珠，乳頭明顯，橢圓形頭光，
馬蹄形身光，結跏趺坐的蓮臺上沿有連珠紋，蓮瓣扁平寬大，龕後壁光素無紋的背光兩
側刻八思巴文佛經，流露著梵像的韻致。不過，此佛的兩頰豐圓，五官特徵接近於漢
人。身軀厚重，四肢粗碩，袈裟衣角披於右肩肩頭，衣紋繁複，線條流暢起伏，漢地造
像的影響顯著，這尊糅合藏、漢藝術風格的無量壽佛像也應是漢族工匠的作品。

　　坐落於杭州紫陽山東麓的寶成寺保存了一龕麻曷葛剌像龕，是另一處重要的元代藏
傳佛教藝術遺跡。根據龕左題記，此像為至治二年（1322）元代驃騎衛上將軍左衛親軍
都指揮使伯家奴出資雕造而成。此龕呈橫長方形，下為三個小龕，中間為本尊麻曷葛

刺，虬髮怒目，髭鬚卷曲，形貌猙獰；鼓腹短腿，雙手捧著人頭，作箕踞狀，足踏仰魔。左脇侍龕為騎獅像，左手持三叉戟，右手持物不明；右脇侍龕為騎象像，左手持矛狀物，右手持物不清。麻曷葛剌又稱摩訶迦羅、摩訶葛剌、大黑天等，是西藏佛教最重要的一位護法。《歷代佛祖通載》言，在祂的神助下，元軍順利一統江南各地，故元代奉麻曷葛剌為軍神或戰神。至元十一年（1274）元世祖接受帝師八思巴的建議，派遣阿尼哥建麻曷葛剌殿並塑此護法像後，元朝歷代皇帝在京城內外的重要佛寺就屢造麻曷葛剌像。延祐五年（1318），仁宗皇姊大長公主為供奉麻曷葛剌，在全寧路西南、永慶寺之西建護國寺，根據〈護國寺碑銘〉，建此寺的目的為「以翼相我國家億萬斯年之興運」，足見麻曷葛剌又被視作一尊護國的神祇。寶成寺的麻曷葛剌像是江南僅存的一軀大黑天，造像記提到，此龕的供養人伯家奴是「朝廷差來官」，足證元代杭州所造的藏密雕像應和大都的關係密切，圖像特徵應與大都的大黑天一致，是研究元代大黑天圖像的重要資料。

　　北京昌平縣居庸關位於元代蒙古草原與關內京城的關隘要道上，是大都通往上都的必經之地，至正二年（1342）元順帝命大丞相阿魯圖和左丞相別兒怯不花在此主持過街塔的創建工作，歷經三年而成。建造之初，臺基上有三座藏式佛塔，元末明初時被毀，而白玉石的塔基保存至今，稱為「雲臺」，是元代宮廷藝術的傑出範例。居庸關雲臺南、北兩側開有券門，券門外側最下層浮雕羯摩杵，上承仰覆蓮瓣組成的蓮花座，一頭大象站立在蓮花座上，象背上有一童子跨騎在口吐瓔珞的瑞獸上。券拱的兩端浮雕魔羯魚，尾部捲曲呈渦形圓圈，中心為金翅鳥，鳥的兩側各有一身七首龍王。此券門雕刻中的大象、獸王、童子、魔羯魚、龍王和金翅鳥是藏傳佛教造像中常見的背光母題，人稱「六拏具」。頂部雕五鋪曼荼羅，依據造塔功德記，這五鋪曼荼羅的主尊分別為阿閦佛、普明佛（即大日如來）、金剛手、阿彌陀佛和釋迦佛。東、西兩壁的斜面各有五身坐佛，構圖對稱，合為十方佛（圖247），在佛與

▲圖247　佛坐像　元至正二年至五年 (1342 〜 1345)　北京　居庸關雲臺　西壁

佛之間用賢劫千佛小像相隔。東西兩壁各浮雕兩身天王像，東壁為東方持國天王（圖
248）和南方增長天王，西壁是西方廣目天王和北方多聞天王。門洞內壁中兩側刻有梵
文、藏文、八思巴文、維吾爾文、西夏文和漢文六種文字的《佛頂尊勝陀羅尼》、《佛頂
放無垢光明入普門觀察一切如來心三昧耶陀羅尼》、《佛頂無垢普門三世如來心陀羅尼》
等經咒和〈造塔功德記〉，是研究古代文字重要的實物參考。

▲ 圖 248　持國天王坐像　元至正二年至五年 (1342 ～ 1345)　北京　居庸關雲臺　東壁

　　造像中的十方佛肉髻如錐，頂有髻珠，額部平寬，豐肩寬平，身著右袒袈裟，肌肉
富有張力；有橢圓形頭光，馬蹄形身光，仰覆蓮臺的蓮瓣寬大，袈裟刻畫衣紋，是典型
的西天梵像。而東方持國天手抱琵琶，南方增長天意欲拔劍，西方廣目天右手握蛇，北
方多聞天右手持傘，圖像特徵和唐宋所見的四大王迥異，是依據西藏佛教圖像儀軌雕
製。可是這些天王均屈腿坐於岩石座上，頭戴寶冠，蹙眉怒目，鼻孔開豁，身軀魁梧，
穿著甲冑，雄武威猛，服飾、造型與漢地的天王像雷同。他們全以薄肉雕完成，在微薄
的起伏中，將天王強大體積及量感一表無遺。四大天王及其隨侍的面部神情生動，足下

所踏的邪鬼形體和五官的誇張變形，為畫面增添了藝術張力。天王甲冑的圖案雕飾仔細，天衣飛揚飄舞，線條暢達，頗有「吳帶當風」之趣，顯然雲臺佛雕的藝匠受到中國道釋畫的啟發。

居庸關雲臺浮雕的圖像均屬藏傳佛教一系，但在風格上，卻出現了兩種風格，一種是具有尼泊爾風格痕跡的藏式風格，如頂部的五鋪曼荼羅、其下的十方佛、賢劫千佛和券門的六拏具等；另一種是在中原發展形成的漢式風格，四大天王即此一風格的範例。居庸關雲臺雕刻所呈現尼泊爾、西藏、漢地多種藝術的融合之風，正是元代宮廷藏式佛教藝術的重要特徵之一。

居庸關雲臺的天王像是中土最早藏式四大王像圖像遺存之一。明代以來，信眾取「風調雨順百穀登」的譬喻，認為「持劍者，風（音與「鋒」諧）也；持琵琶者，調也；持傘者，雨也；持蛇（蜃）者，順也」。自此，這組西藏的四大天王便成為中國風調雨順的表徵。明、清寺院天王殿中普遍供奉著「風調雨順」這類的四大天王像。這種詮釋不見於西藏，卻是西藏佛教與漢地文化融合的最好註腳。

雖然文獻記載，元代佛寺與造像遍及全國，但遺存不豐。目前在山西原平惠濟寺、趙城廣勝寺、新絳福勝寺、襄汾普淨寺等和一些博物館中尚保留了一些元代的漢傳系統的佛教造像。這些造像基本上承襲宋、遼、金造像之風，繼續朝世俗化的方向發展。只是造像軀體壯碩，氣勢雄渾，在神韻上似不及前朝生動。不過值得一提的是，除了傳統的石刻、木雕、泥塑等形式外，陶瓷造像開始普遍流行。在北京定阜大街西口出土的一尊影青瓷觀音像（圖249），堪稱元代瓷造像的極品。這尊觀音頭戴蓮花寶冠，面相豐滿，慈眉善目，嘴角含笑，和藹親切。身著垂領外衣，右腿支起，左腳下垂，姿勢自在閒適。全身裝飾繁縟，連珠式瓔珞似網狀嚴飾全身，華麗異常。這尊觀音通體施青白釉，晶潤光潔，不僅體現了元代佛像藝術的風貌，也反映出當時製瓷技術的卓越成就。

▲圖249　觀音菩薩坐像　元代　北京定阜大街西口出土　北京首都博物館藏

　　明代早期，皇帝為了推行宗教政策，籠絡西藏的宗教領袖，鞏固邊疆政權，在宮廷中製作了大批的藏式佛像，賞賜給頻繁入貢的藏僧，這種舉措在永樂和宣德兩朝達到了高峰。目前在西藏的各大寺院、世界各博物館和私人藏家保存了數百尊這類造像，其技藝精湛，通稱「永宣宮廷造像」或「永宣造像」。

　　永宣宮廷造像的質地以黃銅為主，採取中國傳統的失蠟法鑄造，胎體厚重，表面鍍金處理，金質純厚，亮麗奪目，做工精緻入微，氣質典雅優美，有皇家之氣。這些造像多帶「大明永樂年施」、「大明宣德年施」的款識，款識陰刻於臺座前方的臺面上，不依漢地傳統自右而左書寫，而採從左至右的書寫方式，以順應和迎合藏族書寫藏文的習慣。圖像遵循西藏佛教儀軌，可是融入了許多漢族造像的表現方法。

　　以北京國家博物館所藏的永樂年間造的綠度母像（圖 250）為例，其兩手各持一莖蓮花，一朵盛開，一朵未敷；左腿平置蓮臺之上，右腿向下舒展。髮髻頂部飾寶珠，白毫作長方形，頭戴八葉寶冠，耳佩優鉢羅花大耳璫，上身全袒，僅披天衣，露出雙乳，寬肩細腰，小腹緊束，頭擺腰扭，體態婀娜多姿，肌肉富有彈性，這些特徵都與西藏佛教造像彷彿。不過其面形方圓，彎眉垂目，頰頤豐滿，鼻小嘴秀，下頦圓厚，嘴角略露一絲微笑，表情溫厚慈藹，五官面容漢化。匠師雖然表現了綠度母的女性性別特徵，但隆起的乳房不似西藏作品豐圓飽滿，表現比較含蓄，弱化了西藏造像強化肉感的意趣，是受漢文化傳統思維改造的結果。這尊造像的冠飾、瓔珞、臂釧、手鐲、腰飾、腳環皆以雙股的連珠串接不同的寶石而成。尤值注意的是，胸前的瓔珞由內、外兩個部分組成，外層為一圈倒葫蘆形、長及腰部的長項鍊，內層的瓔珞則由排列成數個 U 字形的珠串和三條垂珠組合而成，對稱布排，精雕細琢，工致華麗。天衣自雙肩披垂而下，繞過手臂，婉轉曲折。衣紋採取中原地區傳統的表現手法，褻面微隆，衣紋線條流

▲圖 250　綠度母坐像　明永樂年間（1403～1424）　中國國家博物館藏

暢，轉折自如，質感較強。菩薩所坐的束腰仰覆蓮花臺座製作講究，蓮座上下各飾一周大小一致的圓形連珠，蓮瓣細長，豐厚飽滿，分為兩層，上層瓣尖有捲草紋作為裝飾，立體感強。由此觀之，永宣宮廷造像是在西藏造像的基礎上，融入了漢地傳統的審美情趣、表現手法和工藝特點，所形成的一種漢藏融合的藝術模式。由於永宣宮廷造像與元代漢地所作西天梵像，無論在面相、身軀結構、瓔珞和臺座樣式等，似無明顯的傳承關係，因此推測，其應是明初在與西藏頻繁交流中，以新引進的西藏造像為範本，重新詮釋的結果。

正統（1436～1449）以後，明廷自身多事，與西藏的交流減少，宮中藏式佛教造像的質與量明顯衰退。嘉靖時（1522～1566），世宗曾多次下令銷毀宮廷供奉的藏式金銅佛像，使藏傳佛教與造像藝術在內地的發展受挫。然而永宣宮廷佛教造像對中國佛教藝術影響十分深遠，許多明代中、晚期的漢式菩薩像，多頭戴藏式五葉寶冠，胸前垂墜三串珠飾，耳戴圓形大耳璫等，均源於永宣時期宮廷所造的藏式佛像，稍加變化而已。

在漢傳佛教造像方面，大部分明代重要的作品多保存於寺院之中，又以山西的遺存最多，如靈石縣資壽寺、大同市上華嚴寺、洪洞縣廣勝寺上寺、繁峙縣公主寺、平遙縣雙林寺、新絳縣福勝寺、長治市觀音堂等，它們都是明代漢式造像的一時之選。其中，又以平遙縣雙林寺的塑像最為傑出。

雙林寺位於平遙縣城西南六公里的橋頭村，原名中都寺，建寺年代不可考，宋代取「雙林入滅」之說，更名為雙林寺。金、元以後曾多次重修。現存建築、造像多為明代遺物，全院有十座殿堂，在中軸線上依次排列：堡門、天王殿、釋迦殿、大雄寶殿、佛母殿，共三進院落。前院兩廂配有羅漢殿和地藏殿，中院的兩廂為千佛殿和菩薩殿。各殿滿布彩塑，現存造像二千餘尊，大者高達三公尺，小者僅有三十多公分，形象生動，神態各異，有許多明代造像的精品。例如天王殿的四大天王，鎖眉瞪目，鼻孔掀張，面部表情誇張，身穿重甲，體形魁梧，雄健威武，將祂們疾惡如仇的性格一表無遺。此外祂們身軀飽滿，或攢拳，或握劍，張力十足，蓄威蘊怒，強烈地表現出這些天王維護佛法、鎮魔驅惡的威懾力量。千佛殿的韋馱像（圖251）尺度與真人相仿，採圓雕手法塑成。氣宇軒昂，體格魁偉，蹙眉張目，嘴角下抑，凝神聚氣，含怒帶威。身穿明代將軍山字紋冑甲，虎盔虎肩，腿甲緊扣，腰束革帶。右拳緊握，讓人感覺到祂的肌肉充滿力量，左手原執一金剛杵，現已佚失。其轉頭扭軀，形成一種S形的曲線，姿態誇張，好似在舞臺亮相一般，身後飄揚的天衣和揚起的右衣袖，更增加了這尊雕塑的動勢和張力。這尊塑像寫實生動，將韋馱剛猛威嚴的特質表現得淋漓盡致，不愧為明代彩塑中的藝術精品。

雙林寺羅漢殿的十八羅漢塑像，年齡儀表各不相同，或凝神冥思，或說法論道。工匠利用誇張的外部骨相，表現了這些羅漢的老少、俊醜、胖瘦、喜怒諸形，形貌不一，充分展現了這些羅漢的內在性格和精神活動，栩栩如生。這些羅漢造型洗練，表情生動，衣紋流暢，疏密有致，與人體結構互相呼應，是明代以形寫神的優秀之作。

另外，雙林寺各殿隨處可見千姿百態的懸塑，這些作品的題材變化多端，有佛傳、乘雲菩薩、明王、渡海觀音、一葉觀音與羅漢等，人物在山石、祥雲間穿梭，宛若舞臺劇一般。人物造型多樣，例如千佛殿水月觀音身旁的善財童子，身著肚兜，天真爛漫；千佛殿的維摩詰居士，頭戴巾幘，身著交領衣，額頭眼角布滿皺紋，仿如現實生活中一位老者；有些場景詼諧生動，極富生活情趣，是當時世俗社會廣大民眾喜怒哀樂的真實寫照。

▲ 圖 251　韋馱立像　明代　山西平遙　雙林寺千佛殿

觀音堂塑像為明代晚期的代表作之一。觀音堂位於長治市郊區大辛莊鎮梁家莊村，創建於明萬曆十年（1582），中軸線上有天王殿、獻亭、主殿，兩側為鐘樓、鼓樓及東西配殿。正殿奉觀音菩薩為主尊，故又稱觀音殿，是創建時的原構，其餘皆為清代所建。觀音殿殿內的三面牆壁、梁架上下、門窗上面、屋頂皆是描金彩繪的彩塑、懸塑，小小的三間殿堂內，容納了約五百尊塑像，最大的約二公尺，最小的僅十公分。觀音、文殊、普賢三大士居中，正面後壁為善財童子五十三參，觀音菩薩頭頂的華蓋上部，塑有孔子、釋迦佛和老子，展現儒、釋、道三教合一共存共融的文化現象。周圍十八羅漢環繞，兩側為二十四諸天，神態各異，顧盼如生。上部為十二圓覺菩薩，分別駕麒麟、

獅子、大象等動物。南壁第四層以上以及南次間梁架以上，皆作道教神仙人物，如玉皇大帝、西王母、玄天大帝、雷神等，南次間的補間斗拱後尾上塑有八仙慶壽。北壁第四層為孔子門下的七十二弟子，他們手持朝板，頭戴官帽。北次間四層以上及文殊菩薩寶蓋頂端則作佛陀說法像。北壁正脊下懸塑千手觀音。在門和窗戶上部塑歷史故事，如明代土木堡之變、南宮復辟、唐太宗迎請玄奘大師等。這些塑像人物百態雜陳，造型各異，令人目不暇給，充滿濃厚的生活氣息。同時，不同人物間又穿插了亭臺、樓閣、山石、樹木、祥雲、水波等作為背景，構思精巧。觀音殿以崇拜觀音信仰為主，但從豐富的塑像題材來看，此寺不但是一座佛、道、儒三教合一的寺院，同時又雲集了民間的各路神仙。當地的信眾在這眾神群聚的殿堂中，都能找到自己所信奉的神祇，並得到祂們的庇祐，滿足了當地百姓的心理需求。塑像中又包括了信眾熟稔的歷史故事，這樣的組合庶民色彩濃厚，體現了明代佛教世俗化的特質。

到了清朝，西藏佛教再興，皇帝賞賜西藏、蒙古前來拜謁各個教派的高僧佛像、唐卡等不計其數，同時供奉藏傳佛教諸神的大小佛堂也遍布宮廷，在苑囿中也處處可見；此外在承德、瀋陽等皇家勝地也修建了不少藏傳佛教寺院，供奉大量的藏式金銅佛像和唐卡，藏式佛教藝術對宮廷影響之大不難想見。康熙二十五年（1686）康熙皇帝為太皇太后造四臂觀音銅像一尊（北京故宮博物院藏），並在蓮座上題刻銘文，是清宮造像有明確紀年最早一尊造像，為研究清代宮廷藏式佛像的重要標準器。這尊觀音面作橢圓形，額角圓潤，兩頰豐滿，眉細眼長，鼻子呈三角錐形，面帶笑意，五官漢化。兩肩寬厚，腰肢收束。頭戴五葉寶冠，冠葉鏤空，繁密花枝繞水滴形的珠寶，細緻入微。冠繒在耳側揚起，作Ｕ字形。耳佩圓形大耳璫，耳璫下尚有墜飾。瓔珞嚴身，戴臂釧、手環、腰飾、腳環，這些飾物珠粒細密圓潤，製作精巧，且鑲嵌珍珠、珊瑚、綠松石，富麗華貴。雙肩披天衣，披帛繞雙臂飄落座後，穿過兩腿，垂於座前。左肩披羊皮，上身著天衣，下身著裙，衣紋起伏流暢。仰覆蓮座的蓮瓣圓鼓、豐肥，瓣尖有捲雲紋，座飾三道連珠紋。這尊造像雖上承明代的宮廷造像傳統，但冠飾、瓔珞和蓮臺的裝飾更加華麗，增添了不少富貴之氣，充分顯示了皇家的氣度。

乾隆皇帝對藏傳佛教興趣濃厚，乾隆時期宮廷的金銅佛造像達於鼎盛，造像的數量和規模都遠遠超出前代。據說，中正殿畫佛喇嘛造像時，重要的佛像必須先畫紙樣，再撥蠟樣，經乾隆皇帝的審定後，始能交給造辦處工匠鑄造，最後再請大喇嘛開光。三世章嘉、二世土觀、阿班珠爾等駐京大喇嘛，都是乾隆時期宮廷造像的藝術指導，尤其是三世章嘉國師粗通繪塑，是宮廷造像的主要顧問。乾隆時期的造像多在臺座正面鑄有「大清乾隆年敬造」的款識，這些造像結構勻稱，用材講究，但其造型程式化，表情趨

於呆板，身軀結構處理概念化，瓔珞的刻畫和臺座的表現也不如康熙朝那麼細緻，整體而言，缺乏內在的精神和藝術的感染力。

漢地傳統在清代的佛教藝術中仍佔主導的地位，風格上為明代的延續，不過造像更為程式化。為了迎合一般大眾的品味，清代藝匠們多用世俗的審美觀來製作佛像，以至於作品神聖的宗教性淡薄，美的形式趨於表面，佛與菩薩的造形和神態都有如世俗人一樣，但又缺少生活的真實情感。因此，有清一代，存留的佛教藝術作品雖然無以計數，但多千篇一律，缺乏變化，可資寓目的作品不多，但昆明筇竹寺的五百羅漢塑像卻為人們津津樂道。

筇竹寺位於雲南昆明西郊玉案山上，相傳始建於南詔時期，明永樂十七年（1419）重建，後又數度修葺，現存的建築與塑像則完成於光緒年間（1875～1908）。筇竹寺最負盛名的是五百羅漢，由四川民間塑匠黎廣修率徒五人，於光緒九年（1883）開始，歷時七年塑成。在總體布局上，不採集中布置的形式，而是分置於三個建築之中，大雄寶殿兩壁共有六十八尊、天臺萊閣和梵音閣各塑二百一十六尊。

筇竹寺的五百羅漢色彩鮮豔，分上、中、下三層，上、下兩層多為坐像，中間一層多為立像。塑像安排疏密得當，布局合理。這些羅漢或坐，或立，或行走，或回顧，或仰面，或騰雲，或駕霧，或騎虎，或踏鰲。有老，有少，有文，有武，或怒目張口，或開懷大笑，或低頭沉思，或展現神通，或激情興奮，或剽悍怒目。此外，有些羅漢彼此互相呼應，或侃侃而談，或交頭接耳，或促膝論道，或側耳傾聽，或逗笑取樂。這些羅漢的形態各異，喜、怒、哀、樂等表情無一雷同，蔚為奇觀。這些羅漢眼珠為琉璃珠，有些羅漢的頭髮和鬍鬚還以真的毛髮製作，形象逼真。部分羅漢著世俗的衣服，如風帽、馬掛等，使得祂們看上去不像神佛，倒像是鄉紳、書生、商賈和屠夫等三教九流之徒，活靈活現地表現了當時社會上形形色色的人物形象。黎廣修等人與其說是塑造羅漢群像，毋寧說是通過宗教題材，表現芸芸眾生的形貌和內心世界。這些羅漢有血有肉，凡胎俗骨，宗教意識淡薄，生活氣息濃郁，富有藝術情趣。

圖片來源

中國繪畫理論史

陳傳席／著

中國的繪畫理論，尤其是古代畫論，無論在學術水準抑或數量上，皆居世界之冠。本書論述了儒、道、佛對中國畫論的影響，道和理、情和致、法和變、六法、四品、三遠、禪與畫，直至近現代的畫論之爭等，一書在手，二千年中國畫論精華俱在其中，不僅可供書畫愛好者和研究者參考，也適合文史研究者及一般讀者閱讀。

亞洲藝術

高木森／著　潘耀昌、章利國、陳平／譯

藝術史是一門橫跨各項領域的人文學科，宏觀藝術史的研習，能令人擴大眼光、豐富思路、開拓胸襟、啟迪自知。本書從宏觀角度，以印度、中國、日本三國為研究重點，旁及東南亞、中亞、西藏、朝鮮等地藝術史。藉歷史背景之介紹、藝術品之分析比較、美學之探討、宗教之解說，以及哲學之思辨，條分縷析亞洲六千多年來錯綜複雜的藝術發展歷程。願讀者以好奇之心，親臨觀賞古人的藝術大演出。

國家圖書館出版品預行編目資料

中國佛教美術史／李玉珉著.――增訂二版一刷.――
臺北市：東大，2022
　　面；　公分

　　ISBN 978-957-19-3314-6（平裝）
　　1. 佛教藝術 2. 歷史 3. 中國

224.52　　　　　　　　　　　　111002633

中國佛教美術史

作　　者	李玉珉
發 行 人	劉仲傑
出 版 者	東大圖書股份有限公司
地　　址	臺北市復興北路 386 號 (復北門市)
	臺北市重慶南路一段 61 號 (重南門市)
電　　話	(02)25006600
網　　址	三民網路書店 https://www.sanmin.com.tw
出版日期	初版一刷 2001 年 8 月
	初版三刷 2009 年 1 月
	增訂二版一刷 2022 年 5 月
書籍編號	E900650
I S B N	978-957-19-3314-6

東大圖書公司